集会・行事・運動会のための

体育あそび大事典

三宅邦夫 著

黎明書房

▲ 箱とり競走（302P）
陣地箱の中に1人ずつ立ちます。先生の「かわりましょう」の合図で，他の陣地箱へ移動します。

▶ ジャンプ開閉（23P）
空中ですばやくバランスを整えるのがコツです。

▼ チューブ・シーソー（156P）
腕や腹筋を鍛える健康あそびです。

◀2人でバランス
（27P）
「右手をあげて」「左足をあげて」などの合図に従って手足をまっすぐに伸ばします。平衡感覚を養い，腕力，足，腰を鍛えます。

▶新聞ハードル（104P・写真はその応用型です）

▼空中を飛んでいるみたい（298P）

▼チューブずもう（155P）

▼人間トンネルくぐり（45P）
　手の力が弱くて、ついやめたくなっても、お互いに励ましあって最後までがんばりましょう。

▶しがみつき競争（30P）
　子どもどうしでもやってみましょう。「がんばれ」「がんばるぞ」の忍耐力が育ちます。

▲新聞破片ひろい（111P）

▲ダンボール突破（297P）
　スリルがあって，子どもたちに人気のあるあそびです。

▼新聞ボクシング（106P）
　2枚重ねが突き破れたら，4枚重ねにも挑戦してみましょう。

▲持ち上げ競争（310P）
　積み上げたダンボールの空き箱を，落とさないように高く持ち上げます。

▼新聞とび（104P）

まえがき

　私が子どもの仕事をはじめて64年がたちました。そして，子どもにとっていちばん尊いものは"遊び"であると気づき，その創作をはじめて60年になります。その間，子どもたちの喜ぶ姿を見ながら，私は1000を越す遊びを創作し，実践の成果として，『子どもと楽しむ体育ゲーム104』『子どもの生きる力を育てる楽しい42の遊び』など多くの本を出し，遊びを紹介してきました。

　私は，"遊びこそ心身ともに健康づくりの柱"と考えています。遊びを通してこそ，子どもたちはほんとうの意味で心をふれあわせ，仲間づくりができ，精神的，身体的に鍛えられるのです。

　私が，1本の棒を立てて持ち，その棒に子どもをしがみつかせます。見ている子どもが手を打ちながら，「1，2，3……」と数えはじめます。10…20…と数が増えていくと，しがみついた子どものひたいから汗がにじみだします。30までがんばった子どもは「やった！」と歓声をあげて体いっぱいに感動を表します。――このような，素朴な遊びに，子どもたちは素直に喜び，また次の遊びを求めてきます。

　勉強がきらいでも，学校で仲間と楽しい遊びを毎日することができれば，その子は，学校が大好きな子どもになることでしょう。それは，学業にもよい効果をもたらし，いじめや不登校の解消にも何らかの好影響を及ぼすことになるに違いありません。

　その点，各地の教育委員会主催の「遊びと授業」を結びつけることのできる「遊べる教師」となるための研修で，小学校や中学校，さらには高校の先生方が，私の創作遊びを身体で受講して，遊びの理解者となっていただいているのは，大変心強く，うれしく思っています。

　この事典を小学校，幼稚園，保育園や，児童館などの社会教育活動で活用していただいて，生き生きとした子どもたちが，遊びの中から育つことを期待いたします。

　　2011年8月

　　　　　　　　　　　　　　　　　　　　三　宅　邦　夫

付記　本書は『みんなで楽しむ体育あそび・ゲーム事典』を改題し，装丁を
　　　改めたものです。

もくじ

まえがき	1
適年齢・適人数について	14
記録をつけましょう	14

準備のいらないゲーム

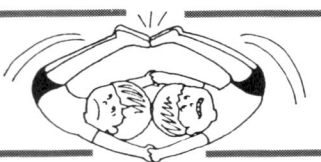

1	正座競争	15	21	両足のり競争	25
2	片足立ち	16	22	足のせ競争	25
3	とび上り開閉とび	16	23	足をからませて	26
4	円周回転	16	24	人間回転	26
5	数字えがき	17	25	2人でバランス	27
6	壁で逆立ち	17	26	足上げ競争	27
7	ひざ持ち競争	18	27	片足ずもう	27
8	しゃがんで競争	19	28	つま先タッチ	28
9	片足とび〈1〉	19	29	ボートこぎ競争	29
10	片足とび〈2〉	20	30	閉じて開いて	29
11	片足あげとび	20	31	2人で自転車こぎ	29
12	反対とび	20	32	背中合わせ立ち	30
13	仲よくしましょう	21	33	しがみつき競争	30
14	回転手合わせ	21	34	腕歩き競争	31
15	ジャンケンその場まわり	22	35	足もち競争〈1〉	31
16	ジャンケン相手まわり	22	36	足もち競争〈2〉	31
17	打つか,かわすか	23	37	腹ばい競争	32
18	ジャンプ閉脚	23	38	後ろ向き腹ばい競争	32
19	回転とび	24	39	ジャンケンおんぶ	33
20	足踏み競争	24	40	3人で競争	33

41	おしり競争	34
42	おしりずもう	34
43	腕けんすい	34
44	人間けんすい	35
45	ひざの上で体操	35
46	親子ジャンプ競争	36
47	人間メリーゴーランド	36
48	前かがみ競争	36
49	あぐら競争	37
50	ジャンケンまたくぐり	38
51	2周連続競争	38
52	グループ回転	38
53	右手右足競争	39
54	ガニまた競争	39
55	腕くみ競争	40
56	ひざをついて競争	41
57	ぶらさがり競争	41
58	5人コンバット	42
59	片足くぐり	42
60	人文字づくり	43
61	ジャンケン10人抜き	43
62	人間木馬	44
63	片足背中打ち	44
64	人間トンネルくぐり	45
65	くつとり	45
66	トンネルくぐり	46
67	円陣くぐり	46
68	連続両足とび	47
69	足の山とび	47
70	友だちさがし	48
71	名まえさがし	48
72	握手で遊ぼう〈1〉	49
73	握手で遊ぼう〈2〉	49
74	両手で握手	50
75	よく聞いて集合ゲーム	50
76	足くっつけて集合遊び	51

ボールを使って

77	ボールジャンプ	52
78	ボールまたぎ	52
79	回転ボール受け	53
80	回転ボールつき	53
81	ボール取り競争	54
82	がんばってボールつき	54
83	両手(交互)でボールつき	54
84	かぞえてボールつき	55
85	片足ボールつき	55
86	ひざの中のボール運び	56
87	はってボール運び	56
88	ジャンケン遊び	57
89	バランス・ボール	57
90	後ろ向きボールころがし	57
91	何回回るか	58
92	2人の立ち上がり	58
93	片手でボール落とし	59
94	ボールはさみ	59
95	ジャンケンボールつき	59
96	足の間でボールつき	60
97	両手つないでボール通し	60
98	片足ゴムまり競争	61
99	ボール置き競争	61
100	ボール両手ころがし競争	61
101	2人でボールつき	62
102	ボールのキャッチ	62
103	5人でボールころがし	63
104	指名ボールけり競争	63
105	ボール鬼ごっこ	64
106	ストップボール投げ	64

もくじ 3

107	ボール送り	65
108	後ろ手ボール送り	65
109	後ろ向きボール送り	65
110	回転ボール送り	66
111	連続ボールつきリレー	66
112	馬とびボール送り	67
113	トンネルでボールころがし	67
114	ボールの花づくり	68
115	ボウリング	68
116	両手でボールつき	69
117	命中ボール	69
118	ボールすくい	69
119	ボール出し	70
120	ボールでボール落とし	70
121	ボール投げあい	70
122	ボール積み競争	71
123	瞬間キャッチボール	71
124	四面ドッジボール〈1〉	72
125	四面ドッジボール〈2〉	72
126	ボール・ボウリング	73
127	まりとり競争	73
128	サッカー・リレー	73
129	集中ボール	74
130	集団ボール運び	74
131	ボールとび	75
132	ボールの塔づくり〈1〉	75
133	あげた両足でボール運び	76
134	指示ボールとり競争	76
135	色別ボール拾い競争	77
136	いすの下のボール通し	77
137	ワンバウンドボール通し	78
138	新聞ボール通し	78
139	帽子にボール入れ	79
140	たらいにボール入れ	79
141	色別ボールあて	79
142	遠くへ投げよう	80
143	ボール打ち込み	80
144	ボール上げ打ち	81
145	ビンのせボール	81
146	片足ボールけり	82
147	バランスボール投げ	82
148	ボールの上のビン立て	82
149	ボールの塔づくり〈2〉	83
150	両足でボールはさみ	83
151	ボールをにがすな	84
152	新聞の上のボールつき	84
153	平均台でボールとり	84
154	ボールうち	85
155	新聞棒のバッティング	85
156	ボールのせ〈1〉	86
157	ボールのせ〈2〉	86
158	ボール運び〈1〉	87
159	ボール運び〈2〉	87
160	棒でボールとり	87
161	ボールつり競争	88
162	ボールころがし	89
163	ボール拾いあげ	89
164	タオルでボールころがし	89
165	はねかえりボール	90
166	点とりボール入れ	90
167	新聞棒でゴルフ	91
168	あきカンでボールつき	91
169	ボールとび	92
170	2人でボール運び	92
171	ボール送り〈1〉	92
172	ボール送り〈2〉	93
173	ボール送り〈3〉	93
174	ボール置き競争	94
175	ボールの曲芸	94
176	ボール造形遊び	95
177	あてられないようにボールあて	95
178	追いかけボール入れ	96

ピンポン玉を使って

179	ピンポン玉運び〈1〉	97	186	ピンポン玉入れ〈3〉 … 100
180	ピンポン玉運び〈2〉	97	187	ピンポン玉運び〈3〉 … 100
181	玉ころがし	98	188	ピンポン玉運び〈4〉 … 101
182	卓 球 遊 び	98	189	ピンポン玉落とし … 101
183	ハンカチのピンポン玉打ち	99	190	箱倒しゲーム … 101
184	ピンポン玉入れ〈1〉	99	191	ピンポン玉出し … 102
185	ピンポン玉入れ〈2〉	99	192	ピンポン玉の新聞破り … 102

新聞紙を使って

193	新聞とび〈1〉 … 103	214	新聞文字競争〈1〉 … 112
194	新聞とび〈2〉 … 104	215	新聞文字競争〈2〉 … 112
195	新聞ハードル … 104	216	新聞破り競争〈1〉 … 112
196	とび上がり遊び … 104	217	新聞破り競争〈2〉 … 113
197	はみ出さないでジャンプ … 105	218	新聞合わせ … 113
198	新聞引きジャンプ … 105	219	新 聞 折 り … 113
199	新聞開閉とび … 106	220	新聞紙数字さがし … 114
200	新聞ボクシング … 106	221	新聞棒投げ … 114
201	新聞キックボクシング … 106	222	新 聞 棒 と り … 115
202	新 聞 破 り … 107	223	新聞チャンバラ … 115
203	ジャンケン陣とり … 107	224	足首のせ競争 … 115
204	新聞紙でボール運び … 108	225	起き上がり立ち … 116
205	新聞くぐり〈1〉 … 108	226	新 聞 棒 と び … 116
206	新聞くぐり〈2〉 … 109	227	新聞棒のり競争 … 117
207	長い輪くぐり競争 … 109	228	リンボー遊び … 117
208	のりもの遊び … 109	229	足を上げがんばろう … 118
209	とび込み前ころび … 110	230	棒 ま た ぎ … 118
210	新聞穴に注意 … 110	231	足 上 げ 遊 び … 118
211	新聞破片ひろい … 111	232	新聞けんどう … 119
212	新聞を破って長い道をつくろう … 111	233	新 聞 打 ち … 119
213	新聞を破って早く渡ろう … 111	234	キャッチ・タオル … 120

もくじ 5

235	棒を落とさないでがんばろう	120	239	棒を落とさないで前進	122
236	下を向いて回ろう	121	240	引っぱり合い	123
237	リモコン競争	121	241	人間コンパス	123
238	2人で棒またぎ	122	242	足かけ競争	124

紙を使って

243	色あて遊び	125	256	吹き矢遊び	130
244	図形遊び	125	257	吹いてころがそう	131
245	動物さがし	126	258	紙の玉入れ	131
246	色紙集め〈1〉	126	259	安全飛行	132
247	色紙集め〈2〉	127	260	円盤投げ	132
248	カード集め	127	261	トンネル遊び	133
249	色さがし	127	262	紙踏み競争	133
250	カード上げ	128	263	ダンボール乗り競争	133
251	文字書き競争	128	264	ダンボール・スキー	134
252	自然観察ゲーム	129	265	片足連続とび	134
253	計算遊び	129	266	しっかりとぼう	134
254	お月さま遊び	130	267	足だめし	135
255	風車遊び	130	268	むかで競争	135

紙テープを使って

269	色で集合ゲーム	136	280	紙テープを切らないで	140
270	紙テープくぐり	136	281	テープをとんでくぐって	141
271	輪づくり競争	137	282	紙テープとび〈1〉	141
272	手足にむすんで競争	137	283	紙テープとび〈2〉	142
273	紙テープの電車競争	137	284	紙テープとび〈3〉	142
274	五輪競争	138	285	ひっくり返りとび	142
275	三人四脚の遊び	138	286	おんぶ競争	143
276	片足競争	139	287	ジャンケンレイとり〈1〉	143
277	へび遊び	139	288	ジャンケンレイとり〈2〉	143
278	足にレイかけ	140	289	ジャンケンレイとり〈3〉	144
279	足にしばって競争	140			

紙袋を使って

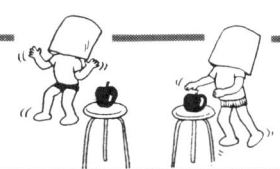

290	おぼえっこ（記憶遊び）	145
291	お友だちさがし	145
292	ミカンさがし	146
293	オニさんのくだものとり	146
294	めかくし競争	147
295	交差点遊び	147
296	障害物競争	147
297	ハードル遊び	148
298	ふうせん遊び	149
299	カンカン遊び	149
300	ふうせん顔かき	150
301	2人めかくし競争	150
302	めかくし歩き競争	150
303	めかくしで前進	151

タイヤ・チューブを使って

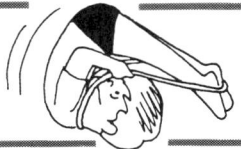

304	後ろ向き競争	152
305	チューブ体操	152
306	チューブ・シーソー〈1〉	153
307	人間起き上がり	153
308	チューブ・ジャンプ	154
309	チューブ・ブランコ	154
310	チューブずもう	155
311	チューブ引き競争	155
312	チューブ・シーソー〈2〉	156
313	チューブの花	156
314	チューブの波のり	156
315	タイヤかつぎ競争	157
316	タイヤ運び	157
317	タイヤトンネル	158

ふとんを使って

318	飛行機飛ばし	159
319	座ぶとんのせ競争	160
320	バランスボール競争	160
321	ボールのせ座ぶとん〈1〉	161
322	ボールのせ座ぶとん〈2〉	161
323	座ぶとん上げ競争	162
324	ジャンピング競争	162
325	座ぶとん開閉とび	163
326	ふとん片足とび	163
327	ふとん踏み	164
328	ふとんとび	164
329	座ぶとんとりジャンケン	165
330	座ぶとんずもう	165

もくじ 7

いすを使って

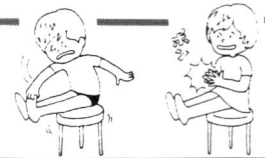

331	つま先つまみ	166
334	足あげ体操	167
332	つま先持ち競争	166
335	両手ずもう	168
333	腰かけけんすい	167
336	集団いすかけ	168

牛乳ビンの紙センを使って

337	紙セン投げ	169
340	まる券とり遊び	171
338	ジャンケンセンとり	169
341	センとり競争	171
339	点とり遊び	170
342	ふたとりジャンケン	172

あきカンを使って

343	あきカン遊び	173
356	ひたいにあきカン立て	179
344	砂送り競争	173
357	カンの持ち上げ	179
345	ふうせん落とし	174
358	あきカン運び〈1〉	180
346	こぼさないで走ろう	174
359	あきカン運び〈2〉	180
347	カンカンたたき	175
360	バランスボール	181
348	あきカンつり遊び	175
361	あきカン2人乗り	181
349	集団あきカン積み	176
362	あきカンころがし〈1〉	181
350	あきカン同時積み	176
363	あきカンころがし〈2〉	182
351	あきカン積み上げ競争	177
364	あきカンころがし〈3〉	182
352	カンつなぎ競争	177
365	ダンボール箱ころがし	183
353	あきカンのピラミッドづくり	178
366	人間トロッコ	183
354	集団カン立て競争	178
367	ジュースカン倒し	184
355	立ってカン立て競争	179
368	あきカンけり	184

あきビンを使って

| 369 | わりばし入れ競争 | 185 |
| 370 | 花さし遊び | 186 |

371	花さし競争 …………… 186	377	牛乳ビンの電車 …………… 189
372	ビー玉とり …………… 187	378	バランスのり …………… 189
373	ビン立て競争〈1〉 …………… 187	379	ビンのりサーカス …………… 189
374	ビン立て競争〈2〉 …………… 187	380	かりまた牛乳ビン渡り …………… 190
375	牛乳ビン積み上げ競争 …………… 188	381	ビー玉ゴルフ …………… 190
376	ブロック積み …………… 188		

ふうせんを使って

382	ふうせんにまりあて …………… 191	393	ふうせん運び競争〈3〉 …………… 196
383	ふうせん落とし …………… 191	394	ふうせんあおぎ競争 …………… 196
384	ボクシングゲーム〈1〉 …………… 192	395	しゃもじ打ち競争 …………… 196
385	ボクシングゲーム〈2〉 …………… 192	396	ふうせん打ちあい …………… 197
386	ふうせん吹き競争〈1〉 …………… 193	397	ふうせん入れ …………… 197
387	ふうせん吹き競争〈2〉 …………… 193	398	ふうせん通し …………… 198
388	ふうせん吹き競争〈3〉 …………… 193	399	ふうせんあげ競争 …………… 198
389	ふうせん送り …………… 194	400	ふうせんとり …………… 199
390	ふうせんけり …………… 194	401	ふうせんつり遊び …………… 199
391	ふうせん運び競争〈1〉 …………… 195	402	ふうせん渡り …………… 200
392	ふうせん運び競争〈2〉 …………… 195		

ひも・ロープを使って

403	こしかけハードル …………… 201	408	つな引きずもう〈2〉 …………… 203
404	投げ輪遊び …………… 202	409	足引きずもう …………… 204
405	ふたつ輪競争 …………… 202	410	4人でつな引き競争 …………… 204
406	投げて拾って …………… 203	411	馬のり落とし …………… 205
407	つな引きずもう〈1〉 …………… 203	412	ひも踏み競争 …………… 205

竹の棒を使って

| 413 | ラインかき競争 …………… 206 | 414 | 平行遊び …………… 207 |

もくじ 9

415	平均棒渡り	207
416	竹の棒渡り	207
417	棒ずもう	208
418	棒うま競争	208
419	棒のり競争	208
420	棒かつぎ競争	209
421	かごやさん	209
422	竹のけんすい競争	210

お手玉を使って

423	お手玉文字遊び	211
424	お手玉入れ〈1〉	211
425	お手玉入れ〈2〉	212
426	お手玉入れ〈3〉	212
427	お手玉入れ〈4〉	213
428	お手玉入れ〈5〉	213
429	ジャンケンお手玉遊び〈1〉	214
430	ジャンケンお手玉遊び〈2〉	214
431	お手玉とり	215
432	お手玉の投げあい	215

その他のものを使って

433	しりとり絵さがし	216
434	絵合わせ	217
435	カレンダー合わせ	217
436	背中にポスター	217
437	トランプとり	218
438	円盤遊び〈1〉	218
439	円盤遊び〈2〉	219
440	円盤遊び〈3〉	219
441	5円コマ	220
442	お金とり	220
443	コイン投げ	220
444	ボタンのせゲーム	221
445	ビー玉ゴルフ	221
446	ビー玉送り	221
447	豆拾い	222
448	しっかり押そう	222
449	陣とりごっこ	223
450	笛で集合遊び	223
451	たし算で集合遊び	224
452	ピョンピョンとび競争	224
453	水のばくだんごっこ	225
454	ポリ袋の水送り	225
455	水をあけたら大変だ	226
456	水リレー	226
457	バランスとって水運び	227
458	貝さがし	227
459	みかん早のせ競争	228
460	くだものさがし	228
461	木の葉カード遊び	228
462	木の葉並べ	229
463	セミになっちゃった	230
464	円盤けり	230
465	砂遊び	231
466	ピン, ポン, ピョン	231
467	魚つり	232
468	スポンジボールのゴルフ	233
469	鉛筆とり	233
470	鉛筆立て	233

471	反対遊び	……	234	483	輪くぐり	…… 239
472	積み木遊び	……	234	484	輪投げ〈1〉	…… 240
473	たいこゲーム	……	235	485	輪投げ〈2〉	…… 240
474	あてましょう	……	235	486	輪送り競争	…… 241
475	シーソー遊び	……	235	487	キャラメルつり	…… 241
476	タオル体操	……	236	488	コップ運び	…… 242
477	リングを立てよう	……	236	489	マッチ・アーチェリー	…… 242
478	リンコロン	……	237	490	カメさん競争	…… 243
479	リングストライク	……	237	491	マット地震	…… 243
480	リングリターン	……	238	492	毛布とびこみ	…… 244
481	のりものごっこ	……	238	493	つり橋渡り	…… 244
482	動物狩り	……	239			

指遊び・手遊び・リズム遊び

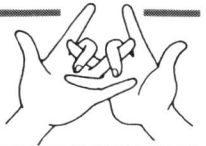

494	ワニ	……	245	515	うまく動きますか	…… 256
495	タコ	……	246	516	1・2・3	…… 256
496	たか	……	246	517	汽車ごっこ	…… 257
497	ぶた	……	247	518	腕の体操	…… 258
498	馬	……	247	519	手・指ならし	…… 258
499	ふくろう〈1〉	……	248	520	指笛	…… 259
500	ふくろう〈2〉	……	248	521	火事だ!	…… 259
501	タヌキのおじさん	……	249	522	ロンドン・ブリッジ	…… 260
502	シャクトリムシの行進	……	249	523	兵隊さん	…… 260
503	かえる	……	250	524	望遠鏡	…… 261
504	般若	……	251	525	同じだよ	…… 261
505	飾りメガネ	……	251	526	鬼の門	…… 262
506	お嫁さんの角かくし	……	251	527	さざえ	…… 262
507	かんむり	……	252	528	ガラス	…… 263
508	喜怒哀楽の目	……	252	529	くっついちゃった	…… 263
509	ボンゴ	……	253	530	へび	…… 264
510	裏表ナシ	……	253	531	のびろのびろ	…… 264
511	動く親指	……	254	532	高々指どーれだ	…… 265
512	芽	……	254	533	かくれんぼ	…… 265
513	指の体操	……	255	534	抜けないよ	…… 266
514	親指・小指	……	255	535	この指,動かせ	…… 266

もくじ 11

536	鼻はさみ	267
537	もとどおり	267
538	結婚指	267
539	小さい穴通し	268
540	不思議な手	268
541	吹きとばせ	269
542	くわがたむし	269
543	おなべふ	270
544	いたちごっこ	270
545	人さし指つかもう	271
546	空手チョップ遊び	271
547	しっかりくっつけて	272
548	指ずもう	272
549	不思議なカニ	273
550	電気	273
551	おふろ	274
552	エーイヤッ	274
553	模倣ジャンケン	275
554	相違ジャンケン	275
555	ジャンケン手打ち	276
556	ジャンケンたたき〈1〉	276
557	ジャンケンたたき〈2〉	277
558	親指どちら	277
559	だれの指たたこう	278
560	指の算数	278
561	グーピーゲーム	279
562	グーパーゲーム	279
563	手を打って〈1〉	280
564	手を打って〈2〉	280
565	お星さま遊び	281
566	機関車は走る	281
567	ひも通し	282
568	ゴム鉄砲	283
569	爪とり・輪ゴムとり遊び	283
570	ハンカチとり	283
571	ひもとり	284
572	ぶきみな手	284
573	クラゲになったはし	285
574	曲がるスプーン	285
575	見えない糸で動く紙袋	285
576	吸いつく10円玉	286
577	コインのゆくえ	286
578	輪ゴムの移動	287
579	うさぎ	287
580	話ずきな象	288
581	にわとり	288
582	オオカミ	289
583	おしゃれなカッパ	289

異年齢児の集団ゲーム

584	仲良しごっこ	290
585	ぐるぐる競争	291
586	トンネルくぐり	291
587	かけ足回転	292
588	グループ立ち	292
589	さん,はい！	293
590	マットのトンネルくぐり	293

運動会のゲーム

591	箱のサンドイッチ競走	294
592	竹のぼり	295

593	2本棒どまり	295	597	ダンボール突破	297
594	ダンボールのり進み	296	598	ひっぱり棒	297
595	マットのとびこみ	296	599	空中を飛んでいるみたい	298
596	マットくぐり	296	600	ボールのピラミッド	298

クラス全員でできる遊び

601	ダンボールそり	299	611	ジャンケンバンザイ	304
602	人間そり	300	612	ジャンケンワァー	304
603	むかで競争	300	613	神経衰弱	305
604	ジャンケンくすぐり	301	614	誕生月で"集合"	305
605	ジャンケンおんぶ	301	615	輪から輪へ かわりっこ	306
606	輪送り	301	616	数字のしりとりゲーム〈1〉	306
607	箱とり競争	302	617	数字のしりとりゲーム〈2〉	307
608	足かえ遊び	302	618	ジャンケンカードとりゲーム	307
609	いすの上で体操	303	619	バラバラ，元に戻って	308
610	尺とり虫競争	303	620	靴の造形遊び	308

罰ゲーム

621	通れるかな…	309	627	体を支えよう	312
622	持ち上げ競争	310	628	じょうずにキャッチ	313
623	運搬ごっこ	310	629	新聞棒体操	313
624	グループ片足立ち	311	630	くつあげ	314
625	いっしょに片足立ち	311	631	袋をかぶって足ぶみ	314
626	背中合わせ立ち	312			

□ねらい別さくいん（ここが鍛えたいという目的にかなったあそびが引き出せます）…… 315

●適年齢・適人数について●

本書には，指遊び・手遊び・リズム遊びを除いて，見出しの横に適年齢および適人数が示してあります。

適年齢は〔　　〕でかこみ，幼児，小学生，中学生，高校生，大人向きのものをそれぞれ**幼，小，中，高，大**と表示しました。また，幼児から大人まではばひろく楽しめるものは**全**としてあります。適人数は○でかこみ，少人数（10人以下）向き，多人数（10人以上）向きをそれぞれ**少，多**と略記しました。

なお，この適年齢・適人数はあくまでもめやすとしてお考えください。実践・指導にあたっては，場所や人員構成，参加者の体力・体調その他の条件にあうようにくふうされるようお願いいたします。

●記録をつけましょう●

月日	場所	人数	参加者名	観　　察	課　題

観察：

　　生き生きと意欲的に喜んで参加しているかどうか，みんなと協調して楽しく参加しているかどうか，約束を守ろうとしているかどうか，リーダーシップをとっているかどうか，今後も継続して遊ぼうという気持ち，意気ごみがあるかどうかなどを，個人または全体の観察を通して書きとめておくとよいでしょう。

課題：

　　今後，先生またはリーダーとして，観察を通してどのような助言，補助をし，指導計画をたてたらよいか，さらに，反省，抱負などを書きとめておくとよいでしょう。

準備のいらないゲーム

1　正 座 競 争　〔全〕⑨

用意するもの　なし
遊び方　たたみにすわる生活からいすに腰かける生活になると，正座もままなりません。それでは正座をしてください。おしりはしっかりと両足におろし，両腕を前後に動かして，前進しましょう。
　「ヨイショ，ヨイショ」とかけ声をかけてもなかなか思うように進まないので，うっかりおしりを上げてしまいます。
ねらい　脚力と腰を鍛えながら，忍耐力を育てます。足が強いか否かは，この遊びをやれば判明しますよ。自動車を運転する人はぜひ試してみてください。

何も使わないで　15

2 片足立ち〔小・中〕少

用意するもの なし
遊び方 直径30センチほどの円を参加者の数だけかきます。円の中に1人ずつ入り、リーダーの合図で円の中の人は左足をまっすぐ前にのばし、右手でつま先を持って片足立ちします。右手も左足も曲げないようにそのままの姿勢で長くやった人が勝ちです。
　バランスをくずしてラインを踏んだり、円の外に出たり左足を曲げたりしたら失格です。
　見物人は「イチ，ニ，サン」と手拍子を打って数を数え応援しましょう。

ねらい 足と床との接触面が少ないほどバランスをとるのがむずかしくなります。この遊びは腰，足や腕の筋力，関節を強くし平衡能力を育てます。

3 とび上がり開閉とび〔小・中〕少

用意するもの なし
遊び方 両足を開いて地面に立ちます。

　「ヨーイ，始め」の合図で、とび上がって、両足をくっつけ、地面に足を開いてつきます。次はとび上がって2回両足をくっつけ地面に足を開いてつきます。このように1回と2回の開閉とびを交互に繰り返します。
　とび上がって1回両足をくっつけるのは簡単ですが、2回くっつけるのは大変です。高くとび上がらないとできません。
ねらい 毎日やってとべた回数を記録しておきますと、きのうよりきょう、きょうよりあすという具合に意欲，積極性が養われ、高くとび上がろうとするため跳躍力も鍛えられます。

4 円周回転〔幼・小〕少

用意するもの なし
遊び方 1人1つずつ、直径30センチくらいの円をかきます。その円をまたぐようにして両足を開いて立ちます。「ヨーイ，ドン」の合図で、この姿勢のまま円の中に入らないように、円周をどれだけまわることができるかを競う遊びです。

同じ方向に何回もまわることができるようになったら，次は「右」「左」の合図をかけ，途中ですぐ方向を変えましょう。ちょうどテレビのチャンネルの切り換えと同じです。
ねらい　平衡感覚を養うとともに，円の中に入らないようにするため，注意力を育てます。

5　数字えがき〔中〕少

用意するもの　なし
遊び方　床におしりをつき，両足をそろえまっすぐ高く上げたら，両手を後ろについてからだを支えます。

　ひざを曲げないようにつま先をそろえて，できるだけ大きく数字「1，2，3……」や文字「い，ろ，は……」「A，B，C……」をえがきます。足先が思うように高く上がらない人は，上体を後方に倒した姿勢から順次はじめていくとよいでしょう。「1」をえがき終わったら「2」，その次は「3」……というぐあいにできるだけ多く連続して行ない，今日はどこまでがんばることができたか記録をして自分の励みにすることができます。30歳未満の人は，少なくとも自分の年齢まではえがけるように努力しましょう。
ねらい　腰部の筋肉をたくましくします。

6　壁で逆立ち〔全〕少

用意するもの　なし
遊び方　壁の前で，あお向けになり，足先を壁につけ，全身を使ってだんだん足先を壁の高いところに上げていく遊びです。高くあげるには，両手を腰にあて，下半身を支えます。できれば，壁を歩くように，両足を移動させましょう。

準備のいらないゲーム　17

　日頃は頭を上にした生活がほとんどです。ときには頭を下にして血行をよくし気分転換してみましょう。1日1回は，したい遊びです。
ねらい　柔軟性を養い，脚力，腹筋，腰を鍛えるとともに背中や肩も使う全身運動です。

7　ひざ持ち競争〔小・中〕少

用意するもの　なし
遊び方　1組5人で，スタートラインより5メートル先に目標を決めます。
　他のチームと競争で遊び，先頭の人以外は全員しゃがみます。
　先頭の人は「ヨーイ，ドン」の合図で，腰を低くして両ひざを曲げて，ひざを抱くように両手を回して，離れないように両手をまん中で組みます。

　腰を上げないで前進して目標を回り，スタートラインにもどって次の人と交代します。
　組んだ両手を離したり，腰を上げたりすると失格。最後までがんばりましょう。
　応用として，後ろ向きになって，ひざを曲げたまま前進してもおもしろいでしょう。前に進むことに気をとられて，組んでいるはずの両手が離れてしまったりするので，最初からやり直す回数がふえてしまいます。
ねらい　脚力を鍛えます。

8 しゃがんで競争 〔小・中〕 少

用意するもの なし
遊び方 出発点にラインをひき，約5メートルのところに目標のラインをひいておきます。
　出場者はスタートラインにしゃがみ両手をひざにのせて並びます。リーダーの合図でしゃがんだままの姿勢で目標のラインを何度も往復する遊びです。おしりをあげたり，中腰になっては失格です。
ねらい 足腰を鍛えるための遊びです。現代っ子は足腰が弱いといわれます。屋外で遊ぶ機会が少なく，テレビにかじりついていることや，車の発達，さらには家庭でのすわる生活が腰かける生活となるなどが，足腰を弱める原因になっています。
　家庭で親子ともども体力づくりをやってみてください。

9 片足とび <1> 〔小・中〕 少

用意するもの なし
遊び方 片足で立ち，片足を立っているほうの足のひざ上に曲げます。片足で走ろうと思っても，一方の足が前にブレーキとなるため，なかなか走ることができません。
　前の曲げている足はひざの上にします。ひざ下は失格です。目標を決めて競争するのもおもしろいでしょう。
ねらい 腰や下肢の筋肉を強くし，ひざや足首の関節も強化します。さらに平衡能力，跳躍力を発達させます。

準備のいらないゲーム　19

10　片足とび <2>　〔小・中〕少

用意するもの　なし
遊び方　左足で立ち，右足を曲げてひざの後ろに組むように置きます。用意ができたら，グループ別にして競争します。曲げている右足をひざから放したら失格です。
　出発点から目標まで，片足とびをして行き，目標で足をかえて出発点にもどり次の人と交代します。
ねらい　右足と左足との調整力が大切です。腰，足の筋力や関節を強化します。

11　片足上げとび〔全〕少

用意するもの　なし
遊び方　スタートラインから約5メートル離れたところに目標を置きます。
　数組に分かれ各組とも1列に並んでスタートラインにつきます。リーダーの合図で先頭の人だけが左足を前にまっすぐのばし，右手でつま先を持ち片足とびでスタートします。目標をまわって帰ったら次の人と交代します。
　右手を曲げないように，そしてつま先を放さないように走らなければならず，簡単なようでむずかしい遊びです。
　右足を右手で持ったり，左足を左手で持って片足とびをしてもよいでしょう。
　楽しみながら体力づくりができます。
ねらい　腰，足の筋力や関節を強くし，合わせて敏捷性，跳躍力を養います。

12　反対とび〔小・中〕少

用意するもの　なし
遊び方　直径50センチの円を50センチ間隔で5つ書きます。そこから1メートル離れた所に，同じように5つの円を書いておきます。

2組に分かれます。スタートラインに，後ろ向きに立ち，合図でそのままピョンととび，円に入ります。

うまく入ることができたら次の円にピョンと入り……というふうに，5つの円に後ろ向きで，入っていきます。

うまくできたら，スタートラインに走ってもどり，次の人と交代します。

後ろ向きですから，円の外に出たりします。何度も練習して，まっすぐとぶことができるようにします。

ねらい　足，腰を鍛えます。

13　仲よくしましょう
　　　　　　　　　　〔全〕㊝

用意するもの　なし
遊び方　2人1組になります。リーダーが「背中をくっつけて」といったら，お互いの背中を合わせます。「おしりをくっつけて」とか「ヒザこぞうをくっつけて」「おなかをくっつけて」「鼻くっつけて」「ほっぺたくっつけて」といったように，号令通りの動作をする遊びです。

大人同士ならためらいのある動作でも子ども同士なら大喜びでしょう。

ねらい　お互いの触れあいが，早く友だちづくりを促し，なごやかな雰囲気を作ります。

14　回転手合わせ〔小〕㊝

用意するもの　なし
遊び方　2人1組で向かい合って立ちます。

「1回」の合図で，2人ともその場で，クルッと1回転して，向かい合ったところで，お互いの両手を合わせます。

準備のいらないゲーム　21

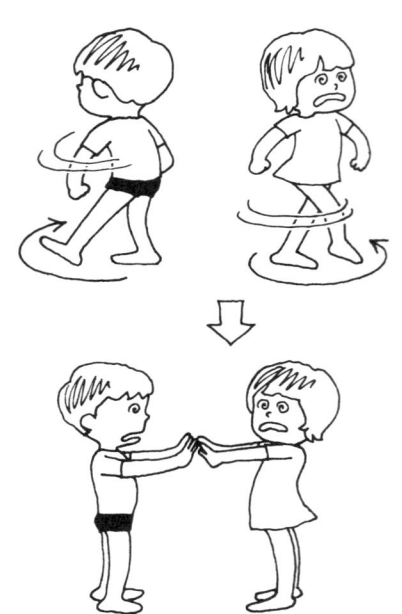

　「2回」の合図で，2回転して手合わせをします。合図をよく聞いて回転数を間違えないようにしましょう。4回，5回………と回転数が増えてくると，途中で目がまわったり，うまく手合わせができなかったりします。相手の具合いも意識しながら遊びましょう。

　応用として，ふたりともひざをまげてしゃがんでやってみましょう。足全体の筋肉を動かすので脚力が強くなります。

ねらい　目まい，たちくらみの予防に役立ち，協調性を育てます。

15　ジャンケンその場まわり〔全〕少

用意するもの　なし
遊び方　2人1組，向き合って立ちます。そして，ジャンケン。負けたらその場でジャンプして1回転。あるいは，1回，2回，3回とその場でぐるぐるまわります。

　ジャンケンに負けてばかりでは，目がまわってたいへんです。みんなジャンケンのスリルにとりつかれ，真剣です。年齢や体力などに差があっても，同じように楽しく遊べます。

ねらい　平衡感覚を養い，立ちくらみや目まいを治すのに役立ちます。

16　ジャンケン相手まわり〔全〕少

用意するもの　なし
遊び方　2人1組で，ジャンケンをします。ジャンケンをして負けた子どもは，勝ってその場に立っている子どものまわりを駆け足で2周します。

この遊びを,「やめ」の合図があるまで何回も繰り返し,どちらの子どもがジャンケンに強かったか,競争するのです。
　親の導入の仕方しだいで,楽しく遊びながら,幼児にジャンケンのルールを理解させることができます。
ねらい　相手が何を出すか,ジャンケンへの興味がわき,だれでも楽しく遊ぶことができます。
　最近,目まいやバス酔いをするもやしっ子がふえています。日ごろ,このような遊びを,ほんの少しでもするように心がけて,汚名を返上したいものです。

17　打つか,かわすか〔小〕少

用意するもの　なし

遊び方　2人1組になり,向かい合って床におしりをおろします。1人は両足をそろえて,まっすぐ前に伸ばし,もう1人はあぐらをかきます。あぐらをかいてすわった子は,両手のひらを合わせ,頭の上にあげ,機をみて,相手の足を打ちますが,足を伸ばした子はすかさず,足を広げて,これをかわすという遊びです。
　相手を打つのが早いか,それをかわすのが早いかを競います。10回のうち何回打てるか,交代してやってみましょう。
ねらい　反射神経を養います。

18　ジャンプ開閉〔全〕少

用意するもの　なし
遊び方　1人は床におしりをついて,両足をそろえて前に伸ばします。
　他の1人は,伸ばした相手の両足をまたいで立ちます。

準備のいらないゲーム　23

　合図で，またいだ人はジャンプし，同時に空中で両足を閉じ，着地するときは再び開いて，相手の両足をまたぎます。
　このようにして，何度もくり返す遊びです。
　開閉運動を敏速にしないと長く続けられないので，とび上がったとき，すばやくバランスを整えましょう。
　ねらい　跳躍力はもちろん，敏しょう性も養います。

19　回転とび〔全〕少

用意するもの　なし
遊び方　2人1組で，1人は床におしりをつき，両足を開いて前に伸ばします。他の1人は，向かい合い，相手の両足の間に立ちます。
　相手が両足を閉じて開くと同時に，とび上がりながら，体をひねって，後ろ向きに着地します。次に，相手が両足を閉じて開くとともに，相手と向かい合うように体をひねって，相手の開いた足の間に着地します。
　このように，1人は両足の開閉をくり返し，他の1人は体を回転させて，とび上がりと着地をくり返します。
ねらい　2人の協調性が，この遊びを盛りあげ，平衡感覚を養います。また足腰も鍛えます。

20　足踏み競争〔全〕少

用意するもの　なし
遊び方　2人が向かい合って，両手をつないで立ちます。リーダーが「右」といったら，2人は手をつないだまますばやく相手の右足を踏みます。踏まれそうになったら，右足を避けるようにします。「左」といったら左足を踏みます。
　「右」といったら左足を踏み，「左」といったら右足，と遊びに変化をもたせてみましょう。相手とつないだ手を放したり，踏む足を間違えたりしたら失格です。

お互いに足を踏もうとするために，いつの間にか足を上げたり，進んだりして，力を入れるため，ドタバタとします。

この遊びは，靴をはいてやらないことです。

親子でも，子ども同士でも楽しくできます。

ねらい 注意力と敏捷性を養います。

21 両足のり競争〔幼・小〕少

用意するもの なし

遊び方 2人1組になり，向かい合って両手をつなぎます。そして1人の子の両足の甲にそれぞれ足をのせます。この状態でスタートラインに並び「ヨーイ，ドン」の合図とともに「イチ，ニ，イチ，ニ」と声をかけ合って，できるだけ長い距離を進む競争です。

簡単なようですが，呼吸を合わせて，2人の体のバランスをうまくとりながら進むのは，意外にむずかしいものです。

ねらい 協調性を養うとともに，平衡感覚も伸ばします。

22 足のせ競争〔小・中〕少

用意するもの なし

遊び方 2人1組になって横に並びます。内側の片手どうしで手をつなぎ，前方に上げた内側の相手の片足の上に，自分の内側の片足を乗せて，外側の足でお互いが片足とびをしながら，目標を回ってもどってくる遊びです。

くっつけた足が離れて地面に着いたり，つないだ手を離したら，もう一度スタートラインにもどって最初からやり直しをします。

準備のいらないゲーム　25

お互いに,「イチ,ニ,イチ,ニ」とかけ声をかけてやるとやりやすいです。
　一方が途中で疲れて足を地面に着いてしまい,何回もやり直しているうちに失格してしまいます。どんなにつらくても,最後までがんばるぞのファイトが必要です。
　子どもどうしだけでなく,おとうさんの足の上に子どもの足をのせるなどすると,親子で楽しむスキンシップ遊びになります。
ねらい　脚力と忍耐力を強くするとともに協調性を育てます。

23　足をからませて
〔小・中・高・大〕少

用意するもの　なし
遊び方　2人1組になり,お互いの内側の足を片足とびをするようにひざから曲げて,お互いの足先をからませます。「ヨーイ,ドン」の合図で内側の足をからませたまま,2人呼吸を合わせながら,片足とびをして目標をまわってくる遊びです。
　足が離れたらやり直しましょう。どの組が早いか競争しましょう。
ねらい　平衡感覚を養いながら協調性を育て,脚力をつけます。

24　人間回転〔全〕少

用意するもの　なし
遊び方　2人1組です。1人は床におしりをおろし,両足を前方に伸ばし足先をもち上げ,それを両手で支えます。もう1人はその足先を両手でもって「右」の号令で,おしりを中心にぐるっと1回転。「左」も同じです。回る方向をいろいろ変えて遊びます。3回くらいまわったら,役を交代しましょう。
　床におしりをおろし,足をもち上げて支えているのがたいへんな場合は,床に仰向けに寝て,足をもち上げ,もう1人がその足をもち,同じように遊ぶこともできます。
ねらい　平衡感覚を養い,腹筋を強くします。また立ちくらみの予防にもなります。

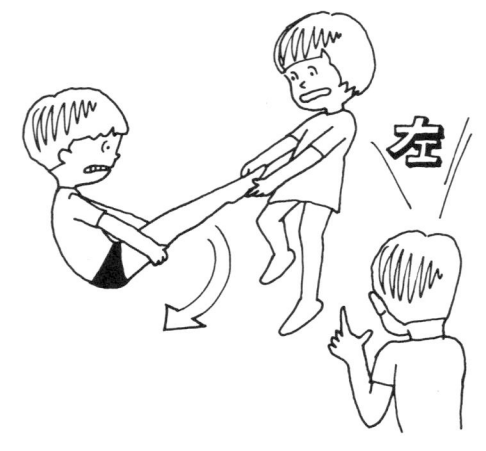

25　2人でバランス〔全〕少

用意するもの　なし
遊び方　大人と子どもで1組になり，大人は床にあお向けになって，両ひざを立てます。

子どもは，大人の上に伸ばした両手と合わせ，両足は両ひざにのって，うつむきます。

「右手あげて」で，子どもは三方のバランスをうまくとりながら右手を上にあげます。

「右足あげて」の合図で，右足を，ひざからはなして上げるようにします。

はなした手足はできるだけまっすぐに伸ばすように応援しましょう。子どもは得意顔で生き生きとやり，大人は幼な子をあやす要領でがんばります。
ねらい　平衡感覚を養い，あわせて腕力，足，腰を鍛えます。

26　足上げ競争〔全〕少

用意するもの　なし
遊び方　2人が腰を床につけて向かい合い，ひざを伸ばして足の裏同士を合わせて，どのくらい長く足を上げていることができるかがんばる遊びです。

そのときに，床に手をつかないで，足を上げている間，手をたたきながら，歌をうたったり，数を数えましょう。
ねらい　最後までがんばるぞ，という忍耐力づくりに役立ち，腹筋力を強くします。

27　片足ずもう〔全〕少

用意するもの　なし
遊び方　2人が床におしりをつき，相方の両足の裏同士をくっつけて，できるだけ高く上げて向かい合います。おしり以外のからだのどの部分も，床についてはいけません。

準備のいらないゲーム　27

「ヨーイ，ドン」の合図で，片足だけは足の裏同士をくっつけたままの状態で，もう片方の足を伸ばしたり縮めたりして，相手のバランスをくずして倒す遊びです。片方の足を放したり，手を床についたときに相手を負かしても，ルールに反則しているので勝負は決められません。「やめ」の合図がある

までに，何回相手を倒したり，自分が倒されたりするか数えましょう。
ねらい 相手を力づくで倒すことばかり考えていると，自分のほうがバランスを失って倒れてしまいます。どのようにすれば，じょうずに相手を負かせるか，やりながら平衡性を学んでいきます。また，両手を使わないで自分のからだを支えるために，腹筋を強くします。

28 つま先タッチ〔中・高〕㊚

この運動も，腹部の筋肉を刺激するのがねらいです。2人が調子をそろえ，つま先をタッチすることによって効果をあげます。
遊び方 図に示すように，2人1組となり，互いにあお向けに寝た姿勢をとり，頭を軽く接触させ，腕を横にいっぱいに伸ばし，互いに手をとり合います。そして，つま先をそろえ，足をまっすぐ伸ばし，準備完了です。

2人とも調子をそろえ，同じようなペースで，つま先は，接触している頭の真上でタッチするように心がけてください。2人は互いに協力し合い，つねに同じか所でタッチすることが望ましいのですが，何回も繰り返しているうちに，おじいさんなどは疲れたり，力が弱くて思うようにタッチできない場合もあるでしょう。そのようなときは，相手の領域を侵しても（相手側の方へ深く曲げる），必ず一回一回タッチしてください。あくまでも，2人調子をそろえて行なうことが大切です。でないと，相手を待たせたり，また待たされることになります。

閉脚でのつま先タッチだけでなく，開脚でのつま先タッチも加えたら変化もあり，楽しくできます。交互にやってみましょう。

慣れてきたら，回数を増すように努めることも大切です。20回以上も楽にできる人の場合は，この運動を何回でも疲れずに続ける持久力がつきます。おなかの回りについている皮下脂肪などを除く目的で行なう場合は，つま先をタッチしたらすぐに離さずに，しばらくそのままの姿勢を保ち（最初のうちは「イチ，ニ」と互いに数え，約1秒間ずつ。慣れるに従い，1秒，2秒と），しだいに接触の時間を長くするのが効果的です。

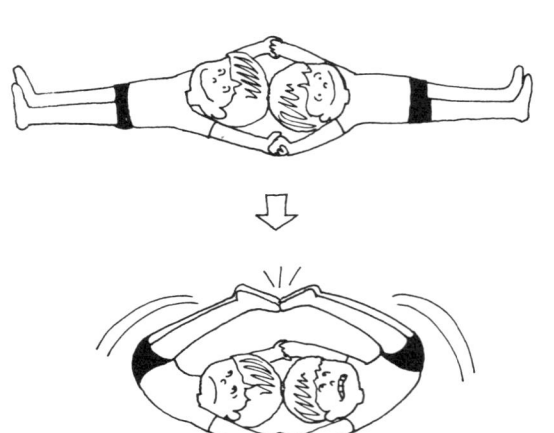

家族みんなで，呼称など入れて競争してみましょう。
ねらい 柔軟性のある体にし，腹筋，背筋を鍛えます。

29　ボートこぎ競争〔幼・小〕少

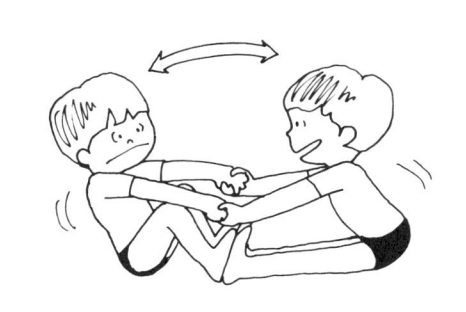

用意するもの　なし
遊び方　2人1組になり，向かい合って床におしりをおろし，お互い両足を前にそろえて伸ばし，足の裏同士を合わせます。そして両手もしっかり握り，交互に相手を引っ張ります。ボートをこぐときと同じ要領です。
　ピッチをあげたり，ゆっくりしたりして遊びましょう。簡単にできる腹筋運動です。
ねらい　腰を鍛えるとともに，手を船のかいのようにして体を支えて，バランスをとるので両腕をたくましくします。

30　閉じて開いて〔小・中〕少

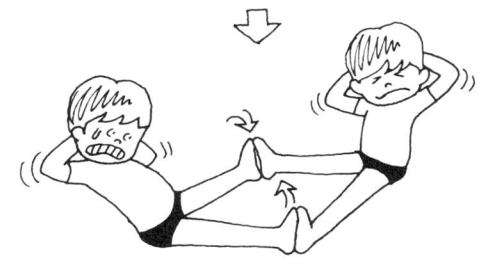

用意するもの　なし
遊び方　2人が向かい合って床におしりをつき，両足を上にあげて互いに両足の裏をくっつけます。
　バランスがとれたら2人とも床から手を放し，「開いて」の合図で両足をくっつけたままの状態で左右に足を開きながら床につきます。次に「閉じて」の合図でこんどは左右に開いた足を閉じ，もとの高い状態にします。
　両足の開閉がいくつできるか2人で数えて遊んでもよいでしょう。
ねらい　協調性を養い，足の筋力，腹筋を強くします。

31　2人で自転車こぎ〔幼・小〕少

用意するもの　なし
遊び方　2人1組になり，向かい合って両足を前に出し，おしりをおろします。両手は後ろにつき，上体を支えます。用意できたら足の裏同士を合わせ，足を高くもち上げて足の裏をくっつけたまま，自転車をこぐ要領で，片足ずつひざを屈伸します。
　2人で声をかけ合い，なるべく速いテンポで長く続ける遊びです。
ねらい　脚力，腹筋，腰を強くしながら協調性を養います。

準備のいらないゲーム

32　背中合わせ立ち〔全〕少

用意するもの　なし
遊び方　2人1組になります。背中合わせに床におしりをおろし、両足は前に伸ばして、両腕をからませ、この状態から、どの組が一番早く立ち上がるか競争です。
　2人だけでなく、何人でもできます。人数が増えるほど、立ち上がるのに時間がかかりますが、歓声をあげながら遊ぶのも、親密感がわいて楽しいものです。
　2人でできるようになったら4人、5人、6人…と人数を増やしてやってみましょう。1人でも呼吸が合わないと成功しませんよ。
ねらい　脚力、腹筋、腕力などを強くします。また2人の呼吸を合わせるように努めることが協調性を育てます。

33　しがみつき競争〔幼・小〕少

用意するもの　なし
遊び方　2人1組になります。1人は両手を横に広げ、両足を開いて立ちます。もう1人は、両手両足を使って相手の体にしっかりしがみつき、ずり落ちないようにがんばる遊びです。見る側にとっても、セミが木にとまっているようなユーモラスな光景に思わず笑いがでる楽しい遊びです。
　大人と子どもの場合は、子どもは足を使わず、両手で首にぶら下がって、胸と胸をくっつけてもいいでしょう〈564　ぶらさがり競争参照〉。
ねらい　胸と胸を合わせるとお互いに親近感が深まって「がんばれ」「がんばるぞ」の忍耐力が育ちます。

34　腕歩き競争〔小・中〕少

用意するもの　なし
遊び方　2人1組になって，スタートラインに並びます。1人が腕立てふせの姿勢になり，もう1人が，その両足を，自分の左右の肩にのせ，首をはさむようにし，両手で足をしっかりもち，相手の体を支えます。「ヨーイ，ドン」の合図で，前の人は腕をまっすぐ伸ばして前進，足をかついだ子は歩調を合わせます。
　目標を決め，どの組が早くゴールするか競争です。目標まで着いたら役を交代して，スタートラインにもどってもいいでしょう。
ねらい　協調性を養うとともに腕力と脚力を強くします。上体がさがりそうになると，ついついおしりをあげて支えようとするので，腹筋の弱いことがわかります。背すじを伸ばして腹筋も鍛えましょう。

35　足もち競争〈1〉〔幼〕少

用意するもの　なし
遊び方　おかあさんと子どもの2人が1組となってスタートラインに並びます。
　子どもがおかあさんの前に伸ばした片足をわきにかかえるようにして持ちます。（場合によっては肩にかついでもよろしい）
　「ヨーイ，ドン」の合図で子どもは片足を落とさぬようにしっかりと持ち，おかあさんはころばぬように目標をまわり帰ってくる遊びです。
　子どもが早く進もうとすると，おかあさんは必死に片足とびしなければならず，ユーモラスな光景が展開されます。
ねらい　おかあさんは跳躍力を鍛え，スキンシップをたんのうさせてくれます。

36　足もち競争〈2〉〔幼・小〕少

用意するもの　なし
遊び方　子ども2人を，縦に約40センチの間隔をおいて並ばせます。
　後ろの子どもは前かがみになって，前の子どもの右足首を右手で，左足首を左手でつかみます。そのままの姿勢をたもってゴールに向かってスタートします。

準備のいらないゲーム　31

後ろの子は手をはなさないように，前の子は，後ろの子の手がブレーキになりますが，ころばないようにがんばってください。
　2組以上で競争したり，リレー形式で行なったりすれば楽しいでしょう。いろいろくふうして，変化をもたせてください。
ねらい　協調性を育てます。

37　腹ばい競争〔全〕少

用意するもの　なし
遊び方　目標を定め，スタートラインに1人が腹ばいになり，もう1人も同じように腹ばいになって，前の子の両足首を両手でしっかり握り，連結の状態になります。
　「ヨーイ，ドン」の合図で，2人1組が協力して，目標をまわってもどってくる遊びです。前の子は両手を前に出し，力強く体を前進させ，後ろの子は，これに合わせて進みます。
　また，前の子があお向けになって進み，後ろから，進む方向をコントロールすれば，声も出てより楽しく遊べるでしょう。
ねらい　胸部，背筋をたくましくしながら腕力，脚力，腹筋を鍛えます。

38　後ろ向き腹ばい競争〔全〕少

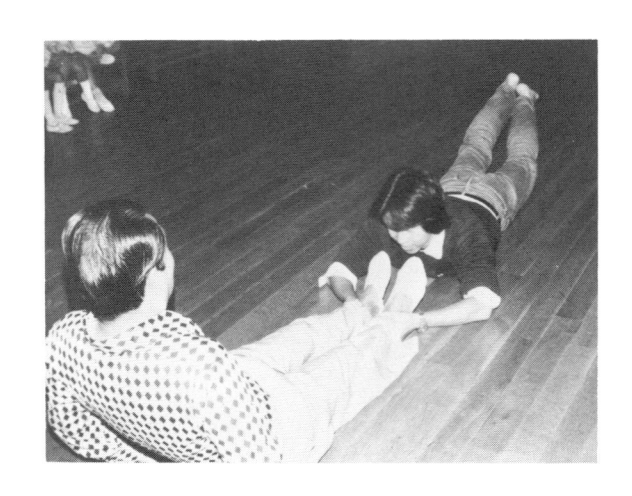

用意するもの　なし
遊び方　2人1組で，先頭は床にあお向けになって両足を伸ばします。もう1人はうつ伏せになって，先頭の両足首を両手でしっかり握ります。合図で2人が前進して，目標をまわってもどってくる遊びです。
　先頭は，両手を頭上に伸ばして，体の進む方向をコントロールします。後ろは目標をみて前進できるので，とんでもない方向へ進むことはありません。まるで，柳にとびつくかえるのようで，

とてもおかしみのある楽しい遊びです。
ねらい 腕力と脚力，腹筋を鍛えます。

39 ジャンケンおんぶ
〔小・中・高〕多

用意するもの なし
遊び方 30人を2組に分けて，10メートルの間隔で，お互いに向かい合わせになって立ちます。

中央には直径1メートルの円をかいておきます。

「ヨーイ，ドン」の合図で，向かい合っている先頭2人が，まん中の円へ走って，円の中で握手をし，ジャンケンします。勝ったら負けた人におんぶをしてもらって，勝った人の陣地まで連れていってもらう遊びです。

向かい合っているチームと比べて，多くの人がいるチームが勝ちです。

からだの小さい人が，からだの大きな人をおんぶして思うように進めないと，見ている人も楽しいものです。

途中で倒れたり，おんぶされている人がずり落ちたら，最初から走っていって握手することからやり直しとします。
ねらい ジャンケンのもつおもしろさと楽しさを味わいます。

40 3人で競争〔幼・小〕少

用意するもの なし
遊び方 3人1組になり，両側の2人はそれぞれ外側を向き，まん中の1人は背中の間に前向きに立ち，2人の背中に片手ずつあてます。「ヨーイ，ドン」の合図で，まん中の子の手が背中から離れないようにしながら目標をまわってくる遊びです。

外側の2人は横に動くわけですが，お互いの歩くペースを考えないと，手が離れてすぐに失格になってしまいます。まん中の子が声をかけるとうまくいくでしょう。
ねらい 協調性を養います。

準備のいらないゲーム 33

41　おしり競争〔幼〕少

用意するもの　なし
遊び方　スタートラインで2人が背中合わせになり30センチほどの間隔で立ちます。中腰になっておしりをくっつけ合い、そのままの姿でスタートし目標をまわって帰ってくる遊びです。
　途中おしりが離れたら失格です。おしりにガムでもくっついているんじゃないかと思われるように走れたら、しめたものです。
　2組以上で競争するか、リレー形式で行なうか、人数に応じて工夫してやってみましょう。
ねらい　協調性を育てます。

42　おしりずもう〔全〕少

用意するもの　チョーク
遊び方　図のように、円をかきます（円の大きさは参加する人の、足の大きさの3倍）。
　2人を背中合わせにして、おしりとおしりの間に、にぎりこぶしがはいるぐらいあけ、足先が円から出ないようにして、リーダーの「ハイ」の合図で、お互いにおしりをぶっつけあって、相手を早く円の外に出す遊びです。
　この遊びは、小・中学生は大喜びで参加します。幼児にもできます。たたみの部屋でする時には、座ぶとんをしき、その上でするとよいでしょう。
　リーダーの合図のかけ方が、大切です。
　勝ち抜き戦、3回勝負などしてみましょう。
ねらい　平衡感覚を養いタイミングのコツを体得します。

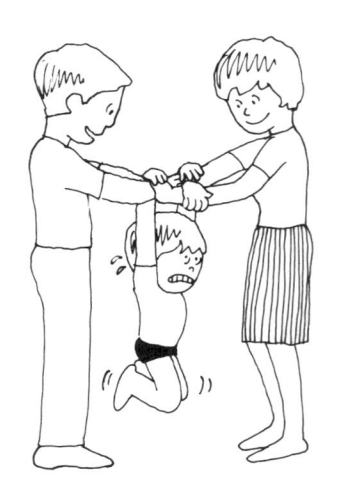

43　腕けんすい〔幼〕少

用意するもの　なし
遊び方　大人2人が向かい合って立ちます。片手でもう一方の自分の手首をしっかり握り、その手で向かい側の手首を握ります。こうして、1人の腕を組めば頑丈です。そこへ子どもがぶらさがって、できるだけ長くがんばる遊びです。
　ぶらさがったら、両足は後ろに曲げて、床につかないようにします。力が入ると、汗ばんで手がツルツルとすべり、子ども

の真険さが伝わってきます。

ねらい 腕力を養うと同時に，忍耐力も育っていきます。

44　人間けんすい〔小〕少

用意するもの　なし
遊び方　おとうさん，おかあさん，それに子どもの3人で遊べます。おとうさんとおかあさんが腰をかがめて，約40センチの間隔で立ちます。子どもはその間に背を向けて立ち，両手をしっかりと2人の背中につき，体を両手で支えて足を曲げます。

「イチ，ニ，サン」と声をあげて数えます。きのうは15，きょうは20と，毎日すれば腕の力が強くなります。

ねらい　遊びのできない子どもは肉体的にも精神的にもひ弱です。意志も弱く，がんばりもききません。こうした子どもは知識だけで，協調性のない人間になってしまいます。

自分の体を両腕で支えることを通じて，がんばりのきく子に育てます。

45　ひざの上で体操〔幼・小・中〕少

用意するもの　なし
遊び方　3人1組で，そのうちの2人が向かい合ってすわり，両ひざを立て，両手を後ろについて，体をそらします。残りの1人は2人の足のひざに，両手，両足をのせて体のバランスをとったら，いよいよサーカスのはじまり。

右足だけ上方にあげたら，次は左足，右手，左手と順にあげていきます。ひざがぐらぐら動いて，地震がおこったようで，バランスをとるのが3人とも大変です。
ねらい　腕力，脚力を鍛えるとともに，平衡感覚を養います。

準備のいらないゲーム　35

46　親子ジャンプ競争〔幼〕少

用意するもの　なし
遊び方　おとうさんが両足を閉じてあお向けになります。足の両側に子どもが両足をそろえて立ちます。
　合図でおとうさんは両足を開き，同時に子どもはジャンプして両足を開いてまたぎます。次におとうさんが両足を閉じると2人の子どももふたたびジャンプして両足を閉じて立ちます。この動作を何度も繰り返して遊びます。
　リズムをくずすとおとうさんの足を踏みつけることになります。おとうさんが「イチ，ニ，イチ，ニ」とリズムをとってやると長く続けることができます。
ねらい　敏捷な跳躍力を養います。

47　人間メリーゴーランド〔全〕少

用意するもの　なし
遊び方　4人1組，円をつくり，おしりをおろし，それぞれ両足を円の中央に伸ばします。そして両隣の人と手をつないだら，準備完了。「右」と号令がかかったら，両手はつないだまま，おしりをうまく右に移動させていきます。「左」の場合も同じように方向転換する遊びです。
　4人に限らず，5人，6人…10人と，たくさんの人数でもできます。
ねらい　全身を使いますが，とくに腰をうまく使って移動することを学びます。

48　前かがみ競争〔中・高〕少

用意するもの　なし
遊び方　4人1組になり，いちばん前の人は立ち，その後ろの3人はしゃがみます。しゃがんだ

らお互いに前の人の足首を持ちます。合図で目標をうまく、早くまわってくるのです。途中で手を放したり、立ったり、先頭が倒れたりしたら、もういちど最初からやりなおし。全員でじょうずにリズムをとって歩きましょう。2組で競争すると楽しくなります。

ねらい 〝イモムシゴロゴロ、ひょうたんボックリコ……〟「おお、なつかしい」と感傷にふけっているおかあさん、おとうさんもおられることでしょう。これは、お友だちの腰につかまってしゃがみ前進する昔からの遊びですが、これをもっと高度化した、つまり、しゃがんで友だちの足首をつかみ、しかも早く前進するのがこの遊びです。仲間意識とリズム感を育てます。

49 あぐら競争〔全〕少

用意するもの なし

遊び方 しゃがみます。そして両手でつま先をもって、スタートラインに並びます。「ヨーイ、ドン」の合図で、この姿勢のまま、5メートルくらい先に決めておいた目標まで、スタートラインから何往復できるかがんばってみましょう。

また数組つくって、リレー形式で楽しんでもいいでしょう。おしりをあげたり、中腰になったり、つま先から手をはなさないように。

ねらい 足腰を鍛えます。

準備のいらないゲーム　37

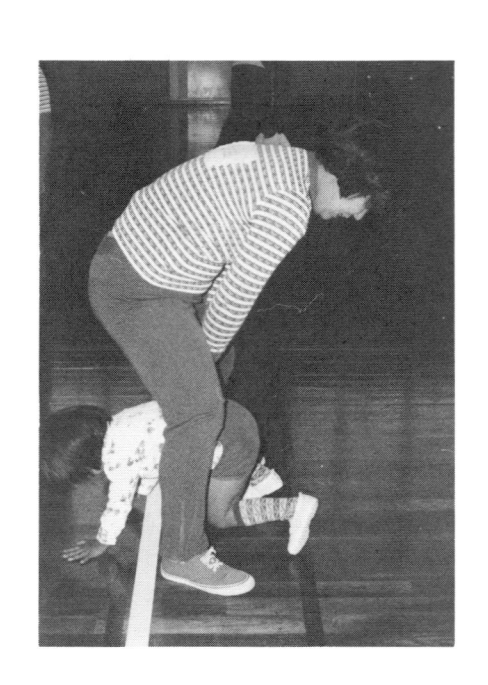

50 ジャンケンまたくぐり
〔全〕少

用意するもの なし
遊び方 2人1組でジャンケンをし，負けた人は，勝った人のまたの中をくぐり抜ける遊びです。
　最後まで友だちのまたをくぐらないですむ人はだれか，勝ち抜き方式でやると楽しい遊びです。
ねらい 雰囲気をなごやかにして親近感をもたせ，大人には，ほんのりとしたエロチシズムを感じさせ，とっても愉快な遊びです。

51　2周連続競争〔全〕少

用意するもの なし
遊び方 まずスタートラインをひきます。そこから1人ずつ2メートル間をあけて，5人が縦に並んで立ちます。「ヨーイ，ドン」の合図で走っていき，1人目のまわりを2回転，次に2人目まで走って行き2回転，という具合に立っている5人の周囲をそれぞれ2回ずつまわって，次の人と交代。
　ねらい 立ちくらみ，目まいの予防になります。

52　グループ回転〔幼・小〕多

用意するもの なし
遊び方 5人1組になり，両手をつないで輪になります。みんなで歌でもうたいながら，回ります。リーダーが「右」といったら右回り，「左」と号令したら，左回りします。号令の間隔をせば

めていくと，回る方がテンテコ舞いして，いっそう楽しく遊べます。

人数が少ない場合は，2人1組になり，背中合わせに腕を組んで，同じようにして遊べます。背中合わせなのでなかなかうまく回れないところに協調性が生まれます。

ねらい 注意力と敏しょう性を養います。人数が増えるほど協調するのがむつかしくなります。

53 右手右足競争〔全〕⑨

用意するもの なし
遊び方 スタートラインから5～6メートル先に目標を置きます。

スタートの合図で，右足と右手を，次に左足と左手をというように，同じ側の足と手を同時に動かして歩き，目標をまわってもどってきます。

さあ，たいへん！ この遊びでは正常な歩き方は許されません。いつの間にか正常の歩き方になってしまっていたら，最初からやりなおしです。イチ，ニ，イチ，ニ……のリズムに合わせてやってみましょう。

2～4組に分けてリレー方式でやる楽しい遊びです。
応用 一列縦隊に4人並んで，スタートの合図で全員が同時に右足右手から歩いていきます。全員で声をかけ合ってやるとよいでしょう。1人でもまちがえたら最初からやりなおしです。前の人の動作をカンニングすると，とんでもないまちがいをすることがありますよ。
ねらい 正常な歩行から脱して，日常意識をしなくてもスムーズに歩けるという，歩けることのすばらしさを再認識させてくれる遊びです。

54 ガニまた競争〔全〕⑨

用意するもの なし
遊び方 スタートラインをひき，そこから幅50センチ，長さ約6メートルの平行線を2組ひきます。その平行線から1メートルほど離して，同じように平行線をひきます。

準備のいらないゲーム *39*

参加者を2組に分け、各組ともスタートラインの平行線の前に一列縦隊で並びます。
　合図で先頭の人は平行線の外側に足を出し、ラインに足がかからないようにして、ガニまたで歩きます。
　目標点まで行ったら、こんどはそのまま後ろ向きでもどり次の人と交代して2組が競争して遊びます。
　ねらい　股、ひざ、足の関節の機能とか平衡感覚の機能の発達を促します。

55　腕くみ競争〔幼・小〕㊊

用意するもの　なし
遊び方　5人が横に腕を組んで、中腰より少しからだを低くして並びます。
　5人1組のチームを2チーム作り、目標点を決めて横に回ってくるようにします。
　手をはなしたり、立ったりしたら失格になります。
　からだを低くしているので、5人のチームワークがたいせつです。
　リレーにしてもよいし、5～6組一度に競争するのもおもしろいでしょう。
ねらい　足腰の筋肉を強くし協調性を育てます。

56　ひざをついて競争〔全〕少

用意するもの　なし
遊び方　5人1組で縦に並びます。先頭の人が前向きに立ち，その後ろの4人は，両手で前の人の両足首を持って，ひざを床につけて前進します。
　目標を決めて5～6組で競争します。
　途中で手を放したり，立ったり，先頭が倒れたりしたら，もういちど最初からやりなおしです。
ねらい　友だちの両足首を持つことにより親近感を持たせ，全身の筋力を強化し，腕腰，足の関節を鍛えます。またリズム感を養います。
　進む歩幅は少なくとも，最後まで歩き通すという粘り強さを育てます。

57　ぶらさがり競争〔幼〕少

用意するもの　なし
遊び方　おとうさんが足を開き，両手を広げて立ちます。子どもは両手をおとうさんの首の後ろでしっかりと組み，ぶらさがります。ぶらさがったままの状態でできるだけ長くがんばる遊びです。

　長くぶらさがるコツは，子どもがおとうさんの胸にのりかかるようにして，胸同士をくっつけることです。
　子どもがずり落ちそうになったらおとうさんが両手で支えてあげましょう。
ねらい　両腕で自分を支えることによって，がんばりがきき，辛抱強く生きる人間を育てます。またこの遊びを通して親子のスキンシップを深めることができます。

準備のいらないゲーム　41

58 人間コンバット〔全〕多

用意するもの なし
遊び方 スタートラインより7メートル先にラインを引き，そのラインに沿って6人が横列に並び，隣の人と手をつないで，スタートラインに背を向けて後ろ向きに立ちます。

スタートラインに5人が横に並んで立ち,「ヨーイ，ドン」の合図で走っていって，手をつないだ5つの門のどの門でもよいから選び，それをうまくくぐり抜ける遊びです。

このとき，後ろ向きで手をつなぐ6人に気づかれないように抜けること。気づかれると，つないだ手が下方に下りて妨害されてくぐり抜けられません。

くぐり抜けるときに，背中を手で打たれたら失格となります。

スリルがあり，手をつなぐ人もくぐり抜ける人も，緊張の連続で楽しい遊びです。
ねらい 機敏な動作を育てます。

59 片足くぐり〔小・中・高・大〕多

用意するもの なし
遊び方 1組9人で，その中の8人は人が通れるくらいの間隔をおいて，しっかり手をつなぎ，片足で立ちます。残った1人（1番の人）が，スタートラインから，片足とびで出発し，つないだ手の下を，ぶつからないように，蛇行状にくぐっていきます。最後まで行ったら，同じように片足とびで，スタートラインにもどります。

そして2番の人と交代します。2番の人は1番と同じように，行ないます。

こうして順に次の人と交代します。待っている人は、もし続かないようでしたら、1人終了するごとに、足を替えてもよいでしょう。
ねらい 脚力を鍛え平衡感覚を養います。

60 人文字づくり〔小・中・高・大〕多

用意するもの なし
遊び方 まず10人ほどのグループに分けます。各グループとも一列に並びます。
リーダーの「できるだけはやくまるをつくりましょう」の合図で、各グループともきれいなまるをつくればよいのです。
「さあ、今度は四角」「次は三角…」と合図して、各グループをながめてみて、きちんと四角や三角ができていればよいのです。
グループの中のだれかがリーダーになって、みんなを動かさないとうまくいきません。
数字や文字をつくらせてもよいでしょう。
ねらい 協調性と仲間意識を育てます。

61 ジャンケン10人抜き〔小・中〕多

用意するもの なし
遊び方 スタートラインより2～3メートル間隔に、直径50センチの円を縦に10個、計5組かき、それぞれの円の中に1人ずつはいって待ちます。
準備ができたら、スタートラインに円の組と向かい合うように、10人ずつ5組が立ちます。
リーダーの合図で、先頭の人が前に進んで、最初の円にいる人とジャンケン。ジャンケンに勝つまでは、次の円まで進むことができません。円の中の人は、ジャンケンに負けないように、元気よく大声を出してジャンケンをしましょう。

準備のいらないゲーム 43

円にいる10人全員に勝ち抜いたら，スタートラインにもどり，次の人と交代するリレー式ジャンケン遊びです。
　応用として，片足とびで前進してジャンケンするのもよく，負けると円周を一回りするのもおもしろいでしょう。
ねらい　ジャンケンのもつおもしろさとスリルを味わいます。

62　人間木馬〔小・中・高〕多

用意するもの　なし
遊び方　10人1組で列をつくります。先頭の子だけが，窓ぎわなど手すりにつかまります。あとの子は，かがんで前の子のまたに頭を入れ，両手でしっかり，前の子の足をつかみ，ちょうど人間の木馬のようになります。合図でいちばん後ろの子が，この木馬にまたがり，落ちないように前進。途中，足を踏みはずしたり，足をついたらやり直しです。渡り終わったら，先頭に立ち，次の人と交代。
　何組か作って，どこが一番早く全員渡り終わるか競争してもいいでしょう。
ねらい　仲間意識を強くする中で，平衡感覚と全身の筋力の発達を促します。

63　片足背中打ち〔中・高〕多

用意するもの　なし
遊び方　直径5メートルの円の中に，15人の子どもたちが，どちらか一方の足を上げ，上げた足と同じ側の手で，足のつま先をつまんで入ります。
　リーダーの合図で，だれかの背中を押します。押された人は危ないと思うと，思わず手をはなしてしまいます。
　手をはなしてしまうと失格。もちろんころぶ人もありますが，ころんだ人も失格です。
　小さい円の中に大勢が入って，ぶつかりあったり，背中をたたきあったりするので，集団で楽しめる遊びです。

この遊びは，相手の背中を打とうと思っていると，他の人がつつきに来たりするので，スリルの中で楽しめるでしょう。最後に2人残ったら，その2人をチャンピオンにします。
　参加者が多いときは，円を大きくすればよいでしょう。
ねらい　脚力を強くし平衡感覚を養います。

64　人間トンネルくぐり〔全〕多

用意するもの　なし
遊び方　2組に分かれます。半数が腕たてふせの姿勢になって人間のトンネルをつくるのです。残りの人は，1人ずつ腕たてふせをした友だちのからだの下を，つぶされないようにくぐりぬけていきます。
　全員が，無事にはやくくぐり抜けた組が勝ちです。
　手の力が弱く，ついやめたくなってもお互いに励ましあって最後までがんばりましょう。
ねらい　腹筋，背筋を鍛えます。

65　くつとり〔全〕少

用意するもの　参加者全員が，靴をはいていること
遊び方　2人とも足を組んで，向かい合ってすわります。
　「ヨーイ，ドン」の合図で，相手のはいている靴を，早く脱がせた方が勝ち。お互いに，はいている靴を取るまでがんばりましょう。 
　相手の靴を取ったら，できるだけ高くほうり投げます。遠くへ靴がとんでしまったかもしれません。さあ今度は，自分の靴をはやく見つけ出す遊びに発展させましょう。
ねらい　自分のもちものなどを大切にすることを，遊びの中で体験させてくれます。
　また，身のかわし方を学びます。まるでプロレスリングのような遊びです。

準備のいらないゲーム　45

66　トンネルくぐり〔幼・小〕多

用意するもの　なし
遊び方　2列に並び，それぞれ内側を向き，向かい合って床におしりをおろします。そして，両足を斜め上方にもち上げ，向かい側の相手と両足の裏同士をくっつければ，トンネルのできあがり。上げた足をはなさないよう，両手を後ろについて体を支えます。このトンネルを，赤ちゃんのはいはいの要領でくぐり抜けます。

足でなく，床にひざをついて，手を頭の上に上げ，向かい側の相手の手の平同士を合わせた手のトンネルなら，もっと簡単に遊べます。
ねらい　腹筋と脚力とくに大腿部を鍛えることが，忍耐力や持久力を養います。

67　円陣くぐり〔全〕多

用意するもの　なし
遊び方　50人が手をつないで円陣をつくって立ちます。そして一か所だけを離して，その2人の間に10人ずつ2チームが並びます。

「ヨーイ，ドン」の合図で，50人のつないだ手と手の間をくぐり抜けていって，次の人と交代し，どのチームが早くくぐり終えるか競争する遊びです。

走りながらジグザグにくぐるために，足がからまったり，目が回ったりしてふらふらしてしまいます。

手をつないでいる人も，「がんばって，がんばって」と熱のこもった応援をし，とても楽しい遊びになります。また途中で競争相手のチームの人とすれ違い，ファイトがわいてきます。
ねらい　機敏性と忍耐力を養います。

68　連続両足とび〔全〕多

用意するもの　なし
遊び方　まず2列に並び、お互い内側を向き、向かい合った状態で、おしりをおろして、両足を開いて前に出します。そして向かい側の相手と足の裏同士を合わせます。こうして、足でつくったヒシ形のワクができたら、このワクからワクへ、両足とびでピョンピョンとんでいく遊びです。

応用としては両足とびだけでなく、ワクからワクへの途中に開脚とびを入れてもいいでしょう。ちょうど"ケン・パー"遊びのように、開脚と閉脚をくり返すわけです。

ねらい　足の筋力を鍛えます。ワクからワクへまちがえないように前進する注意力をも養います。

69　足の山とび〔小・中・高・大〕多

用意するもの　なし
遊び方　2人ずつ向かい合ったら、おしりをついて両足をそろえ、前方にまっすぐに伸ばした両足の裏同士合わせます。

このようにして、1.5メートル間隔で、両足の山を10組つくります。

さあ、山をくずさないようにとんでみましょう。馬とびのように、両足を開いて次々ととんでいきます。ただし、両手は絶対に足にふれてはいけません。

とびそこなって足の山に触れると、足もくずれるので恐怖感をいだくことなく、スリルを味わうことができます。

ねらい　脚力、跳躍力を鍛えます。

準備のいらないゲーム　47

70　友だちさがし〔幼〕少

用意するもの　なし
遊び方　円陣に並んだ子どもたちの中央にリーダーが立ち、「○○さん」「××さん」と5人から6人の子を1回ずつ紹介していきます。
　次に、子どもたちを外へつれていき、「○○さんと××さん……はどこにいますか。早くみんなでさがして手をとってすわりましょう」と、紹介した子どもを、みんなでさがさせます。
　1人の子のまわりに、5〜6人の子が集まり、いち早くすわった組が勝ちです。
ねらい　遊びを通して、友だちの名前を覚え、しぜんに楽しく手をとり合っていく、すなわち友だちができることが、子どもにとっては、すばらしいことなのです。

71　名まえさがし〔小・中・高・大〕多

用意するもの　なし
遊び方　一重円（多い場合は二重でもよい）を作り、円の内側を向いて立ちます。
　この遊びは、おたがいに"サ行の人！""カ行の人！"と大きな声で呼びあいます。たとえば、佐藤、志治、須藤、瀬古、園さんはサ行ですね。このようにだいたい集まったところで、グループごとにすわります。
　カ行の場合は、自分の姓の最初が"カキクケコ"ではじまる人のグループを作ればよいわけです。
　集まったらそこで、自己紹介をします。
　次は、名まえで集まります。案外、同姓であったり同名の人にあえるものです。
　同姓の場合、同名の場合はみんなの前で握手をします。
ねらい　仲間意識を育てます。

72 握手で遊ぼう <1> 〔小・中・高・大〕 多

用意するもの なし
遊び方 握手で、多くの人と交わる遊びです。

まず、100人の参加者があると、リーダーが「今から右手で10秒間に何人の人と握手ができるか、『はい』の合図でだれとでもよいから握手をしましょう」、とできるだけ多くの人と、片手でしっかり握り合いをしていく遊びです。

「やめ！」の合図のときに、リーダーは「××君は何人と握手しましたか」「○○さんは何人とですか」と尋ねて、集まった人が、早く仲よしになるように導きます。

この遊びは、幼児から学生・成人・老人まで、楽しんでできる簡単な握手の遊びです。

応用として、両手で握手をしたり、両手を握り合って、その場で1回転するのもよいでしょう。

ねらい 親密感を深めます。

73 握手で遊ぼう <2> 〔幼・小〕 多

用意するもの なし
遊び方 子どもたちを向かい合わせて二重の円を作ります。リーダーが円の中に入って「右手」と合図すると、向かい合っている子どもは、右手で握手します。

次に「右手と左手」の合図により右手と左手を交差してにぎり合います。

遊び慣れたら内側の子どもを右まわりさせながら同じように「右手」「左手」と合図をしてつづけていきます。

ねらい 耳で聞いて反応するのですから、注意力や集中力がなくてはいけません。お互いの手の触れ合いやほほえみが、親近感を深め友だちづくりへと発展します。

準備のいらないゲーム　49

74 両手で握手〔小・中・高・大〕多

用意するもの なし
遊び方 集まった人たちの気持ちをほぐすのと,名まえと顔を早く覚えるために,リーダーの合図で,1分間に何人もの人と握手をし,また名前を紹介し合うことばを交わします。

リーダーの「やめ！」の合図のときには,多くの人と交わり,名まえと顔を知り,次の合図で,また新しい人と知り合いになります。

リーダーは何回も遊びを繰り返して,全員がうちとけ合ったところで「××さんはどういう名まえの人と知り合いましたか？」と尋ねます。

名まえを知られた人が,あちらこちらから手を上げて「はい」と返事をします。

もうそのときは,うちとけあった友だちになって,次の集回も楽しくできるようになります。

応用として,出身地・趣味など,いろいろなことを聞くのもよいでしょう。
ねらい 友達意識を育てます。

75 よく聞いて集合ゲーム〔小・中・高・大〕多

用意するもの チョーク

室内か,運動場の中央に,この遊びに参加する人が,入ることのできる大きさの円をかきます。そして,そのまわりに,小さな円をいくつも作り,1から10までの数字を,バラバラにして,小さな円の中にかいておきます。

遊び方 まず,中央の円の中に,参加者全員を入れ,リーダーが数を言います。たとえば「2」と言ったとします。そうしたら②とかいてある円をさがし2人だけ入ります。②の円の中に3人入ったら,一番最後に入った1人を押し出してしまいます。押し出された人は,どこか1人だけでいる所をさがして,その円に入ります。

どの円にも,入れなかった人がリーダーになり,数を言い,自分もあいている,その数字の所をさがして,入ります。

そうすれば，だんだんリーダーが変わり，みんなで楽しく遊べます。
ねらい　注意力と敏捷性を高めます。

76　足くっつけて集合遊び〔全〕多

用意するもの　なし
遊び方　集団遊びの一つで，何人いても，大人がいても子どもがいても，だれでも楽しめる遊びです。

　全員がばらばらに立っています。リーダーが「3人」と言ったら，3人が1か所に円になって集まり，床に腰を下ろして，両足を左右に開いて隣の人の片足と，足の裏どうしをくっつけます。

　くっつけた足のどこか1か所でも離れていたら失格。またグループが組めないで，1人ぼっちになった人も失格になります。

　「5人」と言ったら，5人が集まって足を広げてくっつける。とても楽しい遊びで，反射神経のにぶい人は，この遊びで敏捷に動くことを自然に学ぶことができます。

　応用として，足だけでなく，お互いに手もつなぐようにしてもいいでしょう。ますます親近感をいだかせる遊びです。
ねらい　協調性と敏捷性を高めます。

ボールを使って

77 ボールジャンプ〔小・中〕少

用意するもの　ドッジボール
遊び方　ドッジボールを床に1つ置きます。
　合図によって、ボールをまたぎ、ボールをころがさないようにして、とび上がって両足を閉じます。床に足がついたら、ボールを間にして両足を開きます。このようにして、交互に両足の開閉を繰り返す遊びです。
　見ている人は、「ソーレ、ソーレ……」とかけ声をあげて、応援するようにしましょう。いつの間にか遊びに夢中になって、自分のがんばりを発見し、自信をもちます。

ねらい　ボールに集中していないと、ボールに触れたときころがってしまい、全体のバランスをくずします。幼児にはむずかしいので、ボール以外のもの、つまり、ボールの上にのって、ボールといっしょにころがらないですむようなものを使うとよいでしょう。

78 ボールまたぎ〔小・中〕少

用意するもの　ドッジボール
遊び方　1個のドッジボールを1人が両手で持って立ちます。
　「ヨーイ、ドン」の合図で、両手で持ったボールを落とさないように、前から後ろへ片足ずつ両足でまたぎ、次いで後ろから前にまたいでボールをもどし、最初の姿勢をとります。
　このとき、ボールを手から離したり、またがないで、頭上でボールを移動させたら失格です。

さあ，だれが長くこれを繰り返しできるか，時間をはかってまたぐ競争をするとよいでしょう。
　あわてるとボールに足がひっかかったり，足が思うようにくぐれなかったりして，なかなかうまくできません。
ねらい　知力を増し，柔軟性を育てます。

79　回転ボール受け〔小・中〕少

用意するもの　ドッジボール
遊び方　1人が1個のボールを持って立ちます。 
　「ヨーイ，ドン」の合図で，ボールを両手で高く上方にほうり上げて，落下してくる間に，ボールを上げた位置で，一回りしてから，ボールを両手で受け取る遊びです。
　完全に1回転しなかったり，回っている間に，ボールが床についてバウンドしたり，受け方を失敗すると失格です。
　高くほうり上げるほど，余裕をもってボールを受けることができます。
　ボールに振り回されないように，まっすぐにほうり上げましょう。
　回っている間に目が回らないように，回転の仕方も体験の中で学ぶこと。連続でどれくらいやれるか，競争遊びにするとおもしろいです。
　応用として，ボールを思い切り床にたたきつけて，はね上がってワンバウンドする前に，1回転してボールを受けてもよいでしょう。
ねらい　敏捷性を育て，目と手の協応性を養います。

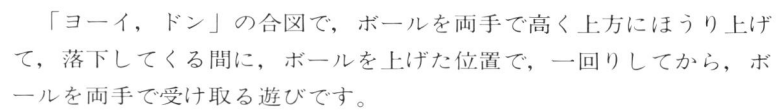

80　回転ボールつき〔小〕少

用意するもの　ドッジボール
遊び方　手で1回地面にボールをつき，ボールが上へはねあがって地面につくまでに，片足を伸ばして1回転する。また手でボールをついて1回はずませてから片足で1回転……というぐあいにして続け，何回までできるかがんばる遊びです。
　大人にとっては，ああ子どもの頃にやったまりつきか，となつかしく思うことでしょう。忘れられつつありますが，昔からの日本の伝統の遊びを子どもに伝えてやることは，とても大切なことだと思います。
　この遊びをしているとき，足がボールに触れないようにまわすように気をつけましょう。
ねらい　片足でからだを支えてもう一方の足で回転するには，バランスをとる，すなわち平衡感覚を鍛えてくれます。
　また，手と足の協応性がタイミングを体験させてくれます。

ボールを使って　53

81 ボール取り競争〔小・中〕⛹

用意するもの　ドッジボール
遊び方　床におしりをつき、両足を前方に伸ばし、後方に両手をついてからだをささえます。
　「ヨーイ、ドン」の合図で、両足にボールをはさんで、できるだけ高くほうり上げて、両手で受け止めます。これを何回続けられるか競争する遊びです。
　ボールを両足ではさんで、両手で受け取る。たったこれだけのことですが、これが意外にむずかしく、40歳を過ぎると、5回も続けることが苦痛です。しかし、この苦痛を乗り越えると、楽しくなります。
ねらい　脚力と腹筋力を強くして、足と手との協応性を養います。

82 がんばってボールつき〔幼・小〕⛹

用意するもの　ドッジボール
遊び方　直径50センチの円をかく。円の中に1人がボールを1個持って立ちます。
　「ヨーイ、ドン」の合図で円から外へ両足がでないで、どれだけボールを手でつくことができるかがんばる遊びです。
　途中でボールをつくのを中断して、ボールを両手でつかんでしまわないでなるべく長くつくようにしましょう。
　そのとき、定位置で右手と左手のどちらでついてもよろしいが、右手だけではどれだけつくことができるか、交互では……というぐあいにつき方のルールを守らせると、遊びに変化がでてきます。
ねらい　移動の範囲が限定されるので、ボールのつき方に真剣さが伴ってきます。手とからだとボールの協応性が問題となります。

83 両手（交互）でボールつき〔幼・小〕⛹

用意するもの　ドッジボール
遊び方　1人に1個のドッジボールを持って立ちます。
　「ヨーイ、ドン」の合図で、右手で1回ボールをつき、2回目は左手で、3回目は右手で、4回目は左手……というぐあいに、右手と左手で交互にボールをつき、どれだけ長く続けてつくことができるかかぞえて競争をします。両手でボールをついたり、同じ側の手で2回以上続けてついたら失格にします。
　ボールがたくさんあれば、同時に大勢で楽しむことができる遊びです。

左ききの子どもでも，遊びながら右手も使うことができるようになり，遊びを長く続けたいために意欲的に右手でもつくようになります。

ねらい　右手，左手，右手と意識してボールを見ながらついていると，注意力，集中力が養われ，きき手でない方の手でもじょうずにつくように訓練され，腕力も鍛えられます。

84　かぞえてボールつき〔小〕少

用意するもの　ドッジボール
遊び方　1人に1個のボールを持って立ちます。
　先生が「3回」というと，ボールを持っている人はボールを3回つき，「5回」といったら5回つき，「12回」といったら12回ボールをつきます。つまり先生の指示する回数だけボールを手でつくのです。
　ボールをつく回数が増えるにしたがって，つくのに夢中になってしまい，うっかりしてかぞえることを忘れてしまったり，数があいまいになったりすることがあるので，ボールをつく人に数をする人をつけるとよいでしょう。「1，2，3，4……」と数をしながら，自分がボールをついているような気分になってしまって，応援に迫力がでてきて，ボールをつく人も「がんばるぞ」とファイトが湧いてくる遊びです。
ねらい　つくボールをみていないと，指定の回数だけボールがつけなかったり，どれだけついたかわからなくなってしまいます。つく人も応援する人も集中力が養われてきます。

85　片足ボールつき〔小・中〕少

用意するもの　ドッジボール
遊び方　「ヨーイ，ドン」の合図で，片足を前方に出して，ひざを曲げ，もう一方の片足でからだを支えて，片足とびで前進をしながら，ボールを片手でついて，10メートル先の目標をまわってもどってくる遊びです。
　途中で，ボールがはずまなくて地面に静止したり，からだのバランスをくずして両足を地面についたり，ころんだり，また両手でボールをつかんだら失格で，もう一度最初からやり直します。
　ボールがたえず手と地面の間を往復してはずんでいなくてはいけないのです。
　ボールをつくのに夢中になって，ついあげた片足がさがって地面に触れそうになるので，「もっと足をあげて！」と注意してあげましょう。
ねらい　平衡感覚を鍛えながら，跳躍力も養い，目と手とボール，さらに足との協応

ボールを使って　55

性を育てます。

86 ひざの中のボール運び〔幼・小〕少

用意するもの ドッジボール
遊び方 スタートラインより10メートル先に目標を決めます。

スタートラインで，地面に腰をおろして，前方に両足を伸ばし，両ひざを曲げて両足裏を地面につけます。そして，おしりと地面についた両足の間にボールをおいて合図を待ちます。

「ヨーイ，ドン」の合図で，地面におしりと両足裏をつけたまま，その間でボールをころがしながら，前進して目標をまわってもどってくる遊びです。

このときに，ボールは両足にはさまないで，曲げたひざの下で地面の上をうまくころがしながら前進し，途中で立つと失格にします。

ボールが両ひざの下から遠くへころがり出しても，地面におしりをつけたままボールのあるところまで進んで続行するようにしましょう。また両手は地面についてはいけません。
ねらい 両手を地面につけないで上体を起こし続けるには，腹筋が強くないといけません。このようにしてがんばるぞという意欲が，腹筋と腰を鍛えます。そしてボールを意識する注意力を養います。

87 はってボール運び〔幼・小〕少

用意するもの ドッジボール
遊び方 「ヨーイ，ドン」の合図で，うつぶせになり，伸ばした両足の間にボールをはさんで，腹ばいのままで前進し，10メートル先の目標をまわってもどってくる遊びです。

このときに，ボールが両足から離れてころがっていってしまったら，最初からもう一度やり直しとします。

両腕と胸，腹をつかって，水泳のバタフライをするように上半身を動かして進むようにしましょう。

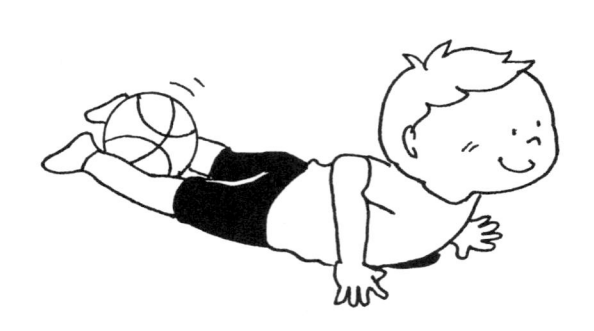

一見むずかしい遊びのようですが，いざやってみると，大人より子どもの方が早く進み，エネルギーの消費が次の新しいエネルギーを生産してくれる遊びです。
ねらい うつぶせのからだを前進させることは大変なことで，胸を上下に動かし，その反動とともにふんばる足のような力のいる腕が，胸力と腕力を鍛え，腹筋も強くしてくれます。

88 ジャンケン遊び〔全〕⑨

用意するもの ボール1個
遊び方 2人が2メートル間隔で向かい合い、その中心にボールをおきます。ジャンケンで勝ったほうが足の長さだけ、1歩前進します。

　はやく勝って、ボールのところに来て、ボールをとる遊びです。

　ジャンケンですから、おとうさんが強いとも、子どもが弱いともかぎりません。そこにおもしろさがあります。家の中でもかんたんにできる遊びです。

ねらい ジャンケンのもつおもしろさとスリルを味わいます。

89 バランス・ボール〔全〕⑨

用意するもの ドッジボール
遊び方 あお向けになって、両足を床と垂直になるよう、まっすぐ上げ、両手を腰にあてて体を支えます。ほかの人が、高く上げた足の裏にボールをのせます。これをグラグラしないで、上手にバランスをとって、ボールを落とさず、どれだけがんばれるかを競う遊びです。足はできるだけ高く上げるようにしましょう。

　幼児は手を腰にあてても、おしりをもちあげることがむずかしいので、両足だけをまっすぐに伸ばすように努力させましょう。

ねらい 腰を強くし、集中力を養います。

90 後ろ向きボールころがし〔幼・小〕⑨

用意するもの ドッジボール
遊び方 間隔を5メートル離して、2人が後ろ向きで立ちます。

　「ヨーイ、ドン」の合図で、2人とも前かがみに上体を前に倒して、思い切りボールを相手に届くようにころがし、相手はころがってきたボールを力一杯の反動をつけて相手へころがす……という具合に、交互にボールのころがし合いをし、どれだけ長く続けられるかがんばる遊びです。

　ころがす距離は、最後まで5メートルの間隔ですること。ボールを上へほうりあげたり、

ボールを使って　57

手で持ってしまってボールの速度を失わせたら、そこでこの遊びは終了となります。
　最後までボールが地面の上をころがり続けていることが大切です。
　横を向いて隣のチームを気にしすぎるとボールはとんでもない方向へころがってしまい、2人の心の動揺がわかってしまいます。
ねらい　長くしかも確実に相手の方へころがすには腕力と正確な判断力が求められます。そして、2人の忍耐力が腹筋を鍛え、集中力を養います。

91　何回回るか〔幼・小〕㊙

用意するもの　大きいゴムまり2個
遊び方　直径1メートルの円を書き、そのなかに2人が向かい合って両手を出し、両手の手のひらで、それぞれボールを落とさないように、押し合いながら、右回りに何回回ることができるかやってみてください。ボールを落とさないために、お互いに両手に力が入り、協力しあってがんばれます。
　今度は、2人が背中合わせに向かい合って、ボールを背中にはさんで押え合い、何回回ることができるかやってみます。
　相手やボールが見えないので、つい早く回りがちになって、ボールを落としてしまいます。
ねらい　5回回れば成功です。立ちくらみの子どもの訓練になります。

92　2人の立ち上がり〔全〕㊙

用意するもの　ドッジボール
遊び方　2人が背中合わせに足を伸ばしておしりを床につけ、背中と背中の間にゴムまりをはさみます。
　合図で2人がゴムまりを落とさぬように立ち上がる遊びです。
　ボールを落としたら失格です。
　立ち上がるときのタイミングにコツがありますが、5回、6回とやっているうちに、うまく立ち上がれるようになります。
　親子でも楽しむことができます。
ねらい　2人の協力がないとこの遊びは成功しません。

93　片手でボール落とし〔全〕少

用意するもの　大きいゴムボール
遊び方　2人1組でします。1人が両手でボールをしっかりと持ちます。もう1人は，相手がしっかりと持っているボールを力いっぱいたたき落とします。
　1回，2回……と5回までに打ち落とします。
ねらい　1人は腕の力を，もう1人は打つ力を試すことができます。

94　ボールはさみ〔小・中・高・大〕少

用意するもの　ドッジボールまたはバレーボール
遊び方　ボールをころがす人を決め，もう1人が4〜5メートル離れたところで両足を広げて立ちます。
　ころがってきたボールを通り抜けないよう，両足ですばやくはさみます。
　ころがすボールの速さを変化させ，5回のうち何回受けとめられるか，得点表を作ったらいっそう楽しく遊べます。

ねらい　腰や脚の筋力を強化し，注意力，瞬発力を養い，敏捷な動作能力を育てます。

95　ジャンケンボールつき〔小・中〕少

用意するもの　ドッジボール
遊び方　2人1組で，1個のドッジボールを持ってジャンケンをします。
　勝った人は両足をそろえて立ち，負けた人は勝った人のまわりを片手でボールをつきながら5周する遊びです。
　ボールをついている人が途中でつけなくなって失敗したら，もう一度最初からやり直し。何回もまわっている間に，目をまわしてしまう人が出てきて，楽しい遊びです。
　立っている人は絶対に動かないでじっと立っていて，ボールをつく人が何周したかかぞえてやります。2人以上の大勢の人数の場合，2人でジャンケンしてボールをつくことを，3回連続でやったら，2人とも違う人と組んでまた3回すると

ボールを使って　59

いうぐあいに相手をかえていくと積極的に友だち捜しができて楽しいです。幼い子どもにも遊びながらジャンケンのルールを自然に楽しく学ばせられます。

ねらい ふらつかないようにまわる平衡感覚を養い、立っている人には落ちつきを育てます。

96　足の間でボールつき〔小・中〕少

用意するもの バレーボールまたはドッジボール
遊び方 2人1組で、1人は床におしりをついて両足を前に伸ばしたら、両足を開いたり閉じたりします。他の1人はボールをもち、相手の両足が開いた瞬間に、片手でつくボールが床に触れるようにして、できるだけ長くボールつきをします。

2人のタイミングが合わないと長く続きません。大きくボールをつくとよいでしょう。

ねらい 協調性、協応性を養います。足を開閉する人は楽しみながら足の運動になります。

97　両手つないでボール通し〔全〕少

用意するもの テニスボール
遊び方 2人1組になって、向かい合って両手をのばして相手と手をつなぎます。

3メートルの距離から、1人がワンバウンドするようにボールを投げます。

2人はつないだ両手の輪を広げて、ワンバウンドしたボールを、うまく輪の中にくぐり抜けるようにさせる遊びです。

このとき、つないだ2人の手は、絶対に離さないようにすること。2人のボールのキャッチのタイミングが一致しないと、しっかり手をつないでいても離れてしまって失格になります。

ボールを投げる人の投げ方次第で、2人がうまくボールをくぐらせることができます。

3メートルの距離ができたら、4メートル、5メートル……という具合に、遠くからボールを投げると、もっとむずかしくなって楽しい遊びになります。

ねらい 3人の目と手の協応性が、正確な判断力を養うとともに、協調性をのばします。

98　片足ゴムまり競争〔全〕少

用意するもの　ゴムまり5個
遊び方　出発点を決め、6〜7メートル先に目標を作り、参加者を5組に分け、それぞれ1列に並びます。
　合図で、片足を後ろに曲げ、そのひざの裏側にゴムまりをはさみます。ゴムまりを落とさないように、片足とびをして目標まで行き、目標をまわって帰ります。
　ゴムまりを落とすとやりなおしです。どの組が早いか競争する遊びです。
ねらい　ひざの裏側にゴムまりをはさんだかっこうを保ちつづけるという持続性を養うとともに、平衡性を育てます。

99　ボール置き競争〔幼〕少

用意するもの　ドッジボールまたはバレーボール2個
遊び方　直径10〜15センチの円を、一定の間隔をあけて、2つほどかいておき、その円から5〜6メートルはなれた所に、ラインをひいておきます。
　この遊びは、リーダーの合図で、ボールを持って、円の所まで走り、円の上に、ボールをおく遊びです。
　走ってきた勢いと、競争心がさきだち、うまくボールがおちつきません。
　うまくいったと思うと、すぐ円から出てきたり、簡単なようでむずかしい遊びです。
ねらい　慎重さが注意力を養います。

100　ボール両手ころがし競争〔幼・小〕

用意するもの　ドッジボール
遊び方　お互いに5メートル離れて、後ろ向きでまたを開いて立ちます。
　「ヨーイ、ドン」の合図で、前かがみに上半身を曲げて、1個のボールを相手に届くように両手でころがします。そしてころがってきたボールを開いたまたの下から両手で相手にころがし返しながら、スタートラインから出発して、目標をまわってもどってくる遊びです。 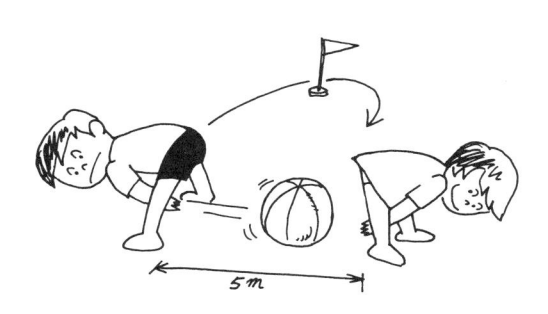
　相手に届くようにじょうずにころがさないと、ボールにふりまわされて、思うようにはかどりません。
　ボールはたえずころがっていること、途中で手でボールをとめたら、最初からやり直しをします。
ねらい　注意力、敏捷性を鍛えます。

ボールを使って　61

101 2人でボールつき〔小・中〕少

用意するもの ドッジボール
遊び方 2人1組になって、2人が横に並び、片手だけ相手と手をつなぎます。
　「ヨーイ，ドン」の合図で、1個のドッジボールを、つないでいない片手（自分と相手の片手）で、床につきながら10メートル離れた目標をまわって、スタートラインまでもどって、次の組と交代するリレー対抗の遊びです。
　このとき、相手とつないだ手を放したり、2人でつきながら前進しているボールが途中ではずまなくなってしまって、床に静止したりころがったりしたら失格で、もう一度スタートラインにもどってやり直しをします。
　応用として、むずかしくなりますがテニスボールでやっても楽しいです。
ねらい 2人で力を合わせてボールをつく、協調性と協力性を養い、長く続けるためにはボールへの集中、すなわち注意力を育てます。

102 ボールのキャッチ〔小・中〕少

用意するもの ドッジボール
遊び方 スタートラインから15メートルの距離に目標をつくります。
　「ヨーイ，ドン」の合図で、2人が2〜3メートルほど離れて向かい合って、両手で相手にボールを投げ渡し、相手はそのボールを両手で受け、すぐに相手に投げる……という具合に、2人でボールの受け投げをしながら目標をまわってもどり、次の2人と交代します。
　リレー式なので、お互いに走りながら、ボールを受けたり投げたりします。止まってボールを受けるときと違ってむずかしく、うまく受けることができないことがあります。
　そこでボールを床に落としたらもう一度最初からやり直しにさせます。
　キャッチボールのじょうずな人でも、思っていたほどうまくできず、どのチームが勝つか最後まで結果がわからないので、応援する人も夢中になって楽しくなります。
ねらい 目と手、足、体の協応性を養い、敏捷性を育てます。

103　5人でボールころがし〔幼・小〕少

用意するもの　ドッジボール
遊び方　5人が中心に向かって腰をおろし，両足を前に伸ばして円陣を作ります。
　ドッジボールを伸ばした足先でけってころがします。自分のところへころがってきたボールを相手にけってころがします。これをできるだけ長く続けます。
　位置を移動するときも，立たないで，おしりを床につけて足を伸ばしたかっこうであること。手でボールにさわらないようにします。そして床に両手をつかないで上体を支えてやってみます。ときには両手を床についてもよろしい。
　ぼーとしていて，ボールが円陣から遠くへころがってしまうと移動が大変です。近くへころがっていったら，お互いに相手の名前を呼んで，できるだけ長く続けるとおもしろいでしょう。
ねらい　遊びが続いている間，足を伸ばしたまま上体を起こしていると，腹筋を強くします。足を伸ばしてける脚力を鍛え，1人でも油断すると，遊びが中断され，よいチームワークがつくれなくなってしまいます。社会性を育てる遊びです。

104　指名ボールけり競争〔幼〕多

用意するもの　ドッジボール
遊び方　中央に直径50センチの円をかき，その中にボールをおきます。中央よりそれぞれ8メートル離れたところに，短辺が2メートル，長辺が6メートルの長方形の陣地を1か所ずつ，計2か所つくります。
　そして，それぞれの陣地内に中央に向かって，1番から順に5番まで1メートル間隔で，5人が立ちます。指導者が「3番！」といったら，それぞれのチームの3番にあたる人が，中央の円のところまで走っていき，ボールをけって，自分の陣地内へ入れこむ遊びです。
　その他の4人は陣地の中で，3番の人がけるボールを手で受けとめる役目をします。
　次は，1番か，それとも5番か，2番と4番といっしょになるか，緊張の連続です。
　このときに相手をたたいたり，けり倒したり，ボールを手で持って走ったら失格とします。スリルがあって楽しい遊びです。
ねらい　敏捷性を養い，目と脚の協応性を育て，チームづくりによい。

ボールを使って　63

105　ボール鬼ごっこ〔幼・小〕多

用意するもの　テニスボール
遊び方　直径50センチの円を1個かいて鬼の陣地を決めます。

15人がジャンケンをして，負けた人が鬼となって，ボールを1個持って鬼の陣地で目をつぶって10かずをします。

かぞえ終わったら，陣地から出て，かけ足で逃げる相手を追いかけて行って，ボールを投げて相手にあてます。

ボールをあてられた人は次の鬼となって交代し，鬼の陣地で10かぞえて相手にボールを投げて次の鬼捜しをします。次の鬼がでるまでボールを投げて続けます。

このとき飛んできたボールは，手で受けとったら失格となり，次の鬼になります。

ジャンケン鬼ごっこの変形で，よりダイナミックな楽しい遊びです。

ねらい　正確な判断力が敏捷性を養い，投力，腕力を強くします。また走力も鍛えます。

106　ストップボール投げ〔小〕多

用意するもの　テニスボール
遊び方　地面に直径1.5メートルの円をかきます。円の中にはボールを1個持った鬼が中央にしゃがみ，鬼でない10人が鬼をとりまくように円外を向いて立ちます。

「ヨーイ，ドン」の合図で，鬼は円の中央でしゃがんだまま目をつぶって，「10」まで声をあげて数をします。その間に，立っている10人は円外へできるだけ遠くまで走ります。鬼はかぞえ終わったら「とまれ」の合図をかけて，10人は走るのを中止して止まります。

鬼は，円に一番近い人を目がけて，円の中からボールを投げてあてます。

ボールがあたらなかったら，鬼はもう一度鬼をし，同じ人が連続で3回鬼になったら，かぞえる数を「5」に減らして遊びを続行します。

応用として，円から一番遠くへ離れた人を目がけてボール投げあてをしてもよいでしょう。

ねらい　合図に的確に反応する敏捷性を鍛え，だれが近距離にいるか正確な判断力と投力を養います。

107 ボール送り〔幼・小〕少

用意するもの ドッジボールまたはバレーボール
遊び方 輪をつくりリーダーが中に入ります。輪をつくった人だれもが円の内側に向かって手を出し、左右の手のひらを合わせて前に出します。

リーダーの合図でボールを落とさぬよう順番にまわして遊びます。ボールを落としたときはリーダーが拾い、遊びを続けます。

2組の輪をつくって競争するとよいでしょう。となりの組との競争になると活気がでてきます。

円の外側を向き、リーダーも外へ出て同じように遊ぶこともできます。
ねらい 仲間意識を育て、敏捷性、注意力を養います。

108 後ろ手ボール送り〔全〕多

用意するもの ドッジボールまたはバレーボール2個
遊び方 同人数ずつ2組に分かれて横に並び、肩はくっつけて手は後ろに出しておきます。

先頭が後ろからボールをとなりに渡し、後ろ手で受けたボールを次々と送ってゆく遊びです。

最後の人はボールを持って先頭に立ち、同じことをくり返していき、はやく全員が終った組が勝ちです。ボールを落したら、初めからやり直し、後ろを向いたりしないでうまくボールを送りましょう。
ねらい 注意力、仲間意識を育てます。

109 後ろ向きボール送り〔幼・小〕少

用意するもの ドッジボール5個
遊び方 10人がそれぞれ円をつくって、前向きにすわります。

すわったときは両足は前方にします。1組にボールを1個渡し、全員が両手を後ろにして、後ろ向きで相手へボールを渡し、相手は後ろ向きになった前の人のボールを受け取ります。

ボールを落とすと、最初からやり直しです。

このボール送りは、背中のところでボールの受け渡しをするために、よくボールを落としてしまうなかなかむつかしい遊びです。

応用として、小さいゴムまりを使うのもよいでしょう。ゴムまりは小さいので簡単にできます。また、両手を上げて、頭の上でボール送りをするのもよいでしょう。
ねらい 仲間意識を育てます。

ボールを使って

110 回転ボール送り〔中・高〕少

用意するもの ドッジボール5個
遊び方 10人で組をつくり、縦に前向きに1列に並びます。そして人と人の間隔を50～60センチにしておしりをおろします。

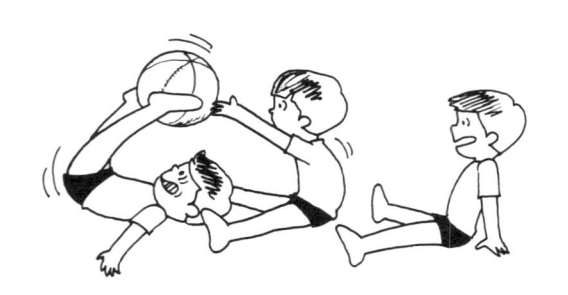

先頭がボールを両手で持ち、次に両足にボールをはさんで、あお向けになって、ボールをはさんだ両足を上方に上げて、次の人にボールを渡します。次の人は床におしりをついたまま、両手で前の人が両足にはさんでいるボールを両手で受け取ったら、すぐにあお向けになって、次の人の両手にボールが渡るように両足を上げて、ボール送りをします。

ボールを落としたら、最初からやり直します。

応用として、ゴム風船やビーチボールでやってもよろしい。ただし、あまり力を入れると割れてしまって、遊びができなくなってしまうので注意しましょう。

ねらい 腰、脚力を鍛え仲間意識を育てます。

111 連続ボールつきリレー〔小・中〕少

用意するもの テニスボール
遊び方 スタートラインより、2メートルおきに縦に直径50センチの円を7つかき、それぞれの円の中に1人ずつ立ちます。

「ヨーイ、ドン」の合図で、スタートラインから、片手でボールをついて最初の円の人までいきます。次の人は円までできたボールを次の相手までついていきます。

円から円へ相手をかえてボールをついていくリレー式ボールつき遊びです。

このときに、相手とボールつきのバトンタッチをするのに手で握ってボールのはずみをとめてはいけません。つまり相手がワンバウンドさせたボールを、すぐに自分の手の平でついて、遊びが終了するまでボールはつきっぱなしであること。また相手の円の中でボールをついて交代し、円外で交代したらもう一度最初からやり直しをします。

最後の円までボールが届いたら今度は逆にスタートラインに向かってボールをついて送ります。どの組が勝つか他の組と競争すると、勝とうという意欲が先立って反則をしがちです。

落ちついて，落ちついて！
ねらい 協力し合うことの大切さを体験し，仲間意識を育てます。

112　馬とびボール送り〔小・中〕㊥

用意するもの　ドッジボール
遊び方　10人が縦に1メートル間隔に並びます。
　先頭は「ヨーイ，ドン」の合図で，ボールを両手で2回地面について，3回目に馬とびと同じ要領で，両足を横に開いてとびあがり，その間を両手でボールを後ろの人に送ります。次の人はそのボールを両手で受けて，先頭と同じ動作をくり返して順番に後ろへボールを送っていく遊びです。
　注意することは，前の人が送ってきたボールは，両手で持たないで，すぐに，地面に垂直な方向になるように両手でつくことです。
ねらい　むやみやたらと相手にボールを送るのではなく，待つ相手を意識してうまくボールを送ることが，チームワークづくりになります。

113　トンネルでボールころがし〔幼・小〕㊥

用意するもの　ドッジボール
遊び方　2人が向かい合っておしりを床について，両足を斜め前方に伸ばして，相手と両足の裏同士くっつけます。
　このようにして，10人5組がスタートラインより1メートルおきにおしりをついてお互いの両足裏をくっつけて足のトンネルをつくります。
　「ヨーイ，ドン」の合図で，ボールを持ったひとりがスタートラインに立って，足のトンネルの間をボールがまっすぐころがるように，ボールをころがします。
　途中でボールがとまったり，ボールが足のトンネルに触れたり，5つのトンネルの中をころがらないで途中で角度がかわってボールがトンネルからはみ出たら失格とします。
　応用として，5人がスタートラインより1メートルの間隔をあけて開脚をしてトンネルをつくり，またの下をまっすぐにボールをころがすようにしてもおもしろいでしょう。
ねらい　目と手，からだの協応性が正確な判断力を養います。

114　ボールの花づくり〔全〕少

用意するもの　ドッジボール
遊び方　5人1組にして，1人がボールを持ちます。4人が床に背中をつけてあお向けになり，それぞれ両足をそろえて上にあげます。
　4人の足が中央で花のように外に開きます。その4人の足の裏の上に，1人がボールを1個のせます。
　ボールがのったら，ボールをのせた人も同じように背中を床につけ両足を上げて5人で花をつくります。
　1人でも足を動かすとボールが落ちてしまうので，もう一度やり直しをして，「やめ！」の合図があるまで，お互いにがんばります。
　お互いの手をつないで，上体，顔，手を上にあげると組体操になり，運動会にもってこいの遊びです。
　ボールを赤，青，黄などにし，ユニホームの配色を考えてやると立体的な遊びで，応援する人もボールの花の美しさに思わず拍手を送ることになります。
ねらい　お互いに最後までがんばるという忍耐力を鍛えながら，脚力，腹筋，胸……と全身をたくましくします。

115　ボウリング〔小・中〕少

用意するもの　ドッジボールまたはバレーボール1～3個
遊び方　直径1メートルぐらいの円をかき，その中に入れるだけの人をいれます。円から5メートルほど離れた所から，ボールをころがし，中に入っている人にあてる遊びです。
　ですから，中に入っている人は，あたらないようにするため，とびあがったり足を開いたりします。
　ボールがあたった人，ころんだ人，円から外に出た人は失格ですから，もうできません。
　何回もやっているうちに，円の中の人は少なくなります。
　少なくなるとなかなかあたりません。そこで，ボールをころがす人を2人ほどふやします。
　最後まで残った人は，とても運動神経の発達した人でしょう。
　この遊びは，もう一つの方法でも遊べます。円の中に入る人数を決め，ころがす人は，1人5回と決めます。
　そして5回すんだら，円の中の人は出て交代します。赤白に分かれて，円の中に残った人数を得点表にかき，どちらが強いか競争してもよいでしょう。
ねらい　敏捷性と注意力を養います。

116　両手でボールつき〔小・中〕㋵

用意するもの　小さいゴムまり，大きいゴムまり各1個
遊び方　右手と左手で，同時に大きさの違う2個のまりをつく遊びです。
　どちらの手でどちらのまりをついてもかまいません。バウンドの仕方が違うので，なかなか思うようにつけませんが，うまくなるとつきながらまりを左右に交換することもできるようになります。
　バランスをくずさず何回つけるか，さあ，やってみましょう。
ねらい　目と手の協応性と注意力を養います。

117　命中ボール〔中・高〕㋵

用意するもの　ドッジボール，テニスボール
遊び方　きき手にテニスボールを，反対側の手にはドッジボールを，手のひらにのせます。
　合図とともに，ドッジボールを空中に高くほうり投げて，落下してくるのに，きき手に持っているテニスボールを投げて，ドッジボールに命中させる遊びです。
　応用として，2人が5メートル離れて向かい合って立ちます。1人がドッジボールを，もう1人がテニスボールを持ちます。
　合図で，ドッジボールを持ったほうが先に投げ，次に，それをめがけてテニスボールを持つほうが投げて，ボール同士当たるように親子で楽しく遊べます。
ねらい　投力を鍛え，目と手のタイミングがたいせつになってきます。うっかりしていると，自分の顔にボールが落ちてきたりして危険です。絶えず注意力を払わなければなりません。

118　ボールすくい〔幼・小〕㋵

用意するもの　ゴムまり，新聞紙
遊び方　2人が向かい合って新聞の両端を持ちます。5～6メートル離れたところからゴムまりをころがし，これを新聞でうまくすくいとる遊びです。新聞を持つ組は5組ほどがよいでしょう。2人が力を入れて引っぱりますと新聞は破れてしまいます。
　大きいゴムボールを使ってもよろしい。新聞紙ですくったとき，重さで破れることが多いので，工夫する楽しさがあります。
ねらい　協力の意識を育てます。

ボールを使って　69

119 ボール出し〔幼・小〕少

用意するもの ドッジボール1個，ゴムまり5個
遊び方 直径4メートルの円をかき，円の中心にドッジボールを置きます。円から3メートル間隔をおき，横にラインを引きます。
　ラインから出ないように5人が50センチの間隔をおいて，1人1個ずつゴムまりを持って立ちます。合図でゴムまりを投げて，ボールにあて，ボールを円から出す遊びです。
　1回でボールが外に出たらみんなで手をたたき，失敗したら次の5名と交代し，互いにゴムまりを拾って遊びをつづけます。
ねらい 正しい判断力を育て，腕力を鍛えます。

120 ボールでボール落とし〔中・高〕少

用意するもの ゴムまり大・小それぞれ2個ずつ
遊び方 左の手のひらに大きいゴムまりをのせて，右手に小さなゴムまりを持ち，2人で2メートルほどの間隔をおき，合図で小さいゴムまりを相手の大きいゴムまりに当てて落としあう遊びです。
　2人が走りまわって落としあうのもよく，おおぜいで競争するのもよいでしょう。
ねらい 正しい判断力を育てます。

121 ボール投げあい〔中・高〕少

用意するもの ドッジボールまたはバレーボールを参加者に各1個
遊び方 2人が3メートルほどの間隔をあけて向かい合い，互いに同時にボールを投げあってうまく受ける遊びです。 
　2人の呼吸が合わないと，混乱しますし，うまく投げないと相手のボールと衝突してしまいます。落ち着いてやってみましょう。
　ボールを投げ，落としたらすぐ拾わせ，何回も繰り返せば楽しく遊べます。
ねらい 目と手の協応性が仲間意識を育てます。

122　ボール積み競争〔幼・小〕少

用意するもの　大きいゴムボール
遊び方　1人に1個ずつゴムボールを持たせ、4人1組になってスタートラインに並ばせます。スタートラインから離れた所に、直径50センチの円を床に書きます。スタートラインから走ってきて、円のなかに、3個のボールは床に触れるように三角形に置き、最後の1個は、その上に置いていくのです。どの組のボールの山がくずれないか、競争でします。
　4人でやった遊びを、1人で4個のボールを早く積む、この簡単な遊びは、見ているとすぐにできると思っても、ボールが動いてなかなかむずかしいものです。
ねらい　4人のチームワークがたいせつになってきます。協調性を育てます。
　また、子どもの集中力を育てるためにも、たいせつな遊びの一つです。

123　瞬間キャッチボール〔小・中〕少

用意するもの　ドッジボール
遊び方　地面に、一辺3メートルの正方形にラインを引きます。
　4人がそれぞれボールを1個持って、角に立ちます。
　リーダーが「ピィッ」と笛で合図をしたら、4人は同時に右隣の人に向かってボールを投げます。投げ終わったらすぐに左隣からとんでくるボールを受け止めます。
　2回笛をならしたら、左隣へボールを投げて、右の方からのボールを受け止めます。
　1人でも投げるタイミングがずれると、遊びのおもしろさが半減してしまいます。
　笛の音をよく聞いて、機敏に動作をすることが大事です。
　笛の吹き方をいろいろに変えて、対角線上にいる人に向かって投げてもよろしい。くふうして遊んでみよう。もっともっと立体的になっておもしろいでしょう。
ねらい　注意力、目と手の協応性、敏捷性を養います。

124　四面ドッジボール〈1〉〔中・高〕少

用意するもの　ドッジボール4個

遊び方　中央に1.5メートルの円をかき、そこから4メートル離れた対角線上に直径50センチの円を4つかきます（ちょうどサイコロの5の目のように）。各円に1人ずつ入り、中央の人を除く4人はボールを1個ずつ持ちます。4人がボールをころがし中央の友達にあてる遊びです。

中央の人はボールがあたらないようにとびあがったり、足を広げたりしてよけます。ボールがあたったら円の中の人と交代して遊びます。

ねらい　敏捷性を養います。

125　四面ドッジボール〈2〉〔中・高〕多

用意するもの　ドッジボールまたはバレーボール4個、チョーク1本

遊び方　直径1メートルの円を、4メートル間隔で4つ書いておきます（円の書き方は、正方形の角に1つずつ4つ書きます）。

1つの円に5人ずつ入り、各円に1個のボールを与え、合図でボールを投げます。

どの円に向かって投げてもいいわけですから、一度に3つのボールがとんでくることもあります。1つのボールに気をとられていると、他の円からボールがとんできて、あたったりしますから、注意しなければなりません。

ボールにあたったり、ボールを受けそこなったり、円から出た人は失格で、円の外に出てボール拾いをします。全滅したところはぬけて、残っているチームで競争をします。

神経を集中させ、機敏に動かないと、はやく全滅してしまいます。

ねらい　敏捷性、注意力を育てます。

126　ボール・ボウリング〔小・中〕少

用意するもの　ドッジボール5個
遊び方　スタートラインから約5メートル離れたところに直径1.5メートルの円をかき、円の中に4個のボールを立体的に積み上げておきます。
　ボールをころがし積み上げたボールにあて、できるだけ多くのボールをはじき出す遊びです。ボールを強くころがせば積んだボールをよくはじき出せますが、コントロールがつけにくくなります。ボウリング同様、力よりもコントロールをつけることです。得点表を作って競争してみましょう。
ねらい　正確な判断力を養い、腕の筋力を発達させます。

127　まりとり競争〔幼・小〕少

用意するもの　ゴムまり5個
遊び方　まず直径1メートルの円をかき、ここを中心に左右6メートルの地点に直径2メートルの円をかきます。中央の円の中へゴムまりを5個入れ、両側の円に1人ずつ入ります。
　合図で2人とも中央の円に走り、先に着いた人がゴムまりを3個とって逃げ帰り、2個しかとれなかった人は追っかけます。相手にタッチしたらジャンケンをし、勝ったらゴムまりを1つもらって逃げます。つまり3個になった人は逃げ、2個の人が追っかけますが早く3個のまりを持って自分の円に逃げ勝った、たほうが勝ちです。
　1個のゴムまりでも同様に遊べます。
ねらい　敏捷性を育てます。

128　サッカー・リレー〔小・中〕多

用意するもの　大きいゴムボール6個
遊び方　スタートラインを引き、ラインから1メートル前方に直径1メートルの円、さらに5メートルの間隔をおいて、もう1つ円をかいておきます。少し離して、同じような円をもう1組かきます。スタートラインの前の円の中に、3個ずつボールを入れます。
　2組に分かれ、各組3人ずつのグループでゲームをします。
　スタートの合図で、手前の円の中にあるボールを3人でけり、5メートル先の円の中に3個と

ボールを使って　73

も入ったら，またそのボールをけって帰り，出発点のそばの円の中へ入れ終わったら，次のグループと交代します。

3人でボールをけっていくためボールどうしぶつかったりして，なかなかうまくいきません。簡単なようでむずかしい遊びです。

ねらい　目と手，目と足の協応による機敏さ，注意力をより発達させ，活動力を高めます。"ける"遊びを通して子どもを交通事故から守ってやりたいものですね。

129　集中ボール〔小〕㊝

用意するもの　ドッジボール
遊び方　直径4メートルの円を床にかきます。7人が1個ずつボールをもって，円周に同間隔に内側に向かってしゃがみます。

「ヨーイ，ドン」の合図で，円の中心に向かって，全員がボールをころがします。まん中で何個のボールが同時にぶつかったでしょう。最高7個のボールがいっしょに接近して触れ合うとよいのです。

ねらい　とんでもない方向へころがしたボールが，中心へころがっているボールにさわって妨害したり，全員の呼吸が合わないと，ころがす速度がまちまちでぶつかり合うボールの個数が少なかったりします。お互いに的確な判断力が目と手，からだの協応性を育て，チームワークに大切な協調性を養います。

またしゃがんでやる脚力も鍛えてくれます。

130　集団ボール運び〔幼・小〕㊝

用意するもの　ドッジボール
遊び方　スタートラインより7メートルの距離に目標をおきます。

「ヨーイ，ドン」の合図で，7人一組で一周円になって手をつなぎ，5個のボールをお互いの足でころがしながら，目標をまわってもどってくる遊びです。

7人が手をつないでつくる円から，外へボールがころがりでないように，円の中でボールをこ

ろがすように注意してやります。また，1人でもつないだ手を離したり，手でボールをさわったら失格になります。どのチームが最後までがんばるか競争しましょう。
ねらい　手を離さないでボールの動きに注意しながら7人が一体となって移動する注意力を養いながら，協力し合うチームワークづくりが体験できます。

131　ボールとび〔幼・小〕多

用意するもの　ドッジボール10個
遊び方　1メートル間隔で横に並び，その列から3メートル離れたところに，向かい合って，同じように10人が並びます。

そして，片方の列の10人が，1人1個ずつドッジボールを持ちます。
リーダーの合図で，スタートラインから1人が歩いてスタートします。ボールを持った子は，その選手が通るころを見はからって，自分の向かい側の子にボールをころがします。
歩く子は，それにあたらないように，うまくよけて進んで行きます。
運動神経を育てる遊びです。
ねらい　運動神経を育て，敏捷性を養います。

132　ボールの塔づくり〈1〉〔幼・小〕少

用意するもの　ボールまたはバレーボール10個，厚紙，セロハンテープ
遊び方　厚紙を縦10センチ，横40センチに切り，両端をセロハンテープでとめた紙の筒を10個用意します。
ラインから5メートル前方に直径30センチの円を1メートルの間隔をあけて2つかきます。
5人1組のグループを2組つくってラインに1列に並び，それぞれがボールと円筒を1つずつ持ちます。
リーダーの合図で先頭の人は円まで走って行き，筒の上にボールを置き，出発点にもどり次の人と交代します。こうして順々にボールの塔を作り，倒さずに早く完成させた組が勝ちです。

ボールを使って

2段，3段は簡単でも4段，5段となるとバランスをとるのがむずかしく，のせにくくなります。4段まで早く積み上げても最後の1つで倒れるスリルもあって楽しい遊びです。
ねらい 慎重さが注意力を養います。

133 あげた両足でボール運び〔小・中〕多

用意するもの ドッジボール
遊び方 スタートラインから5メートル離れたところに，直径2メートルの円をかき，その円の中にボールを20個おきます。

10人ずつ2組に分かれ，「ヨーイ，ドン」の合図で，先頭は円のところまで走っていきます。

床に腰をおろして両足を前方に床に触れないようにあげて，ボールを両足ではさみます。両足はできるだけ高くあげて，両手とおしりとであとずさりしながらもどり，次の人と交代します。

早く10人ともボールを手にしたチームが勝ちです

途中でボールを落としたり，両足やからだが床についたら，スタートラインからやり直しとします。
ねらい 上体と両足を支えることが腹筋を強くし，脚力，腕力，腰の力をたくましくしてくれる体力遊びです。

134 指示ボールとり競争〔小〕少

用意するもの ドッジボール，テニスボール（2種類のボールに1個ずつ「1」「2」「3」……というぐあいに40までの数字をかく）
遊び方 直径8メートルの円を地面にかき，円の中に数字をかいたボールをバラバラに置きます。そして円外に10人が同間隔に立ちます。

リーダーが「14のボールを拾いましょう」といったら，10人が円内にある「14」の数字がかいてあるボールをさがして，だれが一番早く手にするか競争します。

次は「2」その次は「35」というぐあいにボール拾いをし，ときには「9のボールを拾わないようにしましょう」といって，拾う人たちがどれくらい話を真剣に聞いているかためしてみるのもユーモアがあり，ドッと笑いがおこります。ボールは球形なのでころがり，カルタとりのように，どこに何の数字のボールがあ

るか暗記しても役立たないことが多く、何回ボール拾いをしても、新鮮な気分で楽しむことができます。
ねらい　視野を広めて即座に反応することは、なかなか容易なことではありません。機敏性を養ってくれます。

135　色別ボール拾い競争
〔幼〕少

用意するもの　ドッジボール，テニスボール
遊び方　5メートルの間隔をあけて2本の平行線をひき、3人ずつ向かいあって線のところに立ちます。そのまん中に直径2メートルの円をかきます。そして円の中に、白のテニスボールや赤、黄、青、緑のドッジボールを合わせて60個バラバラにおきます。

リーダーが「赤！」といったら、両側にいるそれぞれが同時に円までかけていって円の中の赤のボールを1個とって自分の決められた場所までもどります。

「白！」といったら白のボールを1個、「黄と青！」といったら黄と青のボールをそれぞれ1個ずつ手にもってもどります。

5回連続でやって、だれが最後までリーダーの指示通りにできたか点数をつけて遊ぶと、よーし負けないぞのファイトがでてきて活気ある遊びになります。

ねらい　敏捷性を養い、機敏な行動が即時の的確な判断力を育てます。

136　いすの下のボール通し〔幼・小〕少

用意するもの　ドッジボールまたはバレーボール、いす
遊び方　ラインから4～5メートル先に置いたいすを目がけてボールをころがし、いすの下のあいているところを通して遊びます。

強くボールをころがすと、ボールがいすにあたったり、ゆっくりころがすと曲がったり、コントロールよくころがすのはむずかしいものです。

何度もしているうちに、力の入れ方などコツがわかってくるでしょう。

ねらい　正しい判断力を育て、目と手の協応性を養います。

ボールを使って　77

137　ワンバウンドボール通し〔全〕少

用意するもの　ゴムまり，いす1脚
遊び方　ラインから3～4メートル先にいすを置きます。いすの向きは，こしかける方をラインに向けます。

　ラインからゴムまりをワンバウンドさせ，背もたれの下の空間を通す遊びです。
　ゴムまりを投げる位置やスピード，角度に工夫が必要です。うまくできるようになったら，こんどはいすを逆にし，背もたれの方をラインに向けて，同じようにワンバウンドさせて背もたれの下の空間を通します。
　あとの方がむずかしく，なかなか思うように通せません。何度もやってみましょう。
ねらい　正しい判断力を育て，目と手の協応性を養います。

138　新聞ボール通し〔全〕少

用意するもの　新聞紙，ゴムまり，3メートルのひも，セロハンテープ
遊び方　新聞紙の真ん中に直径30センチの丸い穴をあけます。穴をあけたら上を3センチほど折りまげ，そこにひもをはさみ，セロハンテープでとめておきます。
　2人が新聞紙をつったひもの両端を持ち，5メートル離れたところからゴムまりを投げ，まりがうまく穴を通ればよろしい。
　新聞紙の高さは，遊ぶ人の肩の高さが適当でしょう。
　外でも屋内でも遊べますが，外でするときはバックにへいでもあると便利です。
ねらい　正しい判断力を育て，目と手の協応性を養います。

139 帽子にボール入れ 〔幼・小〕 ⑨

用意するもの 物干しざお，麦わら帽子，ゴムまり，70センチのひも

遊び方 麦わら帽子をさかさにして物干しざおにぶらさげます。ひもの長さは30センチぐらいが適当です。物干しざおがなければ木の枝でもよろしいし，2人が頭に持って支えてもかまいません。

帽子から2メートルほど離れたところからゴムまりを投げ，帽子の中に入れる遊びです。

水平に投げるとひさしがじゃまをしてはいりませんし，上から投げるとさおがじゃまをしてむずかしいものです。

何人かでするときは，5回投げて何点といった具合に点数をとって遊ぶとよいでしょう。

ねらい 正しい判断力が目と手の協応性を育てます。

140 たらいにボール入れ 〔幼・小〕 ⑨

用意するもの たらい，ゴムまり2個

遊び方 たらいに水をいっぱい入れておき，たらいから3メートル離れたところにラインを引いておきます。

ラインのところからゴムまりを投げ，ワンバウンドでたらいの中に入れる遊びで，次にはツーバウンドで入れるなど，投げ方を変えて遊ぶとよいでしょう。

庭先で簡単にでき，子どもが水着で楽しめる遊びです。

ねらい 調節性と正確性を養います。

141 色別ボールあて 〔幼〕 ⑨

用意するもの ドッジボール，大型積み木

遊び方 大型積み木5個に，赤，黄，青，白，緑の色紙を全体にはって，スタートラインより5メートル先に，スタートラインに平行に横に5個の積み木をくっつけて置きます。

5個の積み木のまん中の延長のスタートラインに，1人がボールを持って立ちます。

リーダーが「白」といったら，スタートラインからドッジボールを地面にころがして白の積み

ボールを使って 79

木にあてます。次に「赤」といったら赤を目がけてボールをころがします。リーダーが色をかえて3回いうのに挑戦して3回ともまともにできたら勝ち。

ちょっとしたひねりで，ボールはとんでもない方向へがってしまい，見ていると簡単なようでもなかなかむずかしい遊びです。

応用としてテニスボールにすると小さいのでころがる回数も多くむずかしくなります。

ねらい 目と手の協応性が正確な判断力を養います。幼児には遊びながら色別を理解させることができます。

142 遠くへ投げよう〔幼・小〕㊗

用意するもの みかんなどを入れる網袋，テニスボール

遊び方 テニスボール1個を，網袋に入れます。

「ヨーイ，ドン」の合図で，きき手に網袋の入れ口をすぼめてしっかりと握り，腕を何回も回してボールに加速をつけ，ハンマー投げのようにして思いきり遠くへ投げる遊びです。

応用として，ボールを2個網袋に入れて投げたり，広い場所だったら，お手玉を入れて飛ばすようにしてみましょう。

狭い場所では，ボールは当たっても危険性のない柔らかいボールが安全です。

また投げ方をかえて，つまりより高く上げることを競うこともよいでしょう。

ねらい 投力を養い，腕力を強くします。また正確な判断力が必要です。

143 ボール打ち込み〔幼・小・中〕㊗

用意するもの 新聞紙（新聞紙を4〜5枚重ねて，直径2.5センチほどの筒にして巻き，セロハンテープでとめて新聞棒を5本作る），セロハンテープ，バレーボールまたはドッジボール10個

遊び方 1人1本ずつ，棒を握った5人が，スタートラインに立ちます。6〜7メートルの距離から，2人の子どもが，棒を持って立っている子どもたちをめがけて，ボールを勢いよくころがします。

スタートラインに立つ子どもは，次々と目の前にきたボールを，思いきり棒で，上方へすくい上げるようにして打ち返します。

ころがすボールがなくなって，ゲームが中断することのないように，ボールを管理する子どもを4人出すとよいでしょう。

ねらい　目と手の協応性を育てると同時に，腕力を強くします。

　棒で打ち返すとき，スタートラインから前方に出たり，他の子どもに棒を当てないように，注意をうながします。

144　ボール上げ打ち〔中・高・大〕少

用意するもの　新聞紙（新聞紙の大判を5枚重ねて，直径2センチほどの筒状に巻いて，新聞の棒を作る），ドッジボール

遊び方　左手にドッジボール，右手に棒を持って立ちます。左手のボールを上に向けて，ほうり上げます。下に向かって落ちてくるボールを，両手で握った棒で，前方に打つのです。

　つまり，一人でピッチャーとバッターの二役をする遊びです。

ねらい　ボールが落ちないように，左手をすぐに棒に持ちかえて，打つ態勢になるには，機敏な動作が必要で，敏捷性が養われます。

　また，ボールをほうり上げて打つ，という動作が，腕力を強固に育てます。

　新聞棒のため，あまり遠くまで飛ばないので，狭い場所でも楽しくできます。

145　ビンのせボール〔小・中〕少

用意するもの　牛乳ビン，ドッジボールまたはバレーボール

遊び方　牛乳ビンの底を上にして飲み口の細くなった部分をきき手で持ち，もう一方の手でボールを持ちます。

　合図でボールを1回バウンドさせ，落ちてくるところをきき手に持った牛乳ビンにうまくのせる遊びです。

　ボールのはずませ方と落ちてくるボールを，どこで牛乳ビンにのせるかに工夫がいります。

ねらい　1回でのるように投げ方や受けとめ方を考えることによって，工夫力，平衡性を養います。

146　片足ボールけり〔全〕少

用意するもの　ドッジボールまたはバレーボール，ジュースのあきカン
遊び方　ラインをひき，3メートル前方にジュースのあきカンの上にボールをのせておきます。
　ラインから片足とびでボールのところまで行き，そこで瞬間に軸足でカンを倒さないようにボールをけり落とします。
　地面についていない方の足でけるのは簡単ですが，瞬間に軸足でけるのはけっこうむずかしいものです。
　ボールをけることができてもカンを倒したら失格です。一度，二度と失敗するうちにうまくけり落とせるようになるでしょう。
　子どもだけではなく，大人でも楽しめる遊びです。
ねらい　知力がのびて注意力が育ち，タイミングが平衡感覚を養います。

147　バランスボール投げ〔中・高・大〕少

用意するもの　ドッジボール1個，テニスボール1個，新聞紙
遊び方　左の手のひらを上に向け，左肩に水平にします。その上にドッジボールをのせ，右手にテニスボールをにぎってください。
　約3メートル離れた壁などに新聞紙をはり，その新聞にテニスボールをあてる遊びです。左手のボールはにぎったり，落としたりしてはいけません。
　安定を保ちながらボールを投げるとちょっとむずかしい遊びです。テニスボールばかりに目を向けると，ホラ，ドッジボールが落ちてしまいますよ。気をつけてやってください。
ねらい　注意力，集中力，落ち着きを育てるとともに腕力を鍛えます。

148　ボールの上のビン立て〔中・高・大〕少

用意するもの　ドッジボール，牛乳ビン
遊び方　1人1個ずつドッジボールを持って床の上に置きます。
　「ヨーイ，ドン」の合図で，牛乳ビンの飲み口をボールにくっつけて，ボールの上に牛乳ビンをできるだけ短時間に立てる遊びです。
　さあ，だれが早く牛乳ビンを立てるか，競争です。

牛乳ビンが，ボールの上に完全に立つときは，ボールも静止します。むずかしくてできない人は，牛乳ビンの底をボールにくっつけて立てるようにしてみてください。それができれば，飲み口をボールにつけることも自信をもってやれます。

ねらい　落ち着きのない，集中力に欠ける子どもに，このような遊びをさせるなかで，落ち着きや集中性を回復したいものです。

　この遊びは，頭の働きもなくてはできません。つまり，ボールが安定して止まったときに，ビンをのせれば簡単にできます。

149　ボールの塔づくり〈2〉〔中・高・大〕㋕

用意するもの　ジュースのあきカン，ボール
遊び方　床におしりをおろし，両手を後ろにつき上体を支えます。1人に2個のあきカンとボール2個を準備し，これを足を使って立てる遊びです。まず，あきカンを両足にはさんで立て，次にボールをその上にのせ，次にその上にカンをのせ，最後にボールをのせます。

　むろん，全部足でやるのです。考えると無理のようですが，実際やってみると意外とできるのです。

ねらい　足腰を強くし，集中力を養います。

150　両足でボールはさみ〔中・高〕㋕

用意するもの　ドッジボール，いす（背もたれのついたもの）
遊び方　いす2脚を，1人が立った肩幅より少し広めに間隔をとって，内側に背もたれを向けて配置します。

　「ヨーイ，ドン」の合図で，いすの間に立って，両足先で1個のドッジボールをはさみ，いすの背もたれの上に手を片手ずつついて両腕をのばし，ボールをはさんだ両足を地面から離して，両ひざを前方に曲げできるだけ高くあげて，いくつまでがんばることができるか競争します。

　このときにボールを足から離したり，ひざがのびて地面に足がついたら，そこでこの遊びを終了するので，応援する人は数えるのを中止します。

　力の入れ方が悪いと，両手をついたいすが外側へ動きだして，いすから両手が離れてしまう。どんなにつらくても「よーしがんばるぞ」のファイトがこの遊びを成功させてくれます。

ねらい　ボールが落ちないように気をつける集中力を養い，腕力をたくましくし，忍耐力を養います。

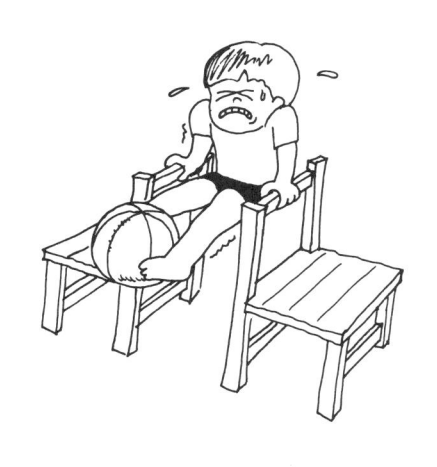

ボールを使って

151 ボールをにがすな
〔中・高〕少

用意するもの ドッジボール，ぶらさがっても折れない安全な木，鉄棒など

遊び方 枝にぶらさがり，両足先に，ドッジボールをはさんでもらいます。合図で，はさんだドッジボールを落とさないように，できるだけ長く木にぶらさがっている遊びです。

両足先にボールをはさんだままボールをからだと直角になるまで，上げてみます。

ボールが何回上げられるか競うのもおもしろいです。

遊びの中で腹筋の運動にもなります。

注意 落としたボールにふれないようにして下さいましょう。

ねらい ボールを落とさないような注意力と，忍耐力を養います。

152 新聞の上のボールつき〔小〕少

用意するもの ドッジボール，新聞紙（大判5枚を広げて重ねる），またはダンボール（大判の新聞紙大）

遊び方 2人が向かい合って，新聞紙の短辺が手前になるように，5枚重ねの新聞紙の両角をそれぞれ両手で持って立ちます。

「ヨーイ，ドン」の合図で，新聞紙の上にのせたボールを，新聞紙から落とさないように，できるだけ長くボールをつく遊びです。

「1，2，3，4……」と数をしながら調子を合わせてボールをつくようにしましょう。

新聞紙はダンボールと違って柔らかいので，思うようにボールが上にあがらないところにおもしろさがあります。

ねらい ボールを見ながら，たえずボールをつきやすい位置に新聞紙でかまえる集中力と，お互いに協力，協調してやる力を養います。

153 平均台でボールとり〔幼・小〕少

用意するもの ドッジボール，平均台
遊び方 スタートラインより5メートルの距離にラインに平行して平均台を置きます。

スタートラインに，1人が1個のボールを持って立ち，もう1人は平均台の上に立ちます。

「ヨーイ，ドン」の合図で，ボールを床にワンバウンドするように投げて，相手ははねあがって飛んできたボールを，うまく両手で受けとめます。そしてそのボールを両手でスタートラインに立っている相手に投げ渡す遊びです。

ワンバウンドさせたボールの力が弱いと相手に届かないので，投げる方向に注意して勢いよくボールをワンバウンドさせることが大切です。

ねらい この遊びは2人の協調性が必要で，1人は投力・腕力を鍛え，平均台の上に立つ人は平衡性と投力を養います。

154 ボールうち〔小〕少

用意するもの バケツ（または洗面器），ゴムまり
遊び方 バケツか洗面器をうら返しにしておき，うらの平面のところにゴムまりをはずませてうつ遊びです。

うち方がまずいと，うらの平面からボールがでてしまいます。

家族の人や友だちと，おたがいに向かい合って何回うてたかを競争してみましょう。

庭先でできる遊びです。

ねらい 注意力，敏捷性の育成に役立ちます。

155 新聞棒のバッティング〔小〕少

用意するもの テニスボール，新聞棒（大判5枚を重ねて，短辺より巻いて直径3センチの筒をつくり，端をセロハンテープでとめる）
遊び方 2人1組になって，間隔を7〜10メートルにして，1人は3個のボールを持ち，もう1人は新聞棒を持って立ちます。

ボールを使って 85

ボールを持っている人は，新聞棒を持って立っている相手に向かってボールを投げ，それを新聞棒で遠くへ打ち返す，だれにでもできる野球遊びです。
　連続3回投げたボールをいくつ打ち返すことができるか，真剣なまなざしでボールをみつめる姿がほほえましいです。
　このとき，投げるボールは途中でバウンドしないこと。もしバウンドしたら，もう1回チャンスが与えられます。投げる人も1球1球をじょうずに投げましょう。
ねらい　投力を鍛え，腕力を強くし，正確でしかも敏捷な判断力を養います。

156　ボールのせ〈1〉〔幼・小〕㊛

用意するもの　バレーボールまたはドッジボール1個，あきカン1個

遊び方　この遊びは，ボールを床にたたきつけ，ジュースのカンにうまくのせる遊びです。ボールの位置をよく見きわめてジュースのカンをさし出さないと，なかなかうまくのりません。
　得点表を作り，10回で何回のるか1回戦，2回戦とやってみるのもおもしろいでしょう。
　ちょっとしたあき地，床の上でできるかんたんな遊びです。
ねらい　落ち着き，集中力を養います。

157　ボールのせ〈2〉〔中・高〕㊛

用意するもの　ドッジボールまたはバレーボール2～4個，ジュースのあきカン2～4個
遊び方　スタートラインより5～6メートル離れたところにジュースのあきカンを，1メートルの間隔で並べておきます。
　2組にわかれ，各組とも1個のボールを持ちます。ただし，その時，後ろを向き，おしりのところでボールを持つのです。
　合図により，後ろ向きのまま，ジュースのあきカンのところに進み，しゃがんでボールをのせます。
　じょうずに乗ったら，ボールをとって，次の人と交代します。
　3組でも4組でもできます。
ねらい　落ち着き，注意力を養います。

158 ボール運び〈1〉〔小・中〕少

用意するもの 菓子箱，ゴムまり
遊び方 スタートラインに1列に並び，前かがみになって，両手を両足につけます。背中にまりを入れた菓子箱をのせ，合図でまりを落とさないように目標をまわってくる遊びです。

　この遊びは走るときバランスをとっていないと，箱ごとまりが落ちてしまいます。まりが落ちればもう一度スタートラインにもどってやり直しです。

　また，前かがみで両手を地面についてやっても同様に遊べます。
ねらい 上半身と下肢の調整力を養います。

159 ボール運び〈2〉〔幼・小〕少

用意するもの ドッジボールまたはバレーボール2個，厚紙
遊び方 厚紙を丸めて，直径7～8センチ，長さ12～13センチの筒を作っておきます。

スタートラインをひき，10メートルほど先に目標を置きます。2組に分かれ，スタートラインに列をつくって並びます。

リーダーの合図で先頭の人は筒の上にボールをのせ，ボールを落とさないように目標をまわって次の人に交代します。

途中でボールを落としたら拾ってのせ，また走ります。筒を持つ手はなるべく曲げないようにまっすぐに出し，必ず片手で持ちます。

大きな円を2つかき，円の外周を一周してリレー競争するのもよいでしょう。
ねらい 落ち着き，注意力を養います。

160 棒でボールとり〔小・中〕少

用意するもの ゴムまり2個，細い棒（長さ50センチ，直径1センチ程度のもの）4本
遊び方 スタートラインから4～5メートル離れたところに直径1メートルの円をかき，中へそれぞれゴムまりを入れます。

　子どもを2組に分け，スタートラインに1列に並ばせておきます。合図で先頭の子は2本の棒

ボールを使って　87

を持って円のところまで走り，2本の棒でゴムまりをはさみ，円の外に出したらスタート地点にもどり次の子に棒を渡します。次の子は外に出ているゴムまりを棒で中に入れる…といった具合にリレーします。

　戸外でも室内でもできます。

ねらい　目と手足，右手と左手との協応性を養います。また注意力と集中力を育てます。

161　ボールつり競争〔幼〕少

用意するもの　テニスボール，ガムテープ，棒（細い1メートルの棒の先にガムテープの接着部分を表にして巻く），平均台，ポリバケツ

遊び方　スタートラインに垂直に，2台の平均台を縦に距離が長くなるように置きます。そしてスタートラインと反対の位置の平均台の端から1メートルの距離に，ボールを10個入れたポリバケツを置きます。

　スタートラインに1チーム10人が並び，「ヨーイ，ドン」の合図で，先頭が先にガムテープのついた棒を持って，平均台を2台渡って端まで来たら，持っている棒の先のガムテープにボールをくっつけて持ち上げ，ボールを片手に持ってもう一方は棒を持って平均台の上を歩いてもどり，次の人と交代します。10人が早くボールを手にしたチームが勝ちです。途中でボールを落としたり，ボールを2個以上棒にくっつけてしまったら，もう一度最初からやり直しをします。また平均台から落ちたらもちろんやり直しで，魚つりを思い浮べる遊びです。

ねらい　幅の狭い平均台を渡る平衡性を養うとともに，集中力，注意力を育てます。

162　ボールころがし〔幼〕少

用意するもの　ドッジボールまたはバレーボール
遊び方　直径5メートルの円をかき，その円から約5メートル離れたところにラインをひきます。
　ラインから出ないようにボールをころがし，円の中に入れる遊びです。
　力を入れすぎても弱すぎてもうまく入りません。ボールをころがす力の入れかげんにむずかしさがある遊びです。
　5回ずつころがし，何回入ったか競争すると楽しいでしょう。
ねらい　目と手の協応性を養います。

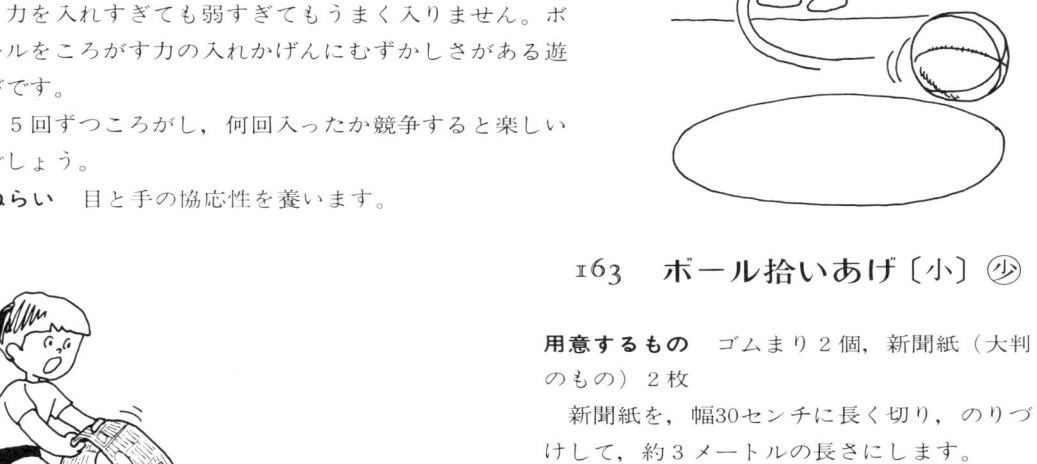

163　ボール拾いあげ〔小〕少

用意するもの　ゴムまり2個，新聞紙（大判のもの）2枚
　新聞紙を，幅30センチに長く切り，のりづけして，約3メートルの長さにします。
遊び方　新聞のテープの端に，ゴムのりをのせ，紙をたぐってまりを手もとによせ，紙の外にころげ出さないようにして拾いあげます。紙を強くひっぱると，ボールは外に出してしまいます。
　2組で競争するとおもしろいでしょう。
　家庭でも，たたみの上で簡単にできます。
ねらい　注意力が養われ，目と手の協応性も育てられます。

164　タオルでボールころがし〔幼・小〕少

用意するもの　ゴムボール2～5個，タオル2～5本
遊び方　2～5組に分けて1列に並ばせ，各組にボールとタオルを渡します。タオルは片方の端を結んで結び玉を作り，もう一方の端を手で持って，結び玉をボールにあててころがしながら目標を一周して次の人と交代します。
　この遊びは，タオルの振り方，力の入れ方をくふうする楽しさがあります。
ねらい　目と手，足の協応性が育てられます。

ボールを使って　89

165　はねかえりボール〔幼〕少

用意するもの　テニスボール，壁
遊び方　壁より5メートルの距離にスタートラインをひきます。

1人がボール1個を持ってスタートラインに立ちます。

「ヨーイ，ドン」の合図で，スタートラインより壁に向かって片手でボールをころがし，壁にあたってはねかえってきたボールをころがすという具合に，ボールのころがしっこをします。

ボールが動いている間は，地面にボールがついていること。あくまでもスタートラインの所でボールをころがし，完全にボールが止まるまでは続けて，何回できるか競争します。

ころがし方がわるいと，ボールに振りまわされてしまう遊びです。
ねらい　力いっぱいころがす腕力を鍛えます。

166　点とりボール入れ〔小・中〕少

用意するもの　テニスボール，ポリバケツ
遊び方　スタートラインをかき，ポリバケツを縦に一直線に，1メートル間隔で10個並べ，スタートラインに一番近い位置においたバケツは1点，スタートラインから遠ざかるに従って，2点，3点，4点……と，10点まで点数をバケツの側面にあらわしておきます。

「ヨーイ，ドン」の合図で，1人で3個のテニスボールを持ってスタートラインに立ち，ポリバケツにめがけて，ボールを投げ入れます。

3個のボールがそれぞれ何点のバケツに入ったか，合計の点数を出して，だれが一番点数がよいか競争をします。最高点は30点，遠くへ投げるほどよい点がとれます。しかしバケツにボールが1個も入らないと零点になってしまう遊びです。

見ながら応援する人も，つい自分がやっているような気分になって，応援に力が入ります。
ねらい　投力を育てるだけでなく，正確な判断力を養います。

167　新聞棒でゴルフ〔小〕㊃

用意するもの　テニスボール，新聞棒（大判を2枚重ねて，短辺より巻いて直径2センチの筒にし，端をセロハンテープでとめる）

遊び方　スタートラインより10メートルの距離に目標を決めます。

スタートラインで地面にテニスボールを1個置いて，新聞棒の上の方を両手で持って，横向きに立ちます。

「ヨーイ，ドン」の合図で，地面についている新聞棒の先で，テニスボールを横向きのままでころがしながら，目標をまわってもどり，次の人と交代する，リレー対抗の遊びです。ちょっとしたミニゴルフを楽しむことができます。

このとき，ボールがとんでもない方向へころがっても，絶対に手で触れないで，新聞棒でコントロールすること。また新聞棒は必ず横向きで振るようにします。

ねらい　目と手とからだとの協応性を養い，なるべくむだなころがし方をしないように正確な判断力を育てます。

168　あきカンでボールつき〔小〕㊃

用意するもの　ドッジボール，ジュースのあきカン

遊び方　きき手にジュースのあきカンを1個握って，手のかわりにあきカンの底で，ボールをつきながら，10メートル先の目標をまわってもどってくる遊びです。

このときに，手でボールに触れたり，ボールがはずまなくなってしまって床の上にボールが静止したら失格で，もう一度スタートラインへもどって最初からやり直しにします。

あまり力を入れすぎると，ボールがはずみすぎてボールに振りまわされて疲れるばかりです。あわてない方が，うさぎに勝ったかめのように，早く次の人と交代でき，遊びがスムーズに続行します。

ねらい　手とボールの協応性を養い，注意力散漫で他人を気にしすぎる人には，集中力と落ちつきを育ててくれます。最後まで気長にがんばって途中であきらめない，忍耐力を養うことができます。

ボールを使って

169 ボールとび〔小・中〕少

用意するもの ドッジボール
遊び方 直径15センチの円を，80センチの間隔で，縦に10個床の上にかき，それぞれの円の中にボールを1個ずつおきます。

「ヨーイ，ドン」の合図でスタートラインより，片足とびで進み，ボールを円から外へ出さないように次次ととび越えて，10個目に来たら，またスタートラインに向かって片足とびでもどり，次の人と交代するリレー式対抗遊びです。

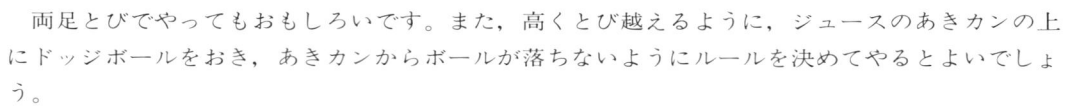

両足とびでやってもおもしろいです。また，高くとび越えるように，ジュースのあきカンの上にドッジボールをおき，あきカンからボールが落ちないようにルールを決めてやるとよいでしょう。

このとき，片足とびのはずなのに両足が床についたり，円外へボールがころがったり，あきカンからボールがころげ落ちたら失格で，最初からやり直しをします。
ねらい 注意力を養い，とび越える高さが高くなるほど跳躍力を鍛えます。同時に瞬発力も鍛えます。

170 2人でボール運び〔幼・小〕少

用意するもの ジュースのあきカン4個，ボール2個
遊び方 2人1組でします。ジュースカンを1個ずつ持ち，カンとカンでボールをはさみ，落とさないように目標をまわってきます。途中でボールを落としたら，最初からやりなおしです。
ねらい 協力性を養います。

171 ボール送り〈1〉〔幼・小〕少

用意するもの 新聞，ドッジボール2個
遊び方 新聞を長くして2つに折り，2人が向かい合って新聞の端を上，下に持ちます。ボールを2人が新聞ですくうように引っぱって，目標をまわってくる遊びです。

ボールが新聞の外に出たり，新聞の下をくぐったりしたら失格です。

競争のため急ぐと，新聞を破ってしまいます。簡単で楽しいゲームです。
ねらい　協力の意識を育てます。特に自己中心的な行動になりがちな子どもによいでしょう。

172　ボール送り〈2〉
〔小・中〕 多

用意するもの　ドッジボール，タオル
遊び方　2人が向かい合って1枚のタオルの端を持って，1メートル間隔に10組が縦に並びます。
　「ヨーイ，ドン」の合図で，先頭の組はタオルの上に1個のドッジボールを乗せて，隣の組のタオルの上へほうり投げ，受ける2人は，ボールを落とさないようにじょうずに受けます。
　このようにして，最後までタオルでボール送りをする遊びです。
　2人のタイミングが合わないと，やわらかいタオルのため，落ちたりとんでもない方向へとんだりして，トランポリンの上ではねるボールのように，楽しい遊びになります。
ねらい　2人の協調性が仲間意識を育てます。

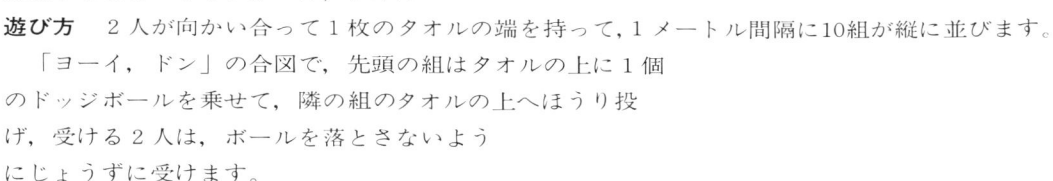

173　ボール送り〈3〉
〔小・中〕 少

用意するもの　ドッジボール，牛乳ビン
遊び方　スタートラインより8メートル先に直径2メートルの円をかきます。この8メートルの距離に，50センチの円を7つ等間隔にかきます。そしてそれぞれの円の中に1人ずつ立ちます。スタートラインに近い先頭は，牛乳ビンの上にボールをのせて持って立ちます。

ボールを使って　93

「ヨーイ，ドン」の合図で，先頭の人はボールののった牛乳ビンを両手で持って前進して2人目の人に手渡します。2人目は3人目へ，3人目は4人目へ……と7人目まで渡したら，最後の人は，円の中へボールを牛乳ビンから手を使わないでそっと落として，からの牛乳ビンを後ろへもどします。先頭は，2個目のボールをのせて順番に送っていきます。全部で5個のボールを，早く円の中へ入れたチームが勝ちです。
　途中でボールが地面に落ちたら，もう一度先頭にもどしてやり直しをすること。せっかく入れたボールが円外へとび出たら，これもやり直しになります。
ねらい　注意力，集中力を養います。

174　ボール置き競争〔幼・小〕㊤

用意するもの　ジュースのあきカン，テニスボール，ポリバケツ

遊び方　スタートラインより1メートルおきに，直径50センチの円を10個かき，まん中に1個ずつジュースカンを立てます。
　5人1組になって，1人で1個のポリバケツに，10個のテニスボールを入れます。
　5人がスタートラインに並んで，「ヨーイ，ドン」の合図で，先頭はボールの入ったポリバケツを持って，片足とびで円まで進みます。そして，円の中に立っているジュースカンの上に，1個ずつ10個のジュースカンに乗せたら，1個ずつ取ってポリバケツに入れて，スタートラインまでもどり，次の人と交代する遊びです。
　ボールがジュースカンからころがり落ちたり，片足とびを最後までやらないと，もう一度最初からやり直しとなります。
ねらい　落ち着きを養い脚力を鍛えます。

175　ボールの曲芸〔中・高〕㊤

用意するもの　ドッジボール，ジュースのあきカン，ピンポン用ラケット
遊び方　スタートラインより7メートル先に目標を決めます。
　片手にラケットを持ち，その上にジュースのあきカンをたて，その上にドッジボールをのせて，スタートラインに立ちます。
　「ヨーイ，ドン」の合図で，ジュースのカンとドッジボールをラケットから落とさないように進んで目標をまわってもどってくる遊びです。

失敗したら最初からやり直して、リレー式で他のチームと競争してやるとよいです。
ラケットの扱い方次第では不安定なボールもジュースのカンもどうなることやら……。
そろそろとあごをだして腰をかがめて前進する姿に、応援する人もつい自分がやっているような気分になって夢中になります。
ねらい 落ちつき、慎重さが要求される遊びで、集中力を育ててくれます。

176 ボール造形遊び〔小〕多

用意するもの テニスボール、ポリバケツ
遊び方 5人が1組になって、30個のテニスボールをポリバケツに入れて待ちます。
リーダーが「数字の"8"の字をつくりましょう」といったら、5人が30個のボールを全部使って、床に数字の"8"の字をつくります。次は「ひらがなで"か"の字を……」といったらボールを1個ずつ並べて"か"の字になるように配置します。
画法で点描といって点で絵を描く手法がありますが、ボールでそれぞれの形を表現するのです。球形なので、そっところがらないように置くことが大切です。
応用として、植物、動物、鉱物などをとり入れると楽しい造形遊びになります。
遊びながら、数字、文字などを覚えることができます。
ねらい 協力、協調し合うことを体験し、チームワークづくりを学ぶことができます。

177 あてられないようにボールあて〔小〕多

用意するもの テニスボール
遊び方 直径10メートルの円の中に、30人がそれぞれボールを持って入ります。「ヨーイ、ドン」の合図で、ボールを投げてだれかの背中にあてます。あてられた人は円の外へでます。地面にころがっているテニスボールをすばやく拾った人は、同じようにだれかの背中をねらってボールを投げます。ボールを投げようとしていると、反対に相手にあてられてしまいます。
あてられないように身をかわすこととねらいあてることと、一人二役

ボールを使って 95

を限られた場所で行なうことは大変なことです。

　最後まで円の中に残った人がチャンピオンになります。

　注意することは，絶対に相手の顔をねらわないこと。背中以外にボールがあたったら，あてた人が失格となって円の外に出ます。

ねらい　機敏な行動力，敏捷性を養います。

178　追いかけボール入れ〔幼・小〕多

用意するもの　テニスボール，かご（肩にかける大きな竹製のもの）

遊び方　直径15メートルの円を地面にかきます。円の中に，かごを1個肩にかけたリーダー1人と，1人1個ずつボールを持った30人が入る。

　「ヨーイ，ドン」の合図で，リーダーはかごにボールを入れられないように，円の中を逃げまわります。ボールを持っている人は，走りまわるリーダーのかごの中へボールを投げ入れます。かごに入らないで地面に落ちたボールは拾って投げ入れます。

　5分間で何個かごに入れられるか，ボールの入り方の少ないかごのリーダーはだれか，他のチームと競争するとよいでしょう。

　リーダーにとってはボールを入れさせたくないし，ボールを持っている人はかごに入れたいし，お互いの欲求が正反対なので，遊びに活気があふれておもしろいです。

ねらい　敏捷性，機敏な行動力を育ててくれます。

ピンポン玉を使って

179 ピンポン玉運び＜1＞〔幼・小〕少

用意するもの　ビールのあきビン2本，ピンポン玉2個
遊び方　2組にわかれ，各組ともビールビン1本と，ピンポン玉1個を持ちます。
　出発点から5～6メートル先に目標をおきます。ビールビンの口の上にピンポン玉をのせ，手をしっかりのばし，びんの底を持ちます。
　合図により，ピンポン玉を落とさないように目標をまわり，次の人と交代します。
　途中で落とした人は，もう一度，その場でのせてやりなおします。
　ピンポン玉をテニスボール，あるいは大きなボールととりかえてやってみても，きっとおもしろいですよ。
　ほらほら気をつけないとピンポン玉が落ちてしまいますよ。さあ，もう少しがんばって！
ねらい　落ち着きのない子にふさわしい遊びで，注意力，集中力を養い平衡性を育てます。

180 ピンポン玉運び＜2＞〔小〕少

用意するもの　コップ2個，ピンポン玉2個，水
遊び方　コップに水をいっぱい入れ，ピンポン玉を浮かべます。それを2つ用意し，2組にわかれて，ピンポン玉と水をこぼさないようにコップをもって走る遊びです。

コップには，いっぱい水が入っているのですぐ落ちたり，こぼれたりしますから，なかなか走ることができません。
ねらい 水がこぼれることで落ち着きなさの程度が自己判断でき，注意力も養われます。

181 玉ころがし〔幼〕少

用意するもの わりばしの袋2つ，ピンポン玉2個

遊び方 わりばしの袋をたてに半分に折ります。場所は廊下かたたみの上でよろしい。

目標をきめて2人でピンポン玉を，はし袋の先でころがし，競争します。

はしの袋だから腰が弱く，力を入れると折れてしまって，玉をうまくころがすことができません。

はし袋とピンポン玉の角度を考えながらころがし，さきにゴールインした者が勝ちです。

ねらい 落ち着きと注意力を育てます。

182 卓球遊び〔小・中〕少

用意するもの ピンポン玉1個，厚紙または古ハガキ8枚，タバコかキャラメルのあき箱

遊び方 古ハガキ4枚をはり合わせて厚くします（古ハガキをはり合わせると，紙に弾力ができてよい）。このハガキがラケットになるわけです。

机のまん中にタバコかキャラメルのあき箱をネットのかわりに並べます。ルールはピンポン競技と同じです。

家庭で簡単にできる遊びです。

ねらい 手と目の協応性を育てます。

183　ハンカチのピンポン玉打ち〔小〕少

用意するもの　ピンポン玉2個，ハンカチ2枚

遊び方　2人が向かい合い，ハンカチの四すみを，親指とひとさし指でもちます。ハンカチをひっぱってピンとはります。

ハンカチの上にピンポン玉をのせ，ハンカチでピンポン玉を上に何回もはずませる遊びです。

この遊びは，ピンポン玉を上にあげようとしてハンカチをひっぱりあうため，ハンカチをはなしてしまったり，玉を落としたりします。

4人が2組に分かれて競争するとよいでしょう。

ねらい　協調性を育てます。

184　ピンポン玉入れ〈1〉〔小〕少

用意するもの　ピンポン玉2個，タバコかキャラメルのあき箱2個

遊び方　あき箱をたてに切り開きます。

机の上に，このあき箱をトンネルのようにして2つ並べます。

50センチほど離れたところから，ひとさし指と中指でピンポン玉をはじいて，トンネルに入れる遊びです。2人でどちらがはやく入れられるか競争します。

トンネルに少しでもさわると向きが変わってしまい，なかなかむずかしい遊びです。

ねらい　目と手の協応性が正確な判断力を養います。

185　ピンポン玉入れ〈2〉〔小・中〕少

用意するもの　ピンポン玉1個，湯のみまたはコップ5個

遊び方　机の上にコップを5個，5センチ間隔で横にならべます。コップから5〜6センチ離れたところからワンバウンドでコップの中にピンポン玉を入れます。

ピンポン玉を使って　99

1個入ったら次のコップに入れるようにし，5個うまく入ればよいのです。
　簡単なようで強くはずませれば遠くへ飛び，持ち方，投げ方によって思わぬところに飛んでしまい，なかなかむずかしい遊びです。
ねらい　注意力と目と手の協応性を育てます。

186　ピンポン玉入れ〈3〉〔小・中〕少

用意するもの　ジュースのあきカン，ピンポン玉
遊び方　ピンポン玉をジュースカンの底をうえにしてその上にのせます。
　ジュースカンは小指を上にしてにぎります。ピンポン玉を上にほうりあげて，ジュースカンの中に入れる遊びです。
　ピンポン玉を高くあげると，あきカンの中に入っても，はじいてしまって外に出てしまいます。簡単なようでもなかなかあきカンには入りません。
　1人10回ときめて，親子または友だち同士で競争するのもよいでしょう。
　さあ，どうするとうまく入るか考えてみてください。考えることは楽しいことです。
ねらい　感覚と反射神経を養います。

187　ピンポン玉運び〈3〉〔小〕少

用意するもの　ピンポン玉5個，どんぶり5個，はし1ぜん
遊び方　はしでピンポン玉をはさみ，他の器に移しかえる遊びです。
　まず1つのどんぶりに5個のピンポン玉を入れ，残り4つのどんぶりを5センチ間隔で並べます。はしでピンポン玉をはさみ，次のどんぶりに，次のどんぶりにと入れていきます。
　まずおかあさんがお手本を見せ，「〇〇ちゃんやってみましょう」とすすめますと，それをまねして一生懸命やるものです。何度も何度もやっているうちに，うまくはさめるようになります。うまくはさめるようになったら一番遠くにあるどんぶりから順番に入れてみましょう。
ねらい　落ち着きと慎重さ，集中力を育てます。

188 ピンポン玉運び <4> 〔小・中〕 少

用意するもの　マッチの棒4本，ピンポン玉4個，小皿2枚，
遊び方　2人で向かい合い，マッチの薬のついた丸いほうを外に向けて両手に1本ずつ持ちます。
　2人が同時にマッチの先でピンポン玉を落とさないように持ってお皿からお皿（約30センチ間隔に置く）に送っていきます。
　2個のピンポン玉を右から左に2回，そして左から右に2回と競争して遊びましょう。
　ピンポン玉のないときは，ゆでたまごを使うのもよいでしょう。
ねらい　集中力と協調性を養います。

189 ピンポン玉落とし 〔幼〕 少

用意するもの　コップ，ピンポン玉，水
遊び方　コップに水をいっぱい入れ，ピンポン玉を浮かべます。これを片手で持って，思い切り息を吹きかけてピンポン玉をコップの外に出す遊びです。
　簡単なようですが，ピンポン玉は水の上を動くだけでなかなか外へ出せません。どこを吹いたら出るか工夫してみましょう。
　ほっぺをふくらませて吹く顔がユーモラスで，見ている人も楽しい遊びです。
ねらい　息の瞬発力を養います。

190 箱倒しゲーム 〔幼・小〕 少

用意するもの　キャラメルのあき箱，ピンポン玉2個
遊び方　机などの上にキャラメルの箱を置き，1～2メートル離れたところからピンポン玉を投げて箱を倒す遊びです。
　簡単なようですが，ピンポン玉は力を入れすぎるとカーブしますし，弱くてもダメでなかなか思うようにあたりません。
　投げ方を工夫して家族で遊びましょう。
ねらい　目と手の協応性を育てます。

ピンポン玉を使って

191 ピンポン玉出し
〔幼・小〕㊙

用意するもの ピンポン玉2個
遊び方 ラインを引き，そこから1メートル先に直径30センチの円をかいて，まん中にピンポン玉を1個置きます。ラインからピンポン玉を投げて，円の中のピンポン玉にあてはじき出す遊びです。
　自分の投げたピンポン玉が円の外に出ると失格です。どちらが投げた玉かわからなくなっては困るので，しるしをつけておくとよいでしょう。
　投げ方とスピードによって玉の動きが変わるので，うまくはじき出すには工夫が必要です。
ねらい 目と手の協応性を育てます。

192 ピンポン玉の新聞破り〔小・中〕㊙

用意するもの ピンポン玉1人2個，新聞紙
遊び方 ラインをひき，そこから4〜5メートル離れた地点で2人が2枚の新聞紙を両手でピンとはって持ちます。
　ラインから出ないように1人2回，ピンポン玉を強く投げて2枚の新聞紙を貫通させる遊びです。ラインから出たり，1枚しか通らなかったら失格です。
　新聞紙にピンポン玉があたるたびに，パチッ，パチッとそう快な音が楽しめます。
ねらい 瞬発力と正確な判断力を養い，ピンポン玉が新聞紙を貫通したとき，快感と成功の喜びを体験させてくれます。

新聞紙を使って

193　新聞とび〈1〉〔幼・小〕少

用意するもの　新聞紙
遊び方　新聞1枚を大きく広げ、その両はしを2人で持ちます。新聞紙から20センチはなれた所にラインをひきます。

　持ち方は二通りありますが、最初は短辺を持ちます。床（地面）から新聞紙までの高さは自由ですが、最初は低くし、とぶことができれば少し高くします。

　ラインに両足をきちんとそろえて、腕の反動だけでとびますが、最初、高くてとべない時は、走ってきてラインのところでふみきり、とぶようにします。

　新聞紙ですから、新聞の上におちても、破れるだけでけがはしません。

　遊びとしては、室内でも野外でも簡単にできますので、子どもたちは喜んでやります。

ねらい　跳躍運動の練習になり、着地したときの平衡感覚を養います。おかあさんの運動にも最適です。

　おかあさん、子どもたちといっしょにこのような遊びをすることがたいせつです。

194　新聞とび＜2＞〔幼・小〕少

用意するもの　新聞紙
遊び方　2人が向かい合って，新聞の短辺のかどを持ち，長辺のほうを床すれすれにつけて立ちます。新聞から約35センチ離れた所にスタートラインを引きます。
　この遊びは，スタートラインで両足をそろえ，新聞を破らないように，思いきりとび越えるのです。
　走ってきた加速度でとぶのではなく，腕をよく振ったり，ひざの屈伸力をつけたりなどして，瞬発力でとび越えるのです。失敗しても新聞が破れるだけで，危険ではありません。
　低学年で，どうしてもとび越えられない児童には，新聞を持っている2人が，短辺のかどを長辺のかどに持ちかえて，短辺の高さをとび越えるようにさせます。
ねらい　瞬発力が養われ，着地したときに，バランスをくずさないように注意してとぼうとする意欲が平衡能力を育てます。

195　新聞ハードル〔全〕多

用意するもの　新聞紙
遊び方　スタートラインから2人1組で，約1メートルの間隔で5組が向かい合って座ります。
　1組に2枚ずつ新聞紙をわけ，1枚ずつ両手でピンとはって新聞ハードルを作ります。
　「ヨーイ，ドン」の合図でスタートし，両足をそろえて新聞紙をとび越して進み，5組のハードルを無事とび終えたら，スタートラインにもどり，次の人と交代します。
　最初のうちは，こわくて立ちどまってしまう子どもがいるかもしれませんが，なれればうまくとび越せるようになるでしょう。新聞紙ですから危険はなく幼児から大人まで手軽に楽しめる遊びです。
ねらい　跳躍力，瞬発力，平衡感覚を育てます。

196　とび上がり遊び〔幼〕少

用意するもの　新聞紙
遊び方　2人が向かい合って床と水平になるように新聞紙の両端をもちます。

子どもが新聞紙の真下でジャンプして頭を新聞紙につける遊びです。

最初は子どもの背丈から20センチほど離れたところに新聞紙の高さを決め、これができるようになったら徐々に高くしていきます。

新聞紙の上に鈴をのせておくと、頭がふれるたびに音がしていっそう楽しく遊べます。

ねらい 新聞紙に頭がつくように思い切りとび上がることによって跳躍力、瞬発力を養います。

197 はみ出さないでジャンプ〔幼〕少

用意するもの 新聞紙

遊び方 新聞紙を4つ折りにして床に置き、その上に1人ずつ立ちます。「ヨーイ、はじめ」の合図で、みんないっせいにジャンプ。着地は必ずもとの新聞紙の上にします。少しでもはみ出してはいけません。

注意深くジャンプしないと、新聞紙がどんどんずれてしまい、着地がむずかしくなります。ひざをクッションにして軽くジャンプすることを覚えます。

ねらい 注意力を養い、跳躍力を鍛えます。

198 新聞引きジャンプ〔幼・小〕少

用意するもの 新聞紙またはダンボール

遊び方 2人1組になり、スタートラインに並びます。1人は広げた新聞紙の短い方の両端をもち上げもう1人はその新聞の上にのり、ジャンプします。ジャンプして空中にとび上がったら、新聞紙をもった子は、新聞紙を前に移動させ、ジャンプした人はその上に着地。これをくり返して前進。ゴールまで競争する遊びです。

2人が向かい合ってもいいですが、ジャンプする人が後ろ向いてやると、よりおもしろく遊べます。新聞紙からはみ出たら失格です。

ねらい 協調性と跳躍力を養います。

ねらい 注意力を養います。

新聞紙を使って

199 新聞開閉とび〔幼・小〕少

用意するもの 新聞紙
遊び方 2人が床にひざをついて、新聞の短辺の両かどを持って向かい合います。
　2人が持つ新聞を両足でまたぎます。
　「ヨーイ、ドン」の合図で、とび上がって、開いていた両足を、新聞の上方で1回くっつけます。そしてすぐに両足を開いて、新聞をまたぐかっこうをして、新聞を破らないように着地します。
　これができるようになったら、両手のほうも足をくっつけると同時に、ポンと1回たたくようにします。
　新聞の高さは、子どもの体力・能力などに合わせて加減をします。
ねらい この遊びは、着地のときにバランスをくずしやすいが、何回もするうちに平衡感覚を体得していきます。また、新聞の上で両足を意識してくっつけなければならないので、自然に集中力も養われていきます。

200 新聞ボクシング〔幼・小〕少

用意するもの 新聞紙
遊び方 大判の新聞紙を2つ折りにして（1枚を2枚重ねにする）、四方のかどを2人でしっかりと握って立ちます。
　新聞の前に立って、新聞のまん中めがけて、きき手のにぎりこぶしで、ボイーンと突き破るのです。新聞ですから手をいためることはありません。
　2枚重ねが成功したら、4枚、6枚……と新聞の枚数をふやしていくと、一突きで破ることができなくなってきます。
　気が晴れないとき、うっぷんばらしに思いっきりボクシングをしてみてください。きっとスカッと気分そう快になりますよ。
ねらい 腕の力、瞬発力を鍛えると同時に、巧緻性、工夫力を養います。

201 新聞キックボクシング〔幼・小〕少

用意するもの 新聞紙（大判を広げて10枚ずつ重ねておく）
遊び方 2人が、それぞれ新聞紙の短辺を縦にして、両方のかどを両手でしっかりと持って立ちます。新聞紙より40〜50センチ離れた所から、新聞紙めがけて片足でけり破ります。
　つまり、キックボクシングをするのです。うまくいけば新聞紙のピリッと破れる音に、成功感

を味わうことができます。

　新聞紙が破れたら、1枚ずつふやしていくのです。厚くなればなるほど、子どもは考えて、助走をし、その勢いで新聞紙にとび込んでいきます。破れないと、「なにくそ」とファイトを燃やして、何回も助走を繰り返します。

　日ごろ、発散できず気の晴れない人は、一度やってみてください。スカッとしますよ。

ねらい　注意力・集中力を養います。また脚力を鍛えます。

202　新聞破り〔小・中〕少

用意するもの　新聞紙、ゴムまり

遊び方　2人が向かい合って、新聞紙の上下を床に垂直にして、しっかりとかどを持ちます。

　合図で、ゴムまりを持った子どもが、新聞紙から3メートル離れた位置からゴムまりを投げて、新聞紙を破って、ゴムまりを向こう側に通す遊びです。

　1枚を通したら、2枚にふやし、さらに3枚というぐあいに新聞紙の枚数をふやすようにすると、投げる力も当然前よりも必要になります。

　投げる場所を近くにしたり、遠くにするのもよいでしょう。

ねらい　ゴムまりを投げるため、肩を鍛え、投力を養います。新聞紙でゴムまりの加速度が急に低下するため、遠くへ飛ぶようなことがありません。狭い場所でも安心して遊ぶことができます。

203　ジャンケン陣とり〔小〕少

用意するもの　新聞紙、笛

遊び方　2人1組で、参加する組の枚数だけ新聞紙を広げて、床のあちらこちらに置きます。

　遊び開始の笛とともに、2人でジャンケンをして、勝った人が新聞紙の上に乗ります。これを次の笛の合図があるまで続けて、何回勝ったか数えておきます。ピィーと笛の合図があったら、すぐに違う相手をさがして、同様にジャンケンをして勝ったら新聞紙の上に乗ります。

　終了の合図で、どれだけ勝ったかをみるために、参加者全員に挙手をさせて、ジャンケンチャンピオ

新聞紙を使って

ンを決めます。
　年齢に関係なく，幼児から老人まで楽しめる遊びです。
ねらい　ジャンケンのもつおもしろさとスリルが楽しめます。

204　新聞紙でボール運び
〔全〕少

用意するもの　新聞紙（大判）4枚，ドッジボールまたはバレーボール4個
遊び方　出発点から7～8メートルの所に目標をおきます。
　新聞紙の上にボールをのせ，新聞の両端を両手で持って，ボールを落とさないように，地面および床の上でひっぱって競争します。
　強くひっぱると，ボールは紙の外にころがり出てしまいます。
　ボールがころがり出たら，出発点から，またやりなおしをします。
　この遊びは，紙を強くひっぱると，ボールがころがり出るからおもしろいですね。
　4人を一列に並べ競争させます。
ねらい　慎重さと注意力を伸ばします。

205　新聞くぐり〈1〉〔小〕多

用意するもの　新聞紙
遊び方　2人の子が新聞の両端を引っぱりながら，立てひざですわります。
　地面から，40センチくらいの位置に新聞をもち，その間をくぐりぬけるようにします。
　組を2つにわけ，1組5枚ずつくぐりぬけるようにします。5枚くぐりぬけたら出発点にもどって，次の友だちにバトンタッチをして，リレー競争にします。
　早くくぐりぬけ，破らずに終わった組を勝ちとします。
ねらい　注意力を養います。

206　新聞くぐり〈2〉〔幼・小〕少

用意するもの　新聞紙
遊び方　1枚の新聞紙を破って穴をあけ，頭からすっぽり体を通してくぐり抜ける遊びです。
　体を通すとき，新聞を破らないように，できるだけ早くくぐり抜けた人が勝ちです。
　大勢の人が参加して競争するとよいでしょう。
　新聞紙をいかにうまく破って穴を作るか工夫がいり，見る人を楽しませます。
ねらい　慎重さが注意力，集中力を養います。

207　長い輪くぐり競争〔幼〕少

用意するもの　新聞紙

遊び方　新聞紙で輪をつくり，子どもの体がやっとくぐれる輪を参加者の数だけ作っておきます。
　スタートラインをひき，そこから5メートルほど離れたところに新聞紙の輪を並べておきます。
　スタートラインに子どもを一列に並ばせ，リーダーの合図で紙の輪のところまで走って行き，それぞれが破らないように紙の輪を頭から体を通してくぐり抜け，出発点に走ってもどる遊びです。
　新聞紙ですから急ぐと力がはいって破れてしまいますし，ゆっくりやっていては負けてしまいます。そこにこの遊びのおもしろさがあります。
ねらい　注意力を養います。

208　のりもの遊び〔幼〕少

用意するもの　新聞紙（4枚ほど）
遊び方　古新聞の中央は40〜50センチのだ円形を切り抜いておきます。5人1組になり，新聞紙の四すみを4人で持ち，円の中には1人が入ります。目標を，新聞紙を破らないで早くまわってくる遊びです。新聞紙を破らないように気をつけて走りましょう。
ねらい　みんなで協力，調和することによって集団で遊ぶことの意義を体験的につかみとっていきます。

新聞紙を使って

209　とび込み前ころび〔幼・小〕㊗

用意するもの　新聞紙，ふとんまたは座ぶとん，マット
遊び方　新聞紙は大判を使います。4つ折りにして，中心の部分をくり抜き，輪をつくります（周囲を5センチ幅に残します）。

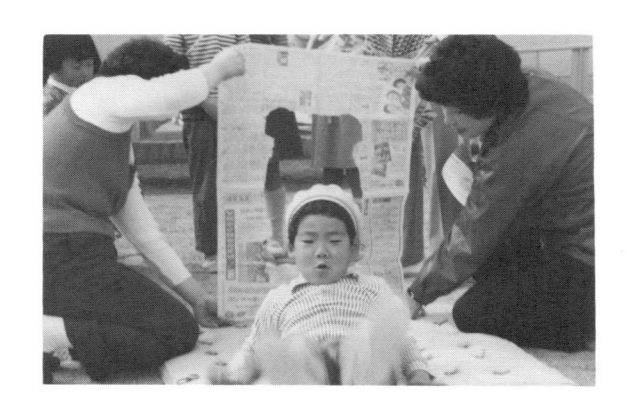

くり抜いた新聞紙の両端を，床から30センチの高さにして持ち，向こう側にふとんを敷いておきます。
　走ってきて，輪の中に両手を入れ，新聞紙を破らないようにして，ふとんの上で前ころびをします。
　前ころびをするとき，頭を手前に曲げてするように約束させましょう。
ねらい　素早く回転する能力（瞬発力），巧緻性が発達するとともに，着地したときのからだの平衡維持力を養います。

210　新聞穴に注意〔小〕㊗

用意するもの　新聞紙（大判の中央部を直径40センチの円形に破りとります）
遊び方　2人が向かい合って，新聞紙の短辺の両角をもって，両ひざをつきます。もう1人は新聞紙をまたぎます。
　合図で，新聞紙をまたいでいる子は，とび上がって，破りとった円の中に両足で着地します。つぎに，すぐとび上がって，新聞紙をまたいで着地します。このようにして，開脚と閉脚をジャンプしながら交互にくり返します。何回続けられるかがんばります。このとき，新聞紙を破らないように注意します。
ねらい　集中力と跳躍力を養います。

211　新聞破片ひろい〔幼〕多

用意するもの　新聞紙
遊び方　新聞紙7～8枚を重ねて10センチ四方くらいに細かく破ります。リーダーが、これを何回かに分けて、思いっ切り空中高く放り投げます。ヒラヒラ落ちてくる新聞紙片をできるだけ、たくさん拾い集める遊びです。
　単純ですが楽しい遊びです。
ねらい　機敏な行動、活発な行動をうながします。

212　新聞紙を破って長い道をつくろう〔小〕少

用意するもの　新聞紙
遊び方　スタートラインに新聞を1人1枚ずつ持ち、1メートル間隔で横に並びます。
　リーダーが合図したら、参加者は新聞を足の幅に細く破って道を作っていく遊びです。
　破った新聞の幅が足の幅より狭かったり、新聞と新聞の間のつぎ目が開いていたら失格です。
　うまく破って新聞の上を踏んでいく遊びですが、風の強い日は屋内でやりましょう。
ねらい　新聞の道を歩くとき、横幅の狭いことや静かに歩かないと、つぎ目にすき間ができることを身をもって知り、しかも狭い道を歩く訓練にもなります。

213　新聞を破って早く渡ろう〔小〕少

用意するもの　新聞紙
遊び方　スタートラインに、1人1枚ずつ新聞を持ち1メートル間隔で横に並びます。
　リーダーの合図で新聞を足の大きさに破り庭のとび石の要領で、できるだけ遠くへ行く遊びです。破った新聞が小さければ遠くへ行ける理屈ですが、足より小さいのは失格です。
　あわてて大きく破れば遠くへ行けません。
　大人も子どもも簡単にできる楽しい遊びです。

新聞紙を使って

ねらい この遊びは破る新聞の大きさ、間隔のあけ方などを短時間に考え、計画し、行動しなければなりません。つまり、大脳の新しい皮質、ことに前頭葉の働きを必要とします。

214 新聞文字競争〈1〉〔小・中〕多

用意するもの 新聞紙
遊び方 みんなが新聞紙を1枚ずつ持ち、リーダーの合図で「アルファベットのA」と合図すると、参加者が1枚の新聞を細かく破って、破った紙を早くAの形に作ります。新聞紙は全面使わないと失格です。リーダーは作る時間を決めて、3分〜5分以内に作らせるようにします。
　遊ぶ時には、数字、平仮名など変化をもたせるとおもしろいでしょう。
ねらい 手の機敏性と器用性を養います。

215 新聞文字競争〈2〉〔小・中〕多

用意するもの 新聞紙
遊び方 5人が1組になり1組が1枚の新聞を持ちます。リーダーの合図で5人が協力して「数字の10」だったら新聞を細かく破って地面に数字を作る遊びです。新聞紙を破りすぎて数字が作れなかったり、新聞紙があまっても失格です。早くうまくできた組が勝ちです。
　遊ぶ時にはアルファベット、平仮名など変化をもたせるとおもしろいでしょう。
ねらい 協力精神を育てます。

216 新聞破り競争〈1〉〔小・中〕少

用意するもの 新聞紙
遊び方 1枚の新聞紙を帯のように長く途中でちぎらぬように破る遊びです。
　長くしようと思えば細く破らなければなりませんが、細くなりすぎればちぎれやすくなりますし、幅広く破ればちぎれなくても長くすることができません。簡単なようで、どの程度の幅に破るかがむずかしい遊びです。
　あらかじめ1分、2分と制限時間を設け、リーダーの合図でいっせいに始めます。「20秒経過」「30秒経過」と参加者をせきたてると、いっそう楽しくなるでしょう。
ねらい 知力を養うとともに、慎重に破ることが注意力を養います。

217　新聞破り競争 〈2〉〔中・高・大〕少

用意するもの　新聞紙5枚
遊び方　10人ずつ組をつくって，組と組との間隔を1メートル半ずつにして，縦に並びます。
　1人ひとりの間隔は30センチ。リーダーは，先頭の人に新聞紙を1枚ずつ渡します。1分間に新聞紙をできるだけ同じ大きさに破っていく競争です。
　リーダーが「10枚に破って！」と言ったら，1枚の新聞紙を先頭の人が10分の1の大きさに1枚だけ破り，次の人も残りの新聞紙を受け取って10分の1の大きさに破ります。こうして3人目，4人目……も同じように10分の1の大きさだけ1枚ずつ破っていき，最後の1人も10分の1の大きさを手にしなくてはいけません。
　この遊びをするにあたって，1枚の新聞紙を折って10等分にして，折り目にそって破るのではなく，全員が目測で破っていくところに，この遊びのポイントがあります。
ねらい　知力を育てます。

218　新 聞 合 わ せ〔幼・小〕多

用意するもの　新聞紙
遊び方　1ページの新聞を4枚に破ります。1ページで4人分できますので，人数分だけ用意し，できるだけばらばらにして参加者にくばります。
　リーダーの合図で，お互いに自分の新聞の特徴をいい，できるだけ早くぴったり合うものを4枚そろえ，もとの新聞にする遊びです。
　新聞を受けとったら人に見せてはいけません。特徴を大きな声で呼び合うので，おまつりのようににぎやかで楽しい遊びです。
　あらかじめ審査員をきめておき，4枚が正しいかどうか調べるようにします。
ねらい　知らない同士であっても，この遊びによって友達になることもできます。

219　新 聞 折 り〔小・中〕少

用意するもの　新聞紙
遊び方　あらかじめ参加する人に新聞を渡しておきます。そしてリーダーがいう数だけ新聞紙を20かぞえる間に折ります。大きさができるだけ同じになるよう，考えて折らないといけません。
　「4つに折って」「8つに折って」というのは簡単でも「7つに折って」となると頭を使います。

新聞紙を使って　113

「21に折って」と声をかけられたら,「3カケル7ハ21」計算はすぐにできてもなかなか折れません。簡単なようでむずかしい遊びです。

ねらい　遊びには大脳の新しい皮質,特に高等な精神をつかさどり,創造の場である前頭葉も大きく関与しています。だから子どもは遊びを通して,あらゆることを学び成長してゆくのです。

220　新聞紙数字さがし〔小・中〕多

用意するもの　新聞紙
遊び方　新聞紙を参加者の数に合わせて等分に切り,参加者1人ひとりに,切った1枚を渡します。
　リーダーが,合図で活字(ニュース・広告)のなかの数字のなかから,いちばん大きい数を捜させて点数表を作ります。A君のいちばん大きい数は,2600万円,B君は650万人,おとうさんは3400メートル,おかあさんは80キロで,順位が決まり,続いてまた,新しく切った新聞で,競争をします。
　だれもが期待しながら遊ぶことができるように,大きな数字や小さな数字を捜したり,「や」の字がいくつあるか,カタカナや漢字はいくつあるかなど,リーダーは,創意くふうして楽しい問題を出すようにしましょう。
ねらい　子どももけっこう喜んで参加でき,あわせて新聞のニュースを読むことができます。

221　新聞棒投げ〔幼・小〕少

用意するもの　新聞紙
遊び方　新聞紙を3枚重ねて固くまき,セロハンテープで止め新聞棒をつくります。長さは30センチくらいに切るといい。これを1人1本ずつ渡し,ラインをひいて,そこから1本ずつ力いっぱい投げて,遠くへとばす遊びです。
　新聞棒にマジックで名前をかき,全員一度に投げて,だれが一番遠くまで飛ばせるか競争してもいいでしょう。ヤリ投げのようなスリルもあります。
ねらい　腕の力を鍛えるとともに,どうしたら遠くへとぶかを考えさせます。

222　新聞棒とり〔小・中〕少

用意するもの　新聞棒（新聞紙の大判2枚を重ねて短辺から巻いて、直径3センチの棒を作り、ほどけないように端をセロハンテープでとめておく。新聞棒の半分を赤色のマジックインキで塗る）

遊び方　1人1本の新聞棒を持ちます。

新聞棒の半分は赤、半分は白にします。

おとうさんの「赤」という合図で、持っている新聞棒を高くほうり上げて、落下してくる新聞棒の赤の部分を、きき手ですばやく握ります。「白」といったら、ほうり上げた新聞棒の白の部分を握ります。

おとうさんの指示を注意して聞き、落下してくる新聞棒を正確に握る、スリルある楽しい遊びです。

じょうずに握れないで、頭に当たっても、けがをせず、安心して遊ぶことができます。

ねらい　集中力・敏捷性を養い、目と手との協応性を育てます。

223　新聞チャンバラ〔小・中・高〕少

用意するもの　新聞紙（新聞紙を10センチ平方の正方形に切っておき、また新聞紙を、4～5枚重ねて、できるだけ細く筒状に巻き、端をセロハンテープでとめて新聞の棒を作る）

遊び方　きき手には1枚の正方形の新聞紙を、反対側の手には新聞紙製の棒を握ります。新聞紙を上方に勢いよくほうり上げて落下するのを、両手に持ちかえた新聞棒でたたき落とします。

1枚ができたら、2枚、3枚……と新聞紙の枚数をふやし、空中で全部の新聞紙に触れるようにします。

雨が降り続いたりして、思いきり発散したいとき、狭い場所でもじゅうぶんに遊ぶことができます。

ねらい　ただやみくもに棒を振り回すのではなくて、たなびく新聞紙片をよく見て棒を振り回すので、腕力を鍛えます。

この遊びは、新聞の枚数がふえるほど、敏捷に動かないと失敗します。

224　足首のせ競争〔小・中〕少

用意するもの　新聞紙（大判5枚を、細くかたい棒になるように巻いておく）

遊び方　新聞棒を持って、片足で立ちます。

「ヨーイ、ドン」の合図で、片足をひざを曲げないで、前方へまっすぐに伸ばして足首を棒に

新聞紙を使って

かけ，棒の両端を両手でしっかりと持ちます。そして，できるだけ長く片足立ちでがんばるのです。

　力が抜けてくると，伸ばしていた足がだんだんと曲がって，握っていた棒が低くなり，バランスがくずれて不安定になってきます。

　新聞紙の棒であっても，かたく巻いてあるために，棒が曲がりにくいので，片足を上げて立っているのが，だんだん苦しくなってきます。

ねらい　片足で立ってがんばるために，バランスをとる訓練になります。

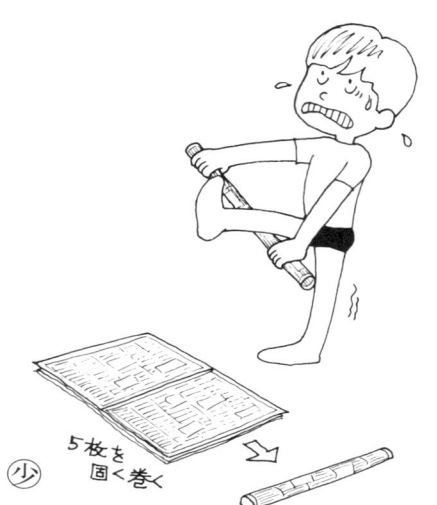

225　起き上がり立ち〔小・中・高・大〕㋛

用意するもの　新聞紙
遊び方　大判の長辺を半分に折ります。さらにその半分……というぐあいに順に折って，幅３センチの新聞棒を作ります。

　１人が，１本の新聞棒を床にあお向けに寝ころんで上げた両足の裏にかけて，両手で両端をしっかりと持ちます。

　合図で，寝ころんだまま，からだに反動をつけて，起き上がります。そのとき，新聞棒から手を放したり，新聞棒を破ったりしてはいけません。

　両足の新聞棒への力の入れ方をよく考えながら，限られた棒の長さ以内で遊ぶのです。反動回数が少ないほどよいのです。

　新聞棒は自由自在に曲がるので，曲がらない棒と違って安全に楽しめます。

ねらい　筋力を鍛え，からだを柔軟にします。

226　新聞棒とび〔小・中・高・大〕㋛

用意するもの　新聞紙
遊び方　新聞紙を巻いて新聞の棒をつくります。自分でこの新聞棒の両端を持ち，合図とともに，両足をそろえ，新聞棒を前から後ろに，後ろから前へくり返しとぶ遊びです。

　とびそこねて新聞棒を破ったり，手をはなしたら失格です。最初は新聞棒を長く，次には新聞紙を半分に折ってつくり，さらに半分……というようにだんだん短くしていきます。

危ないと思ったら反射的に新聞棒から手をはなす自己防衛力もつけさせましょう。

ねらい 手と体や足の協応性を養い、跳躍力と瞬発力を育てます。

227 新聞棒のり競争〔幼・小〕少

用意するもの 新聞棒（大判5枚を重ねてできるだけ細い筒に巻き、セロハンテープでとめて棒にする）、ジュースのあきカン

遊び方 ジュースカンを1メートル間隔に10個ずつ並べます。1人1本の新聞棒をまたぐようにして、ひざを曲げておしりをおろします。

合図で、新聞棒の上方を両手でもち、もう一方の端を床につけて、ジュースカンの間をジグザグに10個を通り抜けて、スタートラインまでもどり、次の人と交代します。

ひざの曲げっぱなしは、大変しんどいもので、うっかりおしりをあげて進んでしまいがちです。

ねらい 脚力を鍛えながら、最後までがんばろうとする忍耐力を育てます。

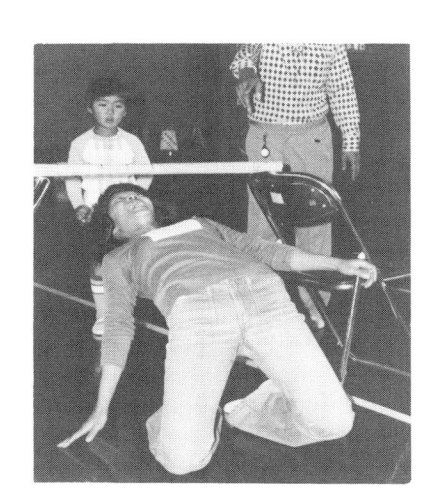

228 リンボー遊び〔小・中・高・大〕少

用意するもの 新聞紙、いす

遊び方 新聞紙を5枚重ねて長辺から細く巻き、セロハンテープでとめ、新聞棒をつくります。いすを2脚準備し、いすの背もたれの上に新聞棒をのせ、この下をくぐる遊びです。

くぐるといっても、黒人のリンボーダンスのように、手を腰にあて、上体をそらせながらくぐらなければいけません。最後まで新聞棒がみえる姿勢でくぐりましょう。高さを低くするとむずかしくなります。

ねらい 柔軟性を養い、腹筋や背筋、脚力を強くします。

新聞紙を使って 117

229　足を上げがんばろう〔中・高〕少

用意するもの　新聞紙（大判3枚を重ねて長辺より巻いて，直径3センチの棒を作る。棒はほどけないようにセロハンテープでとめておく），いす

遊び方　いす2脚を，新聞棒の長さよりも狭めに向かい合わせて置き，いすの上に新聞棒を1本渡します。床におしりをついて，両足の足首が棒に触れないように，からだをV字形に曲げて両足を上方に伸ばします。

　「ヨーイ，ドン」の合図で，棒に触れないようにできるだけ長くがんばる遊びです。

　このとき，おしり以外の手，からだは床についてはいけません。

　足を上げているうちに，いつの間にか力が抜けてきて，新聞棒に比重をかけてしまって，棒を落としたり折ったりしてしまいます。

　また，ちょっとさわっているようでも，疲れが棒に伝わって，新聞棒を折ってしまったりします。

ねらい　腹筋を強くし，脚力を鍛えます。

230　棒またぎ〔小・中〕少

用意するもの　いす，新聞棒（大判2枚を重ねて長辺より巻いて，直径2センチの細長い筒をつくり，巻き終わりをセロハンテープでとめる）

遊び方　1本の新聞棒が乗る幅に，いすの背もたれどうし向かい合わせて，いすを置きます。いすの背もたれの上に，新聞棒を1本置きます。

　「ヨーイ，ドン」の合図で，1人で横向きに新聞棒を片足でまたぎ，同時にすばやく次のもう片方の足を，新聞棒の向こう側に移動させます。

　助走してとんではいけません。その場で新聞棒を曲げないようにして，棒をまたぎます。簡単なようで，いざやってみるとむずかしい遊びです。

　新聞棒を落としたり曲げたり，いすを倒したら失格です。

ねらい　注意力，平衡感覚を養います。

231　足上げ遊び〔小・中〕少

用意するもの　新聞棒（大判の新聞紙を5枚重ねて直径2センチになるように巻き，それをセロハンテープではって新聞棒を作る）

遊び方　2人が向かい合って新聞棒の端を持ちます。

1人が新聞棒の前に片足で立ちます。
「ヨーイ，ドン」の合図で，片足上げをしている足のすねを，新聞棒の上にのせて，できるだけ長く片足上げでがんばる遊びです。
だれでも，1回は片足を高く上げることができます。しかし長く上げっぱなしでいることは，とてもむずかしいことです。
そのむずかしいことを，新聞棒にすねをちょっとかけることでがんばり合うのです。
新聞棒を「V」の字にしないようにしましょう。 
ねらい 足がふらついてまっすぐに立てないので，バランスをとろうと努力するなかで脚力を鍛え，忍耐力を養います。

232　新聞けんどう
〔小・中・高・大〕少

用意するもの　新聞紙，セロハンテープ
遊び方　1枚の新聞紙を細く巻いてセロハンテープでとめ，新聞棒を作っておきます。
2人が新聞棒を手に持ち，5〜6メートルの間隔をあけて向かい合って立ちます。
合図とともに片足とびで相手のところまで行き，新聞棒で相手の床についている方の足を打ち合う遊びです。
打たれそうになったら，互いにすばやく身をかわします。
あらかじめ，床についている方の足しか打ってはならないという約束を守るようにしておきましょう。
ねらい　反射的に身をかわす，足を打つという敏捷性とタイミングの感覚を養います。

233　新聞打ち〔小・中〕少

用意するもの　新聞紙，セロハンテープ
遊び方　新聞紙を5枚重ね，細く巻いて端をセロハンテープでとめて棒を作ります。2人が新聞の棒を左手（きき手の反対の手）に持ち，1メートルの間隔をあけて向かい合います。
ジャンケンして勝ったものがすばやく相手の頭を打つ，負けた人はこれを新聞の棒で受け，ジャンケンで何度も打ち合う遊びです。
新聞の棒ですから，打つとき力を入れすぎると折れ

新聞紙を使って　119

てしまいます。受けるほうも力を入れると折れてしまうので，お互いに力の入れ方を工夫し，すばやく打ったり，受けたりすると楽しい遊びになります。ただし，頭以外は打ってはならないというルールを，かならず守るようにしなければいけません。
　ねらい　反射的に身を守る敏捷性とタイミングの感覚を養います。

234　キャッチ・タオル〔小・中〕少

用意するもの　タオル，新聞紙
遊び方　新聞紙5枚を重ねて細く巻き，セロハンテープでとめ新聞棒をつくります。2人それぞれ，きき手に新聞棒のはしを握り，1人は片手にタオルをもちます。「ヨーイ，はじめ」の合図で，そのタオルを高く放り上げます。
　相手はそれをうまく新聞棒で受けとめ，同じように相手に向かってタオルを放り上げるといったキャッチボールならぬキャッチ・タオルの遊びです。
　ねらい　目と手の協応性を養います。

235　棒を落とさないでがんばろう〔小・中〕少

用意するもの　新聞棒（大判4枚を重ねて短辺よりかたく巻いて，直径2センチの細長い筒をつくり，巻き終わりをセロハンテープでとめる）
遊び方　2人1組で，向かい合って，床にあお向けになり，両足を上方へ伸ばして，2人の両足裏に新聞棒を1本ずつ入れます。
　「ヨーイ，ドン」の合図で，2人の両足裏にはさんだ新聞棒を，前後に動かして，どれだけ長く続けられるか，他の組と競争する遊びです。
　途中で新聞棒が足から離れて落ちたり，新聞棒に手が触れたり，足が床に着いたら失格となります。
　目が上方にいって，相手の様子がわからないので，「イチ，ニ，イチ，ニ」とかけ声をかけて棒を動かすとやりやすくなります。
　応用として，竹の棒でやってもよいでしょう。
　ねらい　腰，脚力を鍛え，協調性が仲間意識を育てます。

236　下を向いて回ろう
〔幼・小〕 少

用意するもの　新聞棒（大判5枚を重ねて，直径3センチの棒を作る）

遊び方　床に直径70センチの円を書きます。2人が1本の新聞棒の端を握り合って立ちます。

「ヨーイ，ドン」の合図で，新聞を握ったまま立てて，1人は上から，もう1人は下の位置から，円周に沿って棒を回し，できるだけ多く回転行動をします。他のグループと競争すれば，遊びに活気が湧いてきて，「なにくそ，だれにも負けないぞ」とファイトがそなわっていきます。

よく船に酔ったり，めまいがしたりする人は，この遊びをしてください。
大人でも6回も回れば，倒れて気分が悪くなってしまいます。
遠くを見て回れば，めまいも少なくてすみます。

ねらい　下を向いて回転するため，平衡感覚や忍耐力・敏捷性を育てていきます。

237　リモコン競争〔全〕 少

用意するもの　新聞紙（大判5枚を重ね，短辺を巻いて直径3センチほどの新聞棒を作る），セロハンテープ，袋（顔がすっぽり隠れる目隠し用）

遊び方　スタートラインから5～6メートル離れた所に，目標の子どもを立たせます。

2人1組で，1人が袋をかぶり，もう1人は新聞棒を1本持って相手の背中をたたいたり，肩をたたいたりなどして，目標を回り，スタートラインまで誘導する遊びです。

新聞棒は，たたく以外は，袋をかぶっている子どものからだから絶対に離れてはいけません。

この遊びは，ものの言えない人と目の見えない人になってするものであって，しゃべったり，袋のなかからのぞいたりしたら失格です。

ねらい　協調性を育ててくれます。

新聞紙を使って　121

238　2人で棒またぎ
〔幼・小〕 少

用意するもの　新聞棒（大判4枚重ねて、長辺よりできるだけ細くかたく巻いて、筒をつくり、端をセロハンテープでとめる）
遊び方　スタートラインより10メートル先に目標を決めます。
　2人1組になって、「ヨーイ、ドン」の合図で、2人が前向きに並んで立ち、2人で1本の棒をまたぎ、両手で棒を持って、前かがみのかっこうで前進して目標を回ってもどり、次の組と交代して遊びます。
　新聞棒を離したりちぎったりしたら、最初からやり直します。
　2人で「イチ、ニ、イチ、ニ」とかけ声をかけて、同じ側の足から進むと、意外に早く進むことができます。
　応用として、前向きに進むのとは反対に、2人とも後ろ向きになって進んで目標を回ってもどってきてもよいでしょう。
ねらい　協調性を育てます。

239　棒を落とさないで前進〔小・中〕少

用意するもの　新聞棒（大判2枚を重ねて長辺より巻いて、直径3センチの細長い筒をつくり、巻き終わりをセロハンテープでとめる）
遊び方　スタートラインより5メートル先に目標を決めます。
　2人1組で、2人とも片足を前方に伸ばして、足首に1本の新聞棒を置きます。
　「ヨーイ、ドン」の合図で、2人の足首にかけた新聞棒を落とさないように、片足とびをしながら目標を回ってもどってくる遊びです。
　2人で歩調を合わせて「イチ、ニ、イチ、ニ」とかけ声をかけながら進むとよいでしょう。
　途中で新聞棒が落ちたり、上げている足が地面に着いたら失格とします。
　応用として、ジュースのあきカン6個をセロテープでくっつけて、長いあきカンの棒をつくってやってもおもしろいでしょう。
ねらい　脚力が強くなり、2人が協力することで忍耐力が養われます。

240　引っぱり合い〔小・中〕少

用意するもの　新聞紙（大判を広げて5枚重ね，直径3センチの棒を2本つくる）

遊び方　直径15センチの円を，20センチの間隔で，2つ床に書きます。2つの円より1.3メートルほど離れた所に，さらに2つの円を床に書きます。

2人が，片足ずつ円に入れて向かい合います。そのとき，2本の新聞棒の両端を互いにしっかりと握ります。

合図で，互いに握っている棒を，引いたり押したりして，相手のバランスをくずして，足を円外に出すようにするのです。片方の手にだけ力が入りすぎたり，片手ばかりで引っぱったりすると，お互いに，バランスをくずして，円から足を出してしまいます。

ねらい　自分のからだの平衡性を維持しながら，引っぱったり押し合ったりのなかで，相手をどう外へ出すか，考えながらの遊びです。

241　人間コンパス〔幼・小〕少

用意するもの　新聞紙，セロハンテープ

遊び方　大判の新聞紙3枚を重ねて，短辺よりできるだけかたく巻いて端をセロハンテープでとめ，棒にします。

5人が1組になり，1組に新聞の棒を4本渡します。

1本目の棒の両端をA君は右手でB君は左手で持ちます。2本目の棒の両端をB君の右手とC君の左手で，3本目はC君の右手とD君の左手で，4本目はD君の右手とE君の左手でというぐあいに，4本の棒を5人が持ってつながります。A君は右手だけ，E君は左手だけで棒を持つことになります。

リーダーの合図で，A君を軸にして，「10回回りなさい」というと，5人とも手を広げて，コンパスのように10回円をかいて回ります。回るとき5人のうちのだれかが手を離したら負けです。

組をたくさんつくって競争させると，目まいがして，手を離したりからだが倒れたりします。

応用として，タオルやハンカチを使ってやってもよいでしょう。

ねらい　仲間意識が育ちます。

新聞紙を使って

242　足かけ競争〔中・高〕少

用意するもの　新聞紙

遊び方　新聞紙を5枚重ねて短辺から巻いてセロハンテープで止め，できるだけ細い新聞棒をつくります。4人1組になり，両端の2人が新聞棒の両端をそれぞれ片手で持ち，また下の高さにし，まん中の2人は片足をあげて新聞棒にかけます。「ヨーイ，ドン」の合図でそろって前へ進みます。

　速度は片足とびをする2人に合わせないとうまく進みません。隣の人と手はつながないこと。4人のタイミングが問題です。

ねらい　中の2人は脚力が鍛えられ，4人のタイミングが仲間意識を育てます。

紙を使って

243 色あて遊び〔幼〕少

用意するもの　色紙（7色ずつ）3組，厚紙，四つ切り画用紙

遊び方　厚紙に色紙（7色）をはり3組作っておきます。四つ切りの画用紙にとくに色を強調したい動・植物などを輪郭だけ黒でかいておきます。たとえば赤色ならリンゴ，ポスト，消防車といった具合です。

　この遊びは黒で輪郭だけかいた絵の色を子どもにあてさせる遊びです。床に色紙をばらまいておき，5～6メートル離れたところに絵をかかげておきます。そしてリーダーが「この絵の中で赤色をぬるのはどれでしょう」といって，赤の色紙を該当する絵の前に置かせます。あらかじめ子どもたちに7色の色紙を持たせておいてやるのもよいでしょう。

ねらい　知力が伸びます。

244 図形遊び〔幼〕少

用意するもの　厚紙

遊び方　厚紙を円形，四角形，三角形に切り，これをさらに2つから4つくらいに縦，横を考えて切ります。これを3組から5組作っておきます。

　あらかじめ参加する子どもに円，四角，三角の形をよくおぼえさせておきます。そして細かく切った厚紙をばらばらにしてならべ，「ヨーイ，始め」の合図でもとの形を作らせる遊びです。

早く拾ってもとの形をたくさん作った人が勝ちです。
ねらい 楽しく遊ぶうちに円や三角，四角を自然に学ばせ知力を伸ばします。

245　動物さがし〔幼〕少

用意するもの 厚紙（7センチの四角のもの）48枚
48枚のカードにいろは48文字を，大きくマジックインキか墨でかいておきます。
遊び方 48枚のカードの中から，最初は2字でできる動物の名まえを，できるだけたくさん選び出し，子どもに動物の名になるようにならべさせる遊びです。1組ずつ机におき，ならべかえさせてください。 
子どもたちは「次はどんな名まえの動物かしら？」「ぼくの知っているのだといいのにな」とますます熱中します。
2字の次は3字のもの，4字のものとだんだん字数をふやしていきます。最初のうちは簡単に正しくならべられますが，だんだんむずかしくなり，よほど動物の名まえを知っていないとできなくなります。こんな遊びをしているうちに，家庭や動物園にいる動物にも興味をもち，動物の名を覚え，その上文字に対する知恵を自然に伸ばします。
ねらい 知力を伸ばします。

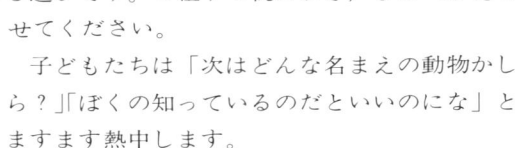

246　色紙集め＜1＞〔幼〕多

用意するもの 色紙カード
色紙を厚紙にはって，色紙カードを作ります。
遊び方 色紙カードを1人1枚ずつもちます。リーダーの合図で赤のカードの子は，カードを頭の上にあげながら，赤組を作ります。
5人で赤カード1組を決めて，5人がそろうと手をたたいてすわります。
赤をもった子には，次の黄にしたり，8人で1組とするなど変化をつけて行なうと，あきません。同じ色の子同士が1つの輪を作っていく大きな動きをもつ遊びです。
ねらい 仲間意識が育ちます。

247　色紙集め〈2〉〔幼〕多

用意するもの　色紙20枚（色数は10色），厚紙10枚（色紙と同じ大きさ），のり，はさみ

　厚紙の裏と表に，同色の色紙をはりつけたものを10枚作り，よくかわかしてから，はさみで図のように4つに切ります。

遊び方　隣どうし，同色にならないようにして，子どもに1枚ずつ配ります。

　できるだけはやく，自分の色と同色のカードを持った友だちをさがし，同色のカードを4枚，きちんとそろえればよいのです。

　大きな声で同色のカードを持っている相手をさがし，4枚をはやくそろえます。

　4枚そろった組は，自分たちのカードを合わせて，1枚の色紙の大きさのカードにして机に置き，席にすわったら1回が終わったことになります。

　もう少しむずかしくする場合は，同色のカードを作り，切り方を変えてするのもよいでしょう。

ねらい　仲間意識が育ちます。

248　カード集め〔幼・小〕多

用意するもの　カード（名刺大のもの）

　カードに各人の名まえを書いておきます。

遊び方　各人1枚ずつ，自分の名まえを書いたカードを持って立ちます。

　合図で相手を決めてジャンケンをします。ジャンケンに勝った人は相手の持っているカードをもらいます。負けた人は今までに勝ち取ったカードぜんぶを渡し，自分の席にもどります。

　ジャンケンを申し込まれたら，逃げてはいけません。かならずジャンケンをします。

　最後まで勝ち続け，全員のカードを手にした人はジャンケンのチャンピオンです。

　得点表を作ってすると，もっとおもしろくなるでしょう。

ねらい　ジャンケンのスリルを味わうことができます。

249　色さがし〔幼〕多

用意するもの　色紙20〜50枚，厚紙（15センチ角のもの）20〜50枚

遊び方　用意した色紙を厚紙にのりではりつけておきます。枚数は参加する子どもの人数によっ

紙を使って　127

て増減するとよいでしょう。

　厚紙にはった色紙を床にばらばらにならべ，子どもをその前に5人，10人と待機させておきます。

　リーダーが「赤」「黄」といったらその色をすばやく拾う遊びです。

　色紙カードを15枚ほど子どもに持たせておいて，リーダーのいう色をさがしたら手を上げる，といった遊び方もあります。

ねらい　正しい判断力が養われます。

250　カード上げ〔幼・小〕多

用意するもの　カード（30センチの正方形の段ボールに，数字の「1」から「9」までかいて30枚をつくる）

遊び方　1人1枚ずつ，数字のかいてあるカードを胸元に両手で持って，縦に3人ずつ，横に10列に並びます。前後，左右の間隔は1メートルとします。

　リーダーが「3」と言ったら，「3」のカードを持っている人は，カードを上に高く上げてリーダーの方へ見せます。

　次に「5」「8」……と何回も繰り返したり，時にはリーダーが早く数字を言うと，自分の持っているカードが，指示した数字と違うのに，隣につられて上げてしまったりします。

　自分のカードの数字は暗記しておいて，絶対に見てやらないようにしましょう。

　子どもは，遊びながら数を覚えることができます。

ねらい　知力が養われます。

251　文字書き競争〔小〕少

用意するもの　ついたて，ビー紙，マジックインキ

遊び方　2人1組で，数組に分かれます。それぞれの組が，ついたてにビー紙をはり，各人がマジックインキを持って，ついたての前に立ちます。

　リーダーが，たとえば「動物の名まえ」といったら，2人で相談をして，知っている動物の名まえを，1分間にできるだけたくさん，マジックインキでビー紙に書きます。

　その場合，同じ名まえを重複して書かないように注意しましょう。

各組が，順番に問題の出しあいっこをしてもよいでしょう。
　お互いに話し合ったり，相手の書くのを意識しながら違うものを書く——いつの間にか親しみがわいて，友だち意識が芽ばえてきます。
ねらい　2人が協調するなかで，語学力を増加させていきます。

252　自然観察ゲーム〔小〕少

用意するもの　厚紙，細ひも
遊び方　厚紙を縦15センチ，横10センチに切り，通し番号をかいて，そのカードの上の方に細いひもを通しておきます。
　この遊びは山などハイキングに出かけたとき，木や花の名前をあてるなど自然観察をしながら楽しめるゲームです。
　あらかじめリーダーがコースを歩き，カードに「この木の名まえは？」「この花の名は？」「この木は何科に属しますか？」などとかいて木や草花に結んでおきます。
　参加者はこのコースを歩き，それぞれの答えをノートにかきます。全員がコースを歩き終えたら集まって答えを発表します。
　わかりにくい道や曲がり角には目じるしをつけたり，子どもたちの最後にはリーダーがついて迷い子を出さないように注意しましょう。
ねらい　知力が養われます。

253　計算遊び〔小〕少

用意するもの　厚紙
遊び方　15センチ角の厚紙を作り，表と裏に「1」から「10」までの数字をかいたのを数組作ります。
　カードを地面にばらばらにならべ，リーダーがいう数字を計算しながら集める遊びです。15なら10と5でもいいし，7と8でもいいし，5を3つといった具合にたし算して15になる数字を集めるわけです。早くカードを集め計算のあっている人が勝ちです。
　室内で遊ぶときは8センチ角ていどのカードでよろしい。参加者が多いときには紅，白に分けてしてもよいでしょう。
　この応用としてカードに五十音をかき，言葉やものの名を集めるのも興味のある遊びです。
ねらい　知力が養われます。

紙を使って　129

254　お月さま遊び〔幼・小〕少

用意するもの　厚紙（直径20センチのお月さまを、参加人数分だけ作ります）、クレパス（子どもに、パスかクレヨンで、色をぬらせましょう）

遊び方　子ども全員をならばせ、お月さまを両手で持たせ、胸の高さにあげます。リーダーが「お月さま上がった」とことばをかけると、子どもは、持ったお月さまを両手で、頭の上にあげます。

　リーダーが「お月さま下がった」と言うと、今度はお月さまを下げます。ここでリーダーが「お月さま下がった」とことばをかけて、「私がまちがえて、お月さまを上にあげても、みんなはまちがえて、私といっしょにお月さまを上げてはだめですよ」と教えて、2、3回上げたり、下げたりしていて、次にことばと動作をまちがえます。たとえば「お月さま下がった」と言って、リーダーは、お月さまを頭の上に上げます。

　やっている人は、ついリーダーのまねをして上げてしまいます。ここでおもしろくなります。子どもの気分をほぐすゲームです。

ねらい　傾聴力を養い正しい判断ができるようになります。

255　風車遊び〔幼・小〕少

用意するもの　名刺くらいのかたさの紙

遊び方　用意した紙を、ふつうの色紙の大きさに切って、紙の一方のすみを外側に4分の1ほど曲げ、その反対側のすみを内側に4分の1ほど曲げます。

　折り曲げていない両角を両手の人さし指の内側で軽く持ち、曲げてある部分に「ふーっ」と息を吹きかけ風車のようにくるくるまわす遊びです。

　うまくまわるかまわらないかは、風車の持ち方と風の送り方にコツがあります。

　風車に色をぬっておくと、いっそう楽しく遊べます。

ねらい　なぜだろう、なぜかしらの知力が育ちます。

256　吹き矢遊び〔幼・小〕少

用意するもの　古はがき2枚、セロハンテープ

遊び方　古はがきを切ってトンガリ帽子のように丸く巻き、セロハンテープでとめます。切り口はきれいに切りそろえておきます。もう1枚のはがきを縦に切って、切りとった2枚をセロハンテープでつなぎ丸い輪を作っておきます。

机などの台に輪をセロハンテープでとめ、30センチほど手前に置いた矢を、フーッと吹いて輪の中を通す遊びです。5回のうち何回はいるか、親子でやってみましょう。
　ねらい　正しい判断力を養います。

257　吹いてころがそう〔小〕少

用意するもの　ポスター、セロハンテープ
遊び方　ポスターの両端をセロハンテープでとめ輪形を作ります。もう1枚のポスターを巻いて直径2センチていどの筒を作り、端をセロハンテープでとめます。
　2組に分かれ、スタートラインから約5メートル先に目標を置きます。
　合図で先頭の人はポスターの筒を口で吹きながら輪形のポスターをころがして進み、目標をまわって帰ったら次の人と交代するリレー競争式の遊びです。
　吹き方がまずいと輪形のポスターはうまくころがりません。進まないからといって、じかに触れたり、手でころがしたら最初からやり直しです。
　応用として、2人で吹いてやってもよいし、ポスターのかわりに4つ切り画用紙を使ってもよろしい。
　ねらい　息の送り込み方を的確にするための正しい判断力を養います。

258　紙の玉入れ〔幼・小〕少

用意するもの　やわらかい紙(ちり紙またはさくら紙)、深めの湯のみ茶わん
遊び方　やわらかい紙をまるめてビー玉ぐらいの大きさの紙玉を5個作ります。固くまるめてはいけません。
　湯のみ茶わんを、つま先約10センチのところに置き、目の高さからねらって紙玉を茶わんの中に入れる遊びです。紙玉が軽いだけになかなかねらった通りに落ちません。
　5つのうちいくつ入るか、家族で競ってみるのも楽しいでしょう。
　ねらい　目と手の協応性、正しい判断力が養われます。

紙を使って　131

259 安全飛行〔幼・小〕少

用意するもの 紙（折り紙，新聞紙，折り込みのちらし）人数分だけの枚数

遊び方 持ち寄った紙で飛行機を作ります。自分で折った飛行機には，それぞれ絵をかいたり，番号をうったりして，デザインすると，より楽しいですね。

全員が，スタートラインに並び，砂場を飛行場にみたてて，みんなでいっしょに，飛行機をとばします。自分の飛行機の着地点へ走り寄り飛行機を拾って，そこからまた砂場に向かってとばします。

同じことを何回もくり返しながら，砂場の中へ早く，じょうずに飛行機を着陸させましょう。

飛行機をとばした回数は，少ないほどよいのです。

広場に何ヵ所か，円または四角の飛行場をつくり，第1飛行場，第2飛行場，第3飛行場と決めて，サーキット遊びをするのもおもしろいでしょう。

目標を第1はお日さま，第2は火星，第3は金星などと宇宙飛行するのも，子どもたちの夢と興味を引いて楽しく遊ぶことができます。

注意 風の強い日は，避けた方がよいでしょう。

飛行機は，自分でつくったものにしましょう。

ねらい 飛行機を自分でつくることにより，手先が器用になり，工夫力が養われ，じょうずにとばすために，調整力，投力が養われます。

色をつけたり，絵をかいたり，デザインすることによって創造性が養われます。

260 円盤投げ〔小・中〕少

用意するもの 厚紙

遊び方 厚紙を直径30センチの円形に切り，円のなかに，丸い小さな穴を3つくり抜いて円盤を作ります。円盤をどこまで遠くへ投げられるか，友だちと競争をする遊びです。

子どもはすぐに模倣をします。

作った円盤が高く上がれば，自分でより遠くへとばせるようにくふうをこらします。

またとばせるときに，色を塗るととてもきれいで，どんどん遊びを発展させるようになります。

じょうずに作ると，円盤が上昇気流にのって，空中に円を描いて泳ぎます。そのときが，この遊びのだいごみです。

ねらい 楽しく遊びながら，投力を鍛えていきます。

261　トンネル遊び〔幼・小〕少

用意するもの　ハトロン紙，セロハンテープ
遊び方　ハトロン紙をセロハンテープかのりではって長さ5メートルのトンネルを作ります。トンネルの円周は子どもが入ってくぐり抜けられる大きさにします。

子どもを1列にならばせ，リーダーが汽車の歌を歌わせ順番にトンネルをくぐらせます。

一度に3人以上入ると破れやすいので，1人ないし2人がよいでしょう。
ハトロン紙がなければ新聞紙を利用してもできます。
お天気の悪い日に屋内ですれば，子どもたちに喜ばれるでしょう。
ねらい　注意力を養うとともに体全体を動かすので全身運動になります。

262　紙踏み競争〔幼・小〕少

用意するもの　厚紙（30センチ角のもの）10枚
遊び方　1人5枚ずつの厚紙を持ち，目標まで5枚の紙を使ってできるだけ早く行く遊びです。

紙を1枚ずつ投げ，その上を踏んで行くわけですが，紙を遠くへ投げすぎて足を踏みはずしたら失格で，最初からやり直しです。

厚紙の間隔のあけ方に工夫のいる遊びです。
リレー競争しても楽しく遊べます。
ねらい　正しい判断力を養います。

263　ダンボール乗り競争〔幼・小・中〕少

用意するもの　ダンボール（1辺30センチの正方形）
遊び方　スタートラインより5メートルの距離に目標を決めます。

1組5人で，先頭の人は，スタートラインの所にダンボールを1枚置いて，その上にはらばいになって乗ります。

「ヨーイ，ドン」の合図で，両手を前に伸ばして，地面を手のひらで押すようにして，からだをダンボールから離さないように前に進み，目標を回ってもどり次の人と交代する遊びです。

ダンボールの上にからだを乗せるとき，腹部がダンボールに乗るようにはらばいになります。からだをうかすと，ダンボールがからだから離れてしまいます。足を使うのにも，どのように

紙を使って　133

やるとよいか，からだで考える遊びです。

ねらい　腕力，腹筋など全身運動になります。

264　ダンボール・スキー〔小・中〕少

用意するもの　ダンボール（30センチ角に切る）

遊び方　3人が1組となり，数組編成します。30センチ角に切ったダンボールを各組とも用意し，1人がダンボールの上に乗って腰を低くします。

あと2人はその両側に立ち，ダンボールに乗っている子の手をとって，2人で目標まで引っぱっていく遊びです。

ダンボールの上から足を放すと失格です。チームワークの良否がこの遊びの勝負を決めるでしょう。

ねらい　腕の筋力，足腰の筋力，それに関節の強化に役立ちます。

265　片足連続とび〔中・高〕少

用意するもの　ジュースのあきカンまたは牛乳ビン，ダンボール紙

遊び方　ジュースのあきカンの上に，30センチ四方に切った，厚いダンボール紙をのせます。

片足とびで，手前から向こう側へとび越えたらすぐにとぶ方向に向きをかえて，向こう側から手前にとび越えます。

この往復動作を連続させて遊びます。

さあ，何回連続して，とび越えられるかやってみてください。

このとき，ダンボール紙に触れて，落としてしまわないように気をつけましょう。

ねらい　跳躍力や集中力を育てます。運動不足の子どもやおかあさんなら，4〜5回で，紙を落としてしまいます。さあ，がんばって！

266　しっかりとぼう〔中・高〕少

用意するもの　ジュースのあきカン，30センチ四方に切ったダンボール

遊び方　ジュースのあきカン1個の上にダンボールをのせて，20センチ手前から，ダンボールをあきカンから落とさないように，両足をそろえてとび越します。じょうずにとび越すたびに，1個ずつあきカンの数をふやして積み上げ，その上にダンボールをのせてとび越します。

あきカンを倒したり，ダンボールを落としたら失格です。

この遊びに入る前に，1個のジュースのあきカンの上にダンボールをのせて，何回も両足をそ

ろえて前とびをします。次はあきカンを2個にし、それができたら3個というぐあいに、それぞれの定まった個数のあきカンをじゅうぶんにとびこなすとよいでしょう。

ねらい 跳躍力を鍛えます。走って来てからとび越すと、バランスをくずしてけがをすることがあります。必ず止まって両足をそろえてとび越しましょう。

267 足だめし〔中・高〕少

用意するもの 牛乳ビン,ボール紙（長さ30センチの正方形に切っておく）
遊び方 牛乳ビンの上にボール紙をのせて、倒れないように縦に10組を60センチ間隔に並べます。「ヨーイ、ドン」の合図で、出発点から順々に牛乳ビンの上のボール紙を落とさないように片足とびでとんで行きます。ボール紙を何枚落としたかを調べ、枚数の少ない人がチャンピオンです。

牛乳ビンのかわりに、ジュースのあきカンを、高学年にはビールビンを使うとおもしろい遊びに展開します。

ドシンドシンと重いとび方をすると、振動でボール紙が落ちてしまいます。ときには両足をそろえて、とび越えてもよいです。

ねらい 注意力を鍛えます。床の響きで、ボール紙が落ちてしまうことがあるので、どのように足をつければよいか、思考することを遊びのなかで学んでいきます。

268 むかで競争〔小・中〕多

用意するもの ダンボール,ナイフ
遊び方 ダンボールに、足首がやっと入る大きさの穴を、6つ平行に切り抜きます。切り抜いた6つの穴に6人が前向きになって、それぞれ片足を入れます。

6人がそろったら、「ヨーイ、ドン」の合図で、隣と手をつなぎ、ダンボールを落とさないように、そしてころばないように、リズムを合わせて、目標を回ってもどってくる遊びです。「イチ,ニ,イチ,ニ……」と号令をかけて遊べば、案外うまく前進できます。

ダンボールはかたいために。歩調がそろわないと、お互いに足が痛くなって歩行が困難となり、「痛い、痛い」の声が出て楽しめる、集団遊びです。

ねらい 人数が多ければ多いほど、調子を合わせることがむずかしくなります。「××ちゃんがんばるのよ」と仲間同士で励ましたり、助け合ったりしながら、協調性や社会性が養われます。

紙を使って 135

紙テープを使って

269　色で集合ゲーム〔幼・小・中〕多

用意するもの　紙テープ（色とりどりのもの）
遊び方　両手間隔に広がり、各人の左腕に、30センチの長さに切った紙テープを結びつけます。隣どうしが、同じ色にならないように、テープの色を考えて結ぶことが大切です。

リーダーは輪の真ん中に立ち、大きな声で、「黄、2人！」とか、「赤、5人！」と叫びます。

リーダーの声を聞いて、黄または赤のテープを巻いた人は、それぞれ、できるだけ早く、2人または5人になってすわります。

ときどき「赤と緑と黄！」などと言ったりすると、自分の腕にまいてある紙テープの色を、すっかり忘れ、ほかのグループに行きかけたりします。

人数が多ければ多いほど、おもしろくなります。
ねらい　いかに色を早く捜すか機敏性を育て仲間意識をも育てます。

270　紙テープくぐり〔幼・小〕少

用意するもの　紙テープ
遊び方　参加する人数分だけ紙テープを50～60センチの長さに切っておきます。

用意した紙テープを参加する子どもの左右の手に前で結びます。合図で前にきているテープを

足からくぐらせ，切らないように後ろにする遊びです。
　だれが一番早く，切らずに後ろにまわすことができるでしょう。うまく後ろにまわせた子は，合図を待ってもう一度前にもどします。
　みんながうまくできるようになったらテープの間隔を徐徐に短くしてやってみましょう。柔軟性にとんだ子は両手がくっつくぐらいの間隔でも容易にやれるものです。
ねらい　慎重さ，柔軟性を養います。

271　輪づくり競争〔小〕㊀

用意するもの　紙テープ
遊び方　1本1メートルの長さに切った紙テープをたくさん用意しておきます。
　5人1組でグループをつくります。合図で紙テープの両端を結んで輪を作り，その輪に紙テープを通して輪を作ります。こうして紙のくさりをどんどん作っていき，どこの組が制限時間内に長い紙のくさりを作れるか競争する遊びです。
　くさりの結び目がほどけたらもう一度結び直します。
　不器用な子でもグループで競争するとなると夢中になってやるものです。そこにこの遊びのおもしろさがあります。
ねらい　器用さを養います。

272　手足にむすんで競争〔小・中〕㊀

用意するもの　紙テープ（黄色1本）
遊び方　1メートルに切った紙テープの一方で，右手首を結び，他の一方で左足首をむすび，左手首と右足首も同じようにもう1本の紙テープで結びます。
　子どもを一列にならばせ，10人ぐらいで一度に競争させるか，円をつくり，みんなで紙テープを切らないように右に，左にまわってもよいでしょう。
ねらい　注意力を育てます。

273　紙テープの電車競争〔幼〕㊀

用意するもの　紙テープ（赤，青，黄など各1本）
遊び方　2組に分かれ競争します。
　各組とも2人1組になり，紙テープを，体に輪にしてセロハンテープで止め，前と後ろの子どもの間隔を，約1メートルの紙テープでつなぎます。
　各組とも用意ができたら，出発点から7〜8メートルはなれた所に，目標をおき，リーダーの

紙テープを使って　137

合図で走り、テープを切らないように競争します。

この遊びは、紙テープが切れやすいため、お互いに協力しあって遊ばないと、すぐ切れてしまいます。

5組ぐらいにして、一度に全員が走ってもよいでしょう。

ねらい　協調性を育てます。

274　五輪競争〔幼・小〕少

用意するもの　紙テープ

遊び方　紙テープを1メートルの長さに切り、五輪のように輪をくさり状につなぎます。

輪の中に1人ずつ入って、10組が、20メートル先の目標を回ってくる遊びです。

このとき、縦に5人が走り、横列になって走ったら失格。また五輪が落ちそうになっても手でさわってはいけません。

応用として、リレー方式でやると遊びに活気がでて、競争遊びになります。

輪を落とさないようにするには、5人の間隔は同間隔で、紙テープの輪がぴんと引っ張った状態でやると、ずり落ちません。ずり落ちそうになるともがくので応援している人も、ついふきだしてしまう楽しい遊びです。

輪が切れたら、もう一度輪をつないで最初からやり直します。あわてるとかえって損な遊びです。

ねらい　協調性が仲間意識を育てます。

275　三人四脚の遊び〔小・中〕少

用意するもの　紙テープ

遊び方　スタートラインから5メートルほど先に目標を決め、ラインに3人1組で1列に並びます。

3人の内側の足首をテープで結び、リーダーの合図でテープを切らないように目標まで行く遊びです。

紙テープが切れたら結び直して競争を続けます。

3人が気持ちを合わせ、リズムをとって歩けば、テープは切れません。

ねらい　協調性を養います。

276 片足競争〔小・中〕少

用意するもの 紙テープ1本
遊び方 3人1組の列を5列ほどつくり，前向きに1列に並べ，紙テープで，右，左どちらかの足を数珠つなぎに結びます。

前後の間隔は，だいたい25センチぐらいがよろしい。

5～6メートル先に目標をたて，リーダーの「ヨーイ，ドン」の合図で，足の紙テープを切らないように，目標を回ってくれば合格。切れた組は，途中でつなぎ，そこから競走します。

一方の足は自由でも，もう一方が不自由なため，なかなかうまく走れなく，おもしろい競争になります。

ねらい 協調性，平衡性を養います。

277 へび遊び〔小・中〕多

用意するもの 紙テープ（黄色）1本
遊び方 10～15人が1組になり，1列にならびます。

先頭はリーダーの右手首と，その次の人の左手首とを，紙テープで結びます。そして図のように，一組全員が，手をつないだような格好に紙テープで結び，1列になります。

各組とも，紙テープで結び，準備をととのえます。

この遊びは，「ヨーイ，ドン」の合図で，リーダーになった子が，自分の列の間を，1度だけくぐるかまたぎ，今度は紙テープを切らないように，もとのように1列にならぶ遊びです。

紙テープで，手首が結んでありますから，ちょっとむりをすると切れてしまいます。紙テープを切った組は，負けとなります。リーダーになった子は，どこをくぐったら，切らないで，もとのようにならべるだろうかと考えます。

みんなで協力しあって，楽しめる遊びです。

これは，大人の場合，時間を3分などときめ，3分の間，どこをくぐっても，またいでもよいことにしたらよいでしょう。

ねらい 協調性を養い，仲間意識を育てます。

紙テープを使って　139

278　足にレイかけ〔幼・小〕多

用意するもの　紙テープ
遊び方　紙テープを直径30センチの輪にして，子ども1人ひとりが右足にかけます。
　スタートラインから5メートルほど離れたところに，片足をあげて1人立ちます。
　合図で，先頭の人がレイをかけた足をあげ，片足とびでそこまで行き，目標の子どもの出た片足にうまくかける遊びです。
　この遊びは，組分けしてリレー方式で競争させるのもよいし，時には先生（父や母）が目標として立てば，子どもたちは大喜びでしょう。
ねらい　持久性と協力の精神を養います。

279　足にしばって競争〔幼・小〕少

用意するもの　紙テープ（黄色）1本
遊び方　約80センチの長さに切った紙テープを，結んで輪にします。その紙テープの輪を両足のひざのところまで通し，その輪が下に落ちないようにして競争する遊びです。
　紙テープの輪はゆったりしていて軽いため，走るとずり落ちてしまいます。あまり急ぐと紙テープが切れてしまいます。切れたら切れたところを結んでもういちど競争します。
　この遊びは，紙テープが切れれば切れるほど輪が狭くなるため，思うように走ることができず，おもしろくなるゲームです。
ねらい　慎重さ，注意力を養います。

280　紙テープを切らないで〔小・中〕少

用意するもの　紙テープ（長さ50センチに切っておく）
遊び方　3人1組になり，2人が向かい合って，床にあお向けに寝ころび，お互いに両足を上方に上げて下半身をくっつけます。
　もう1人が，2人の足首にずり落ちないように紙テープで縛ります。
　「ヨーイ，ドン」の合図で，紙テープを切らないように，2人ともできるだけ長く足を上げ，が

んばる遊びです。縛った1人は，2人ががんばるのを「1，2，3，4……」と数えます。
　紙テープなので，足首は痛くありませんが，がんばりのない子どもは，すぐに切ってしまいます。
ねらい　脚力・腹筋力を強くします。また1人でも忍耐できないと，遊び時間が短く，楽しさが半減します。「苦しくとも限界に挑戦してやるぞ」のファイトが大事です。
　ここに2人で遊ぶ意義があるのです。

281　テープをとんでくぐって〔小・中〕少

用意するもの　紙テープ（3メートルのもの2本）
遊び方　2人向かい合って紙テープ2本の両端を両手に持ちます。1本は床から1メートル，もう1本は床から20センチの高さにします。
　最初に1メートルのテープを切らないようにとびます（どんなとび方でもよい）。
　うまくとべたら，次の2本のテープの間をくぐり抜け，最後にテープと床の間を，テープにさわらないようにくぐり抜けます。
ねらい　手と足の協応したいろんな姿勢で，テープに触れないように注意力が必要であり，全身の筋力の訓練や柔軟なからだづくりに効果があります。

282　紙テープとび〈1〉〔幼・小〕少

用意するもの　紙テープ（2メートルの長さ）
遊び方　紙テープの両端を2人が持って立ちます。この時，紙テープは地上50センチの位置になるようにします。その他の人は3メートル手前に一列に並びます。
　1人ずつ，紙テープの20センチ手前から，両足をそろえて一気に紙テープをとび越えます。
　50センチができたら，60センチ，70センチと高くしていきます。
　だれが最後までやれるか，最後の1人となった人がチャンピオンです。
　紙テープのときは，紙テープにさわらないようにとびます。ゴムひものときは伸縮するので，低いときはさわらない，高くなるにつれてさわってもよい，というルールを決めて，どのくらいの高さまでできるか挑戦するのもおもしろいでしょう。
ねらい　瞬発力，跳躍力を育てます。

紙テープを使って

283　紙テープとび〈2〉〔幼・小〕少

用意するもの　紙テープ（黄色1本）
遊び方　紙テープを長さ3メートルぐらいに3本切っておきます。
　1本の紙テープの両端を、2人でしっかりと持ち、1メートル間隔に、ひざの高さで持って立ちます。
　この遊びに参加する子どもの足（すね）を、やはり紙テープで結びます。足と足との紙テープの長さは、約30センチです。
　この遊びは、走っていって、3本の紙テープを順番にとぶのです。紙テープを切ったらやりなおし。ひざの高さができたら、もう少し上へと、だんだん高くしていきます。
ねらい　慎重さと跳躍力を養います。

284　紙テープとび〈3〉〔幼・小〕

用意するもの　紙テープ
遊び方　2人が向かい合って、長さ3メートルの2本の紙テープの端を、ひざのところでたるまないようにピンとはって持ちます。前後の間隔は40センチあけて、10列に並んで立ちます。
　リーダーの合図で、片足とびでテープを切らないように休止しないでピョンピョンととびこしていきます。
　10本のテープをとび終えたら、スタートラインにもどり、次の人と交代します。
応用と注意　幼児の場合、またいだり、両足をそろえてとびこしていくとよいでしょう。また、危険防止のためにマットを敷いてやる心づかいも保育者には大切です。
ねらい　敏捷性と平衡性を育てます。

285　ひっくり返りとび〔小〕少

用意するもの　紙テープ
遊び方　踏み切りのラインをひき、そこから50センチほど離れたところに2人が向かい合い、紙テープの両端を持って立ちます。テープの高さは床（地面）から約40センチにします。
　1人が踏み切りラインから2メートルほど離れたところに後ろ向きに立ちます。合図で後ろ向きのまま走ってきて「ハイ」（踏み切りラインで）の合図でくるりと前向き

142

になりテープをとぶ遊びです。
　うまくとべるようになったら徐々にテープを高くしてやってみましょう。
ねらい　平衡感覚，注意力を養います。

286　おんぶ競争〔中・高〕少

用意するもの　あきビン20本，紙テープ
遊び方　2本のあきビンの口を長さ1メートルぐらいの紙テープで結び，テープがたるまないようにびんを立てて，10組のハードルを作ります。ハードルの間隔は約1メートルにします。
　2人1組で，1人を背中におい，おんぶした人がハードルをまたいで渡ります。
　倒したビンの数が少なく，しかも早くまたぎ終えた組が勝ちです。
ねらい　物ではなくて，人間を背負うところに関心をもたせる楽しい遊びです。注意力，持久力を育て，敏捷性や平衡性を養います。

287　ジャンケンレイとり〈1〉〔全〕多

用意するもの　紙テープ
遊び方　紙テープを約80センチに切って両端を結びレイを作ります。レイは参加者の数の半分用意します。
　参加者を2組に分け，6メートルぐらい離して，向かい合って並びます。2組の間に台を置き，レイを置いておきます。
　両側から1人ずつレイの前に出てきてジャンケンをして，負けた人は勝った人にレイをかけてあげます。これをくり返して，レイを数多くとった組が勝ちです。
ねらい　子どもたちは，レイを首に飾りたい一心で，ジャンケンに夢中になります。相手が何を出すか……と，けんめいです。
　この遊びの中から，ジャンケンの楽しさ，遊びの楽しさを知っていくのです。

288　ジャンケンレイとり〈2〉〔全〕多

用意するもの　紙テープ(1.5メートルの長さにして，両端を結んで輪にする)
遊び方　10人1組となって，それぞれ1本ずつ紙テープでつくった輪を首にかけて，スタートラインに縦に並びます。

紙テープを使って　143

スタートラインより5メートル先に，1チームに1人ずつ立ちます。
　「ヨーイ，ドン」の合図で，先頭は片足とびで，5メートル先まで進んで，相手とジャンケンをします。相手が勝ったら負けた自分の紙テープを相手の首にかけてやって，片足とびでもどり，次の人と交代します。
　片足とびをして進んだ人がジャンケンで勝ったら，首から輪をはずさないで，そのままもどってきます。
　10人のうち，他のチームと比べて，輪をたくさんかけている組が勝ちとなります。
ねらい　仲間意識を育てます。

289　ジャンケンレイとり〈3〉〔全〕多

用意するもの　紙テープ（レイを作るため）
遊び方　同人数ずつ2〜4組に分けます。各組から選出された5名が，それぞれ紙テープのレイをチームの人数分だけ首にかけて，スタートラインから前後1メートルの間隔をあけて1列に並びます。

　リーダーの合図によって，各組の先頭が，レイをかけたいちばん最初の人とジャンケンをし，勝てばレイを1本首にかけてもらい，すぐ後ろの人へと順々に相手を変えていきます。
　レイを5本かけてもらったら，ジャンケンをしてきた列の最後に並び，手をあげて合図をして，次の人と交代します。
　レイをもらう人は，自分が勝つまでジャンケンをします。
　全員が早くジャンケンに勝って，5本のレイを首にかけた組が勝ちです。
ねらい　ジャンケンレイとり〈1〉と同様，レイをたくさん首にかけたくてジャンケンに勝とうと必死になります。
　この遊びは，足のおそい子どもでも，まったく劣等感をいだくことなく，ジャンケンの楽しさ，遊びの楽しさを知っていくのです。

紙袋を使って

290 おぼえっこ（記憶遊び）〔小・中・高〕少

用意するもの 紙袋（頭がすっぽり入るもの）2枚
遊び方 リーダーが，参加者の中から2人の代表を選び，2人を向かい合わせ，時間を決めて，2人に相手の服装，顔型などを記憶させておき，用意した紙袋をかぶせ，リーダーが交互に質問をし，服の色などをあてさせ，うまくあたった時は，見ている人が拍手をします。
　この遊びは，リーダーがうまくリードしていくとよろしい。
　たとえば「××君。△△ちゃんのハンカチは何色でしたか」と質問し「白です」と××君が答えれば，リーダーが「白ですか，皆さん，白でいいですね。拍手をしましょう」とみんなに手を打たせ，「では，くつ下の色は何色だったかな」と次の問いを出すなどして，見ている人との調和を考え，順番に子どもを出して遊ぶと活気が出て楽しくなります。
ねらい 記憶力を養います。

291 お友だちさがし〔小・中〕少

用意するもの 紙袋（頭がすっぽり入るもの）4枚
遊び方 男子と女子に分け，8メートルないし10メートルの間をおいて向かい合わせます。
　リーダーが「××さんは，○○君」「○○さんは，××君」とさがす相手を，はっきり決めておきます。
　女子は袋をかぶり，リーダーの合図によって前に進み，自分に決められた相手をさがします。
　さがす人も，さがされる人も，声を出してはいけません。

さがしあてたら，早く，いっしょにリーダーの所へ行きます。袋をとってみて，相手の人が決められた人であればよろしい。

遊びをする前に，服装を少しかえたり，位置を変えておくため，なかなかあたりません。あっちこっちとさぐり，やっと見つけるということです。

この遊びは，親子で〝子どもさがし〟などと変えてしても，楽しめます。

ねらい 記憶力を養います。

292　ミカンさがし〔小・中〕少

用意するもの　ミカン5～6個，紙袋（頭がスッポリ入るもの）
遊び方　へやのなかにミカンを散在させておきます。ミカンをさがす人を1人決め，その人は紙袋をかぶります。そして，周囲で見ているお友だちは，ミカンをさがす人がみかんに近づいたときは手拍子を小さくし，みかんから遠のいたときは手拍子を大きくして教えてあげます。

その音をきちんと聞きわけることができれば，ミカンの位置がだいたいわかり，とることができます。ミカンをさがす人は交代でします。

この遊びは，聞くことに興味をもちはじめ，そしてだんだん聞きわける力がでてきた子どもに適した遊びです。大きな音がするからこっちかな，小さい音だから近くにあるのだなと，手拍子の応援を聞きわけようとします。そして，そこには注意して聞くという知恵が育つのです。

ねらい　注意力，集中力が養われます。

293　オニさんのくだものとり〔小・中〕少

用意するもの　りんご2個，台またはいす2脚，紙袋（頭のすっぽり入るもの2枚）
遊び方　台またはいすを，スタートラインから5メートルほどはなれた所におき，その上にりんごをのせます。

2つの台の間隔は，1～2メートルがよろしい。

オニさんは紙袋をかぶって，目的に向かって歩いて行き，台の上のりんごをつかんだら，リーダーが紙袋をとってやり，その紙袋を持たせ，次の人に渡して交代します。

見ている人は声援をします。「○○さん，もっと右！」「××さん，左よ！」と言っても，やっている人には，声が交差して聞こえ，反対の方に進んで，りんごをとることができなかったりして，なかなか愉快な遊びです。リレー式でするとおもしろいでしょう。

ねらい　注意力，集中力を養います。

146

294　めかくし競争〔小・中〕⑨

用意するもの　ドッジボールまたはバレーボール2個，ビールのあきビン2本，紙袋2枚
遊び方　2組に分けておきます。
　出発のラインより，5メートルはなれた所に，ビンの上にボールをのせておきます。もう一つも，間隔を2メートルほどあけ，同じようにおきます。
　この遊びは，紙袋をかぶり，目標のビンの上のボールを落とさないように早くまわって，出発点にもどり，次の人に紙袋を渡します。 
　ボールの近くまで行っても，ウロウロしているうちに，ボールを落としてしまいます。
　見ている人には，両方の組に分かれて声援させると，立体的になって，楽しくなります。
ねらい　注意力，集中力を増し，平衡感覚を育てます。

295　交差点遊び〔小・中〕⑨

用意するもの　紙袋（頭がすっぽり入るもの）2枚，チョーク1本
遊び方　運動場または床にチョークで，幅60センチの十字路をかいておきます。 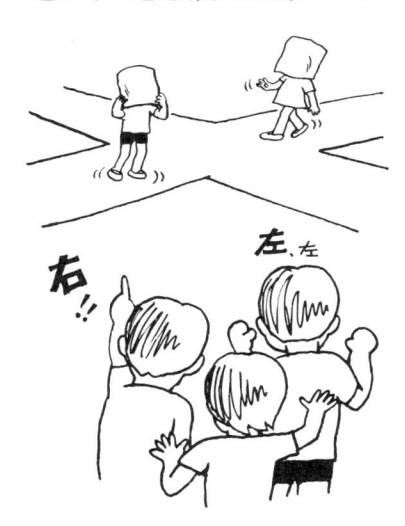
　2組に分けて十字路に向かい合って立ち，紙袋をかぶり，リーダーの合図で出発します。お互いに交差点を右にまわり，目的地に向かうわけです。
　目的地についたら，紙袋をとり，次の人の所に持って行きます。している人は，袋をかぶっているため，何もわかりません。そこで，まわりにいる人たちが，自分の組の人を声援します。
　この遊びは，見ている人の声援によって，はじめてゲームを進めることができます。「〇〇君，右！」「××さん，左！」とうまく声援すれば，とてもおもしろくできます。白線から出たら，もう一度出発点にもどり，やりなおしです。交差点に，おもちゃの自動車などをおいて，「危ない，右！」などとリードさせてやるのもよいでしょう。
ねらい　注意力，集中力，平衡感覚を育てます。

296　障害物競争〔小・中・高〕⑨

用意するもの　あきカン，あきビン（ジュースやビールのビン，カンづめ，ジュースのカンなど），紙袋（頭のすっぽり入るもの）2枚
遊び方　横2メートル，縦4メートルの長方形をかき，その中へ用意したあきカン，あきビンな

紙袋を使って　147

どをおきます（並べる時に，よく調べて，歩くのにできるだけ困難であるようにおく）。

2列に並び，先頭が紙袋をかぶり，リーダーの合図で歩きはじめます。見ている人は声援します。

途中でカンやビンを倒したら，もう一度最初からやりなおし。またラインから外に出てもやりなおしです。

無事に，前方のリーダーの所に着き，紙袋をとったら，出発点にもどり，次の人と交代します。

リレー式でもよく，幅をもっと広くして，10人くらいが1列に並んで，一度に競争してもよいでしょう。

ねらい 注意力，集中力，平衡感覚を育てます。

297 ハードル遊び〔小・中・高〕少

用意するもの ビールのあきビン12本，紙テープ（黄色）2本，紙袋（頭がすっぽり入るもの）2枚

遊び方 陸上競技で行なう，ハードル競争をかたちどった遊びです。

2本のあきビンの口を2メートルぐらいの紙テープで結び，テープがたるまないようにビンを立て，これを6組作ります。

このハードルの間隔は，最初のは60センチ，その次は50センチ，その次は30センチ，その次は60センチ，最後は50センチぐらいにします。

用意ができたら，参加者（12名ぐらいがよい）をハードルの前に2列に並べます。

この遊びは，紙袋をかぶり，テープをまたいで行く遊びです。

途中で袋をとったり，ビンを倒したりした場合は，失格でやりなおしです。

また，真ん中のせまい所（30センチの所）は，2本いっしょにまたいではいけません。

1本ずつきちんとまたいで，目標に着いたら，リーダーに紙袋をとってもらい，次の人に持ってゆき，交代します。見ている人は，うまくまたぐことができるように，「△△君，足をあげて」「××ちゃん，まっすぐ」と声援させると，立体的になって楽しく遊べます。

ねらい 注意力，集中力，平衡感覚を養います。

298 ふうせん遊び〔小・中〕少

用意するもの　ゴムふうせん（丸いもの3色ずつ）15個，ひも（3メートルのもの）1本，紙袋2枚（組数によって，その組分だけ用意する）

遊び方　ひもにふうせんを同じ色がつづかないようにぶらさげて，ひもの両端をぴんとはります。

ふうせんの高さは，する人の頭の高さくらい，ふうせんから出発点までの距離は，7メートルから10メートルでよいでしょう。

人数によって組を作りますが，だいたい2組から5組作り，各組のふうせんの色をきめておき先頭の人が紙袋をかぶります。

この遊びは，紙袋をかぶってふうせんの所へ行き，きめられた色のふうせんを，両手でしっかりつかめば合格です。

ふうせんの所に審判をおき「合格」「失格」と言って，紙袋をとらせ，合格の場合は，次の人と交代するリレー式でします。

失格の人は，もう一度最初からやりなおし。早く，全員が終わったところが勝ちとなります。

ゲームをする人は，紙袋をかぶっていて何も見えません。そこで，同じ組の人や見ている人たちは，自分の組の代表者に声援を送ります。

ねらい　注意力，集中力を増し，平衡感覚をも育てます。

299 カンカン遊び〔小・中〕少

用意するもの　あきカン2個，紙袋（頭がすっぽり入るもの）2枚，ひも（50センチのもの）2本，棒（30センチのもの）2本，竹ざお1本

あきカンの真ん中にひもを通して，洗たくざお，またはひも，鉄棒などにぶらさげます。

あきカンにはペンキまたは絵の具で色をぬり，色分けします。

あきカンにかぎらずタンバリン，リングベルなど音のでるものならよろしい。

遊び方　ぶらさげたあきカンは，ゲームをする人の頭の高さにします。

あきカンから5～6メートルはなれた所を出発点とします。紙袋をかぶり，前に進み，棒であきカンをたたいたら，袋をとって，走ってもどり，次の人と交代します。

ねらい　平衡感覚を育てます。

紙袋を使って

300　ふうせん顔かき〔小・中〕少

用意するもの　ゴムふうせん（大きく丸いもの）5個，紙袋（頭のすっぽり入るもの）2枚，ひも6メートル，マジックインキ

　ひもは半分に切り，1本はそのまま，あとの1本を，5本に切っておきます。ふうせんを5個ふくらまし，長さ10センチに切ったひもでしっかりと結びます。3メートルのひもを張り，5個のふうせんを一定の間隔をあけて結びつけます。

遊び方　ふうせんから5メートルはなれた所にラインをひきます。

　この遊びは，マジックインキを持ち，紙袋をかぶって，ふうせんの所まで行き，ふうせんをつかまえて，マジックで顔をかく遊びです。

　親子そろって競争してもよく，組に分かれて応援し，早くかかせるのもよいでしょう。紙袋をかぶっているために，顔が自然に，マンガ的にかかれて，なかなか楽しいものです。

　またリーダーが，「目を……」とか「こんどは口……」とか言ってかかせるのもよいでしょう。

ねらい　平衡感覚の育成に役立ちます。

301　2人めかくし競争〔中・高〕少

用意するもの　紙テープ（黄色）1本，紙袋（頭のすっぽり入るもの）4枚

遊び方　2人1組の列を2列作っておきます。

　各先頭の2人の内側の足を，紙テープで，50センチぐらいの間隔をおいて結び，目標を4～5メートルはなれた所におきます。

　先頭の2組は，それぞれ紙袋をかぶり，リーダーの合図で，目標に向かって進みます。

　この時，2人が手を組んではいけません。また，紙テープを切ったら，最初からやりなおしです。

　見ている人は，方向を，声援しながら教えてあげましょう。

ねらい　注意力，集中力を増し，平衡感覚と協調性を養います。

302　めかくし歩き競争〔小・中〕多

用意するもの　紙袋（頭が入る大きさで，すけて見えないもの）

遊び方　中央に直径2メートルの円を1個かきます。

　円より四方に，5メートルはなれた所に，直径1メートルの円を1個ずつ4か所にかきます。

　1組5人ずつ4組が，それぞれの円に位置し，紙袋をかぶった1人だけが，円の中にはいります。

「ヨーイ，ドン」の合図で，紙袋をかぶった先頭は，中央の円に向かって前進します。そのときに，他の4人は「右，右」「前へ進んで」「左，左」……と紙袋をかぶった人に進む方向を指示してやります。

四方から，いろんな指示の声が聞こえて，中央に近づくにつれて，どのように進んだらよいか混乱して，おろおろするかっこうが楽しく，ユーモアがあります。

中央の円までいったら，紙袋をとって自分のチームの円までもどって次の人と交代し，どの組が早いか競争をします。

ねらい 注意力，仲間意識を育てます。

303 めかくしで前進 〔小・中〕多

用意するもの 紙袋（頭が入る大きさで，すけて見えないもの）

遊び方 スタートラインより5メートルの距離に目標を決めます。

2人が1組になって，遊びが開始になる前に，「前へ進め」は手を3回たたく，「Uターン」は手を4回早くたたく，「右へ進め」は1回たたく……などと2人で信号を決めます。

1人が紙袋をかぶってスタートラインに，その1メートル後方にもう1人が紙袋をかぶらないで立ちます。

「ヨーイ，ドン」の合図で，手をたたく回数で方向を確認しながら前進して，目標を回ってもどってくる遊びです。

後ろについていく人は，紙袋をかぶった人に声をかけたり，からだにさわったりしたら失格。手の信号のかわりに，足音にしたり，いろいろな信号を考えて遊びましょう。

リレー式に他のチームと競争すると楽しいです。

ねらい 平衡感覚，協調性を養います。

紙袋を使って

タイヤ・チューブを使って

304 後ろ向き競争

〔幼・小〕少

用意するもの 自転車の古チューブ
遊び方 両足を前に出し，床におしりをおろします。そして両足首に1本のチューブを三重に巻きます。「ヨーイ，ドン」の合図でスタートラインから，両手のひらを床について，後ろ向きに進み，目標をまわり，次の人と交代。

　チューブを足に巻くのは，必ず自分ですること。数組つくってリレー競争してもいいでしょう。
ねらい 腕や腰，腹の筋力を強くします。

305 チューブ体操 〔全〕少

用意するもの 自転車の古チューブ
遊び方 二重にしたチューブを両足で踏み，反対側を両手でしっかり握ります。「イーチ」の号令で，背中をそらせてこれを引っ張り上げます。「ニー」の号令で背中を前にかがめ緊張をほぐしま

す。「イーチ，ニーイ，イーチ，ニーイ」となるべく長くがんばりましょう。両足をできるだけ開き，両手の間隔も広げたほうが力が入ります。

　また片足でチューブを踏んで，片手でチューブを握って，これを頭の上まで引っ張り上げ，次に腰までおろすといった片手ボディービルもできます。
ねらい　脚力，背筋，腹筋，腕力を鍛えます。

306　チューブ・シーソー〈1〉
〔全〕㊧

用意するもの　自転車の古チューブ
遊び方　チューブ1本を二重にします。床におしりをおろし，両足をそろえて前に出し，二重にしたチューブを足の裏にかけるとともに両手でしっかり握ります。

　「ヨーイ，はじめ」の合図で，足からチューブをはずさないようにして，おしりを基点にして背中を床につけ両足をあげ，次に両足を床におろし，上体を起こすというように，自分のからだでシーソーごっこをするわけです。

　だれが長く続けられるか競争してもいいでしょう。
ねらい　腹筋や背筋を鍛えて，柔軟性をうながしからだのバネを強くします。

307　人間起き上がり〔中・高・大〕㊧

用意するもの　自転車の古チューブ
遊び方　床におしりをついて両足を前方に伸ばしたら，チューブを首の後ろから両足の裏にかけて，チューブを握ります。

タイヤ・チューブを使って　153

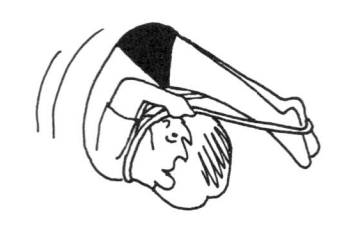

チューブの反動を生かして，床に背中をつけて両足を上げたり，床に両足をついて上体を起こしたりして，何回もくり返します。まるで起き上がりこぼしです。

両足はできるだけ伸ばすこと。そして背中が床につくと同時に，えびのように背中を丸くして，両足を頭の方に伸ばして床につけると効果的です。

ねらい からだの柔軟性を養うとともに，肩，背，腰，脚をつかった反動力を育てます。

308 チューブ・ジャンプ〔中・高・大〕少

用意するもの 自転車の古チューブ

遊び方 1人1本のチューブを首にかけて，両足でこれを踏み，途中を両手で握り，スタートラインに並びます。「ヨーイ，ドン」の合図で，背すじをまっすぐに伸ばして，両足とびで，目標をまわってもどってきます。

人数が多ければリレーで競いましょう。チューブの弾力性をいかしてとび，うまくタイミングを合わせれば，両足からチューブがはずれることなく，前進できます。

首にかけなくても，チューブを両足で踏んで，両手で胸の高さまでチューブを引っ張り上げた状態で両足とびをしてもいいでしょう。

ねらい 全身，とくに背筋や脚力を鍛えます。そしてジャンプを通してからだの柔軟性を養います。

309 チューブ・ブランコ〔幼〕少

用意するもの 自転車の古チューブ

遊び方 子ども同士では無理です。大人と子どもと組みます。大人はチューブを首にかけます。子どもはチューブの上に両足でのり，両手でチューブの輪をしっかり握ります。大人は子どもの

両わきをだいて、またの下から頭上へ振り上げたり、下ろしたり。

　チューブの弾力を利用すれば、力の弱い人でもくり返してできます。子どもにとってはスリルのある遊びです。子どもを高くふり上げてあやすのを応用したものです。

ねらい　腕力、腹筋、背筋を鍛えます。

310　チューブずもう
〔幼・小・中〕㊥

用意するもの　自転車の古チューブ
遊び方　2人1組になり、1本のチューブの中に背中合わせに立ちます。チューブをお互いの腰あたりにかけ、反対方向に引っぱり合う遊びです。
　このとき、手はチューブにふれないこと。それぞれゴールを決めておいて、どちらかが相手を引っぱってゴールにたどりつくまでがんばりましょう。

体の大きさが同じくらいの子同士が楽しくできます。子どもたちのがんばりがみものです。
ねらい　腰、腹、脚力を鍛えます。

311　チューブ引き競争
〔幼〕㊥

用意するもの　自転車の古チューブ
遊び方　1本のチューブの中に大人が1人入り、チューブを腰にかけます。大人と反対側のチューブの輪を4人の子どもが、チューブの外から、右手でしっかり握ります。「ヨーイ、はじめ」の合図で、大人と子どもの組が正反対の方向に引っぱり合いをしどちらが見事相手を引っ張るかを競争します。
　すぐに勝負がつかずユーモラスな光景がみられ、子ども同士の協調性

タイヤ・チューブを使って　155

を養うのに役立ちます。
ねらい　チューブを腰にかけた人は腹筋や脚力を、そしてチューブを握って引っぱる人は握力と腕力を鍛えます。

312　チューブ・シーソー〈2〉〔全〕⑨

用意するもの　自転車のチューブ
遊び方　4人が十字形に向かい合っておしりを床につけ、両足を前方に伸ばし、それぞれの足裏を合わせます。チューブ1本を4人が両手で持ちます。

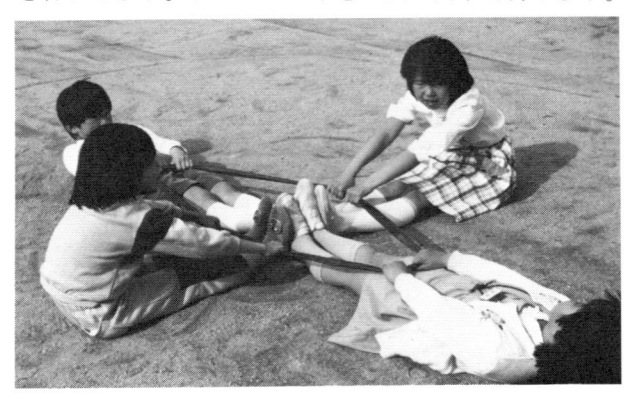

「イチ」で、どちらかの向かい合った2人がチューブを握ったままあお向けになって背中を床につけます。「ニー」で、あお向けになった2人は起きあがり、反対に次の2人があお向けになる…という具合に、交互にチューブの引っぱり合いをします。

親子でも子ども同士でも楽しく遊べます。
ねらい　腕、腹筋を鍛える健康遊びです。

313　チューブの花〔全〕⑨

用意するもの　自転車の古チューブ
遊び方　4～8人1組で円をつくり、内側を向いて、床に両足を投げ出し、おしりをおろします。1本のチューブの輪を、全員、両手でしっかり握ります。

「開いて」の合図でチューブを握ったまま、あお向けになり背中を床につけ「閉じて」の合図で上体を起こします。

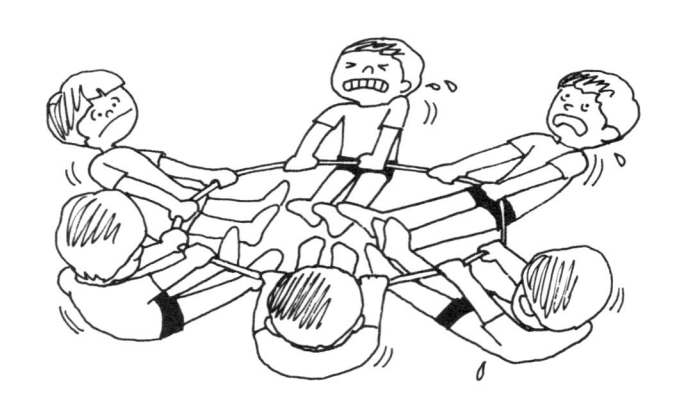

このようにチューブを握ったまま、上半身を床につけたり起こしたりするのを上から見ると、ちょうど花が開いたり閉じたりするように見えます。
ねらい　腹筋、腕力を鍛えるとともに、協調性を養います。

314　チューブの波のり〔中・高〕⑧

用意するもの　自転車の古チューブ
遊び方　40人が内側を向いて2列横隊に並んだら、どちらか片方の側の人は、それぞれ1人3本

のチューブをもちます。

　チューブを，1本は正面の人に，2本は正面の人の右隣と左隣の人に1本ずつ渡して，全員が3本を手にしたら，3本とも両腕に通し，チューブがたるまないように後方にさがって，チューブを引っ張ります。

　網目になったチューブの上に，うつ伏せになって，波をかくようにチューブに手をかけて前進するのです。

　スリル満点で思わず奇声がとびかい，チューブをもつ人とチューブを渡る人が一体になって冒険心をたんのうさせてくれます。

　応用としていすの背もたれにチューブを掛け，いすに1人ずつ腰掛けてチューブを張って渡るようにしてもよいでしょう。

ねらい　からだの柔軟性を養いながら，腕力，胸部，腹部，腰部を鍛える全身運動になります。

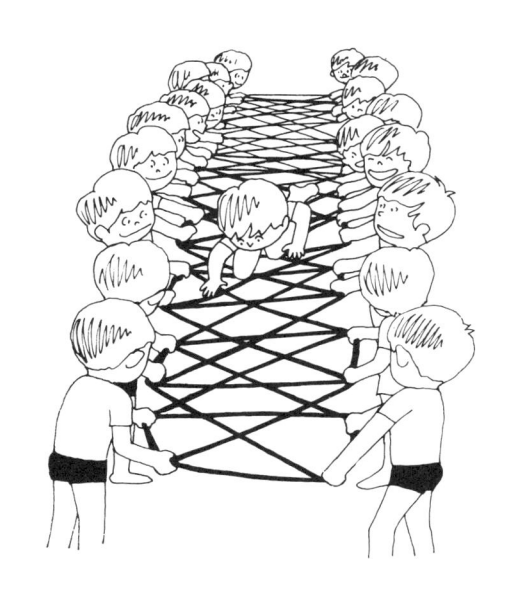

315　タイヤかつぎ競争〔中・高〕㋱

用意するもの　タイヤ，竹の棒（2メートルの長さ）
遊び方　5人が1組になり，スタートラインより5メートル先に目標を決めます。

　「ヨーイ，ドン」の合図で，竹の棒の両端にそれぞれ1個ずつタイヤを入れて，肩にかけて手で竹の棒を持ち，バランスをとりながら目標を回ってもどってくる遊びです。

　天びんのようにうまくバランスをとって進まないと，タイヤがずり落ちてしまって，もう一度最初からやり直しとなってしまいます。

　タイヤが1つでも落ちたらいけません。どのような体形をとるとよいか，考えながら落ち着いてやること。リレー式で他のチームと競争するのも楽しいでしょう。

ねらい　平衡性・忍耐力を養います。

316　タイヤ運び〔中・高〕㋱

用意するもの　タイヤ各組10個，チョーク
遊び方　1チームの中で2人ずつの組を10組作ります。出発点から5〜6メートル離れたところにラインをかきます。

タイヤ・チューブを使って　157

スタートの合図で，2人で1個のタイヤを手でころがしていき，ライン上にタイヤを置いて，2人で手をつないで片足とびでもどって，次の2人組と交代します。

このようにして，早くタイヤを10個積みあげたチームが勝ちです。

積みあげてあるタイヤを倒したら，倒した2人組で協力して積みあげます。強くころがしても，弱くころがしてもだめ……さあ，タイヤに振りまわされないようにいちどやってみましょう。

ねらい 協力の精神を養うと同時に敏捷性を育てます。

3¹⁷　タイヤトンネル〔幼・小〕多

用意するもの　タイヤ

遊び方　自動車の古タイヤを2人で1個持ち，30人が15個のタイヤのトンネルをつくります。タイヤとタイヤの間隔は約50センチにします。

1組32人となって，「ヨーイ，ドン」の合図で，1人がトンネルをくぐり抜けたら，2人目がくぐり抜けるまで待ちます。

2人ともくぐったら，タイヤを持っている次の2人と交代して，次々と同じように30人がトンネルをくぐる遊びです。

よつんばいになって，小さい穴のタイヤをくぐるとき，くぐり方が悪いとタイヤを倒してしまいます。タイヤを持っている人も倒さないようにと，持つ手に力が入ります。またタイヤに厚味があるので，早くくぐり抜けることができません。

ねらい　注意力を養います。

ふとんを使って

318 飛行機飛ばし 〔幼・小〕 少

用意するもの 新聞紙, 座ぶとん

遊び方 新聞紙(大判の2分の1の大きさの新聞紙)を使って, 1人1機ずつ, くふうをこらして飛行機を折ります。

スタートラインから2メートルの距離に, 座ぶとんを2枚敷いて, 基地にします。

折った飛行機を, 合図でスタートラインから飛ばして, 基地にうまく入るようにするのです。

戸外なら地面に基地をかいたり, 雨降りならば室内で, だれでも気軽に楽しむことができます。

お互いに飛行機を交換しあったり, 飛行機の折り方を研究したり, 折り紙遊びが遊びの中に取り入れられ, 親子で楽しむことができる立体的な遊びになります。

ねらい 目と腕の協応性を育てて, 慎重に物事をするようになります。

319　座ぶとんのせ競争

〔小・中〕少

用意するもの　座ぶとん

遊び方　床におしりをつき，両足をそろえて前方に伸ばします。このとき両手を後方について，できるだけ高く上げた両足首の上に，座ぶとんをのせます。

親は2枚の座ぶとんを，子どもは1枚の座ぶとんをのせて，どのくらい長くがんばることができるか競争をします。

両足を床についたり，座ぶとんを落としたら失格です。

座ぶとんを見たら，両手を床について，両足を伸ばして座ぶとんをのせる，ともかくやってみることが大事です。

のせた座ぶとんを，より高く持ち上げたり，両手を放したりしてやってもよいでしょう。また座ぶとんを2枚，3枚……と重ねてやることもよいです。

親子で楽しく遊びましょう。

ねらい　腹筋を強くしながら，忍耐力を養います。

320　バランスボール競争〔小・中〕少

用意するもの　座ぶとん，ゴムボール

遊び方　2人1組になります。1人が床にあお向けになって，両足を上方に上げます。もう1人は，あお向けの子どもの両足の裏を，床と平行にして，その上に座ぶとんをのせ，さらにその上へゴムボールを置きます。

「ヨーイ，ドン」の合図で，1人は座ぶとんとボールを落とさないようにがんばります。もう1人は，ボールや座ぶとんが落ちないように注意してやりながら，どれくらい長くがんばることができるか，数をしてやります。

2人とも，座ぶとんやボールに手を触れてはいけません。どちらかが落ちるまでがんばるのです。

ねらい　腹筋と脚力を鍛え，忍耐力を養います。また，隣近所を気にして，キョロキョロと動く注意散漫では長く続けられません。集中力が，遊びの中で知らず知らずのうちに養われます。

321　ボールのせ座ぶとん〈1〉
〔小・中〕少

用意するもの　ドッジボール，座ぶとん
遊び方　床にあお向けになって，両足をそろえて上げ，ひざを曲げます。
　ひざからすねにかけて座ぶとんをのせ，その上にボールをのせます。
　「ヨーイ，ドン」の合図で，座ぶとんとボールを落とさないように，できるだけ長くがんばる遊びです。
　ドッジボールか座ぶとんか，どちらかを落としたら失格です。
　家庭でボールのかわりに，座ぶとんを2〜3枚のせてもよいでしょう。
ねらい　注意力が散漫だったり，落ち着きがなく，隣のできぐあいを気にする人は，長くがんばることができません。
　座ぶとんとボールのほうに集中して耐える，脚力と腹筋を養います。

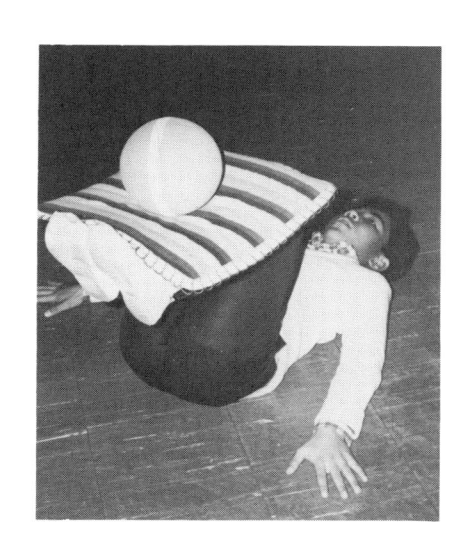

322　ボールのせ座ぶとん〈2〉
〔小・中〕少

用意するもの　座ぶとん，ドッジボール
遊び方　座ぶとんの上にドッジボールをのせて，上方に両手で座ぶとんを上げてまっすぐに腕を伸ばします。
　「ヨーイ，ドン」の合図で，ボールを落とさないように座ぶとんをできるだけながく持ち上げる遊びです。
　座ぶとんの上のボールが見えないために，片手を曲げたり，からだを動かしたりすると，不安定なボールは，座ぶとんからころがり落ちてしまいます。
　座ぶとんのかわりに，新聞紙を4つ折りにしてボールをのせてもよいでしょう。
ねらい　ボールが落ちないように両手でバランスをとるので，腕力を鍛えます。
　ボールを落とさないようにがんばろうとする子どもは，座ぶとんのほうを見上げるので，集中力も養われます。

ふとんを使って　161

323　座ぶとん上げ競争
〔中・高〕少

用意するもの　座ぶとん

遊び方　両足を揃えて前方に伸ばし，床におしりをつきます。床よりできるだけ高く上げた両足首の上に，座ぶとんをのせます。

「ヨーイ，ドン」の合図で，両足をそろえたまま，座ぶとんを上にほうり上げて，落下してくる座ぶとんを，両足首の上にのせます。

どれくらい長く，この動作を交互に繰り返すことができるか競争をします。

座ぶとんを落としたり，両足を床についたら失格です。

上へ上げた座ぶとんを，じょうずにキャッチして何回も繰り返してみる，また重い座ぶとんと軽い座ぶとんではどう違うか，親子でやってみてください。

ねらい　脚力と腹筋を強くします。また注意力を養います。

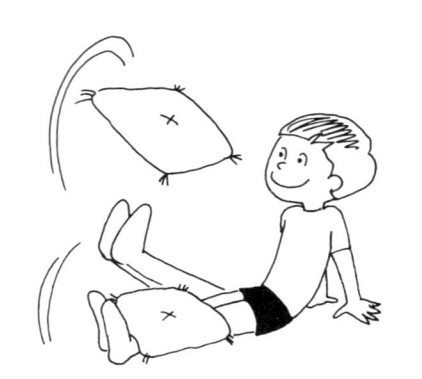

324　ジャンピング競争〔幼・小〕少

用意するもの　座ぶとん

遊び方　床に置いた座ぶとんの上で，できるだけ長く跳躍を繰り返す遊びです。

目をあいたり，座ぶとんから足をはみ出したら失格です。

目をつぶったときには，5～6回で大半の人は外にはみ出てしまいます。

座ぶとんの上で，何回ジャンプをして，座ぶとんから外へ出ないようにとぶことができるか，簡単なようですが，7～8回目にはきっと座ぶとんから足が出てしまいます。

だれがいちばん長く跳躍していられるか，競争してみてください。

ねらい　目をつぶるとバランスがくずれやすくなります。慣れてくることによって，平衡感覚が養われます。

325　座ぶとん開閉とび〔小・中〕少

用意するもの　座ぶとん
遊び方　1枚の座ぶとんを床に置きます。座ぶとんをまたぎ、「ヨーイ、ドン」の合図で、とび上がって、上方で両足を閉じたら、両足を開き、座ぶとんをまたいで着地します。これら2つの開脚・閉脚の動作を交互に繰り返し、だれがいちばん長くがんばっていることができるか、見ている人が数をする遊びです。

だんだん疲れが出てくると、上方での開脚ができなくなります。両足がくっつかなくなったり、座ぶとんを踏んだら失格です。

座ぶとんをまたいでとび上がるのが、何回続くか、簡単なようでむずかしいものです。

小学校の低学年だったら、3～4回で座ぶとんの上にとび降りてしまい、40歳を過ぎた大人でも、5回もやれば同じように座ぶとんを踏んでしまいます。
ねらい　跳躍力を鍛えながら、忍耐力を養います。

326　ふとん片足とび〔中・高〕少

用意するもの　座ぶとん
遊び方　床の上に座ぶとん1枚を置きます。座ぶとんを踏まないで、片足とびで何回とぶことができるか、がんばる遊びです。

幼児に前とびを繰り返させ、次に後ろとびをさせます。後ろとびができるようになったら、こんどは前とびと後ろとびを交互にさせます。

さあ、だれが長くとんでいられるか競争です。

片足とびのむりな幼児には、両足とびをさせましょう。
ねらい　跳躍力を養います。また、幼児には、片足でからだを支えようとするので、平衡性を鍛えます。

この遊びは、狭い部屋でも楽しく、体力が鍛えられます。

ふとんを使って　163

327 ふとん踏み

〔中・高〕 少

用意するもの タオル，座ぶとん
遊び方 スタートラインから離れた所に，座ぶとんを1枚置きます。スタートラインに，座ぶとん1枚につき1人の割で立たせて前方（座ぶとん）が見えないように目隠しをさせます。
　「ヨーイ，ドン」の合図で，目隠しをした子どもは，10歩で座ぶとんまでたどりつけるようにする遊びです。10歩以外の歩数で座ぶとんまで歩いた人は，失格となります。
　座ぶとんを置く距離をかえたり，歩数を「5歩」「30歩」……などとかえて，遊びに興味をもたせるとよいでしょう。

ねらい でたらめに歩くのではなくて，歩幅をどのくらいにすればよいか，目隠しをする前に見当をつけて前進して行く，瞬間的な推測力が必要となります。

328 ふとんとび 〔中・高〕 少

用意するもの ふとん
遊び方 ふとんを3つ以上にたたみ，一方の端からもう一方の端へ交互に何回とび越えることができるか競争します。とび越える際に足がふとんにふれたら失格です。
　足がふとんにふれなくても，たたんであるふとんがくずれたらそれ以上はとべません。ふとんがくずれないように静かに跳躍するよう心がけることが大切です。
　ふとんのかわりに座ぶとんや，学校ではマットを使いましょう。
ねらい ふとんにふれないようにと注意力を養い，跳躍力を鍛えます。その場で思いきりはずみをつけてとび越えるので瞬発力も養います。

329　座ぶとんとりジャンケン〔小・中〕少

用意するもの　座ぶとん

遊び方　1枚の座ぶとんに1人ずつすわります。だれとでもよいからジャンケンをします。
　勝った人は負けた人から座ぶとんをもらい2枚重ねてすわります。こうして次の人とジャンケンをし，勝ち続ければ3枚4枚と座ぶとんを重ね，6枚にした人が勝ちとなるジャンケン遊びです。5枚の人が1枚の人に負けることもあって楽しめます。
　座ぶとんをふやして大勢でやれば，勝ち残った人は高い座ぶとんの上にすわって得意満面ということになるわけです。さあ，うまくすわれるかどうか始めてみましょう。

ねらい　ジャンケンのおもしろさとスリルの中で平衡性を養います。

330　座ぶとんずもう〔小・中〕少

用意するもの　座ぶとん10枚

遊び方　60センチの間隔をあけて5枚ずつ座ぶとんを積み上げ，その上に2人が向かい合って正座します。

　合図で2人は互いに手をパンパンと押したり，引いたりして相手のバランスをくずし座ぶとんの上から落とす遊びです。
　相手が押した瞬間うまく手をはずすと，余勢で前につんのめる格好になりますが，そのときに相手の体に手がさわったら失格です。
　座ぶとんからころげ落ちることにスリルがあり，また見る人にもおもしろい遊びです。畳の部屋ですれば落ちてもけがもなく，家族で楽しめます。

ねらい　座ぶとんの上の遊びですから不安定で，遊びながらバランスをとることをおぼえます。

ふとんを使って　165

いすを使って

331　つま先つまみ〔小・中・高〕㋕

用意するもの　背もたれのないいす
遊び方　いすに腰かけて両足を前に伸ばします。合図で両手をポンと打ち，右手をいっぱいに伸ばし左足のつま先をつまみます。
　次にふたたびポンと手を打ち，こんどは左手で右足のつま先をつまみます。この動作を交互に何回も行なう体力遊びです。
　床の上ですと安定していますから容易にできますが，いすの上ですから不安定でバランスがくずれ，なかなかうまくできません。両足が床についたり，つま先に手がつかなかったら失格です。
ねらい　平衡性を養い，からだの柔軟性も育てます。

332　つま先持ち競争〔中・高〕㋕

用意するもの　いす2脚
遊び方　2人が向かい合っていすの前の方に腰をおろし，両足をまっすぐ前に伸ばして，両手でつま先を持ち，そのままの姿勢をできるだけ長く続ける遊びです。いすから落ちたり，手を放したら失格です。

からだがかたいと，つま先を持つことさえむずかしいのですからいすの背にもたれずに，しかもつま先を持った姿勢を持続することは大変です。

おなかに脂肪のついたおかあさんは，美容体操のつもりで子どもと競争してください。

ねらい 腹筋力を高めます。

333　腰かけけんすい
〔幼・小・中・高〕㊛

用意するもの　背もたれのあるいす1人で2脚
遊び方　いすの背もたれを向かい合わせ，自分の体の横幅よりやや広げて置きます。

いすといすの間に入り，両手をいすの上にかけ，いすをおさえるようにして両手をぐっと伸ばし，足を床からはなしてからだを支えます。

さあ，何分がんばることができますか。いすの間隔を広げすぎるとひっくりかえりますから注意しましょう。

応用として人の肩をつかってもできます。
ねらい　腕を強くし，がんばる気力を養います。

334　足あげ体操
〔小・中〕㊛

用意するもの　いす
遊び方　あお向けの姿勢で両足をいすにのせ，床と平行にからだを伸ばして，床に両手をついてからだを支えます。

「右足あげて」の合図で右足をまっすぐ伸ばしてあげ，「左足あげて」で左足をあげて……と交互に足をあげるのです。

今度は，うつぶせの姿勢で両足をいすにのせて，右足と左足を交互にあげます。

いすを使って　167

いすのかわりに，2人1組で，相手の背中に両足をのせて，足あげを楽しんでもよいでしょう。
ねらい 腕力，腹筋，背筋を鍛えるとともに，脚力をたくましくします。

335 両手ずもう〔小・中〕少

用意するもの 背のついたいす2脚
遊び方 直径80センチぐらいの円をかき，円の中心に幅10センチのラインをひきます。2人がこのラインにつま先をそろえて少しかがんで向かい合い，それぞれ後ろに，いすをすわれるようにおいておきます。

「始め」の合図で互いに両手を広げて手と手でおし合ったり，はじいたりして相手をいすにこしかけさせる遊びです。

円から外に出たり，相手の腕やからだにさわったら失格とします。

ねらい 平衡性を養うとともにちょっとしたスキをうまく活かすコツを体得します。

336 集団いすかけ〔中・高〕多

用意するもの いす
遊び方 1脚ずつ，いすをばらばらに置いておきます。

参加者は全員このいすを囲んで歌を歌いながら歩きます。

リーダーがたとえば「5人」といえば，子どもたちは近くのいすに走り，1つのいすに5人が積み重なってすわります。

次にまた輪になって，リーダーのいう人数だけ腰かけます。リーダーの指示する人数より多く腰かけたりすれば失格です。

乱暴なすわり方をして1つのいすに大勢の子どもが殺到したりすると危険ですから，互いに注意しなければいけません。
ねらい 倒れないように平衡性を養います。

牛乳ビンの紙センを使って

337 紙セン投げ 〔中・高〕 多

用意するもの 牛乳ビンの紙セン

遊び方 紙センをたくさん集め、よくかわかしてから表と裏に目立つ色をぬります。その上にロウでもぬればいっそう丈夫になります。

左手で親指が上になるようにこぶしをつくり、親指の上に用意した紙センを1枚のせます。右手の人さし指か中指で紙センをはじきとばす遊びです。

うまくはじけると紙センは遠くまで気持ちよくとびます。

紙センを色で区別しておいて、大勢の子どもたちがいっせいにとばし競争すると楽しく遊べます。

ねらい 目と手の協応性を高めます。

338 ジャンケンセンとり 〔小・中〕少

用意するもの 牛乳ビンの紙セン

遊び方 1人が5枚ずつ紙センを持ちます。2人が向きあってすわり，その前におのおの1枚ずつ牛乳の紙センを置きます。

ジャンケンをして勝ったら相手の紙センをすばやく取ります。負けたほうは，相手にとられないようにこれもすばやく押えます。

しかし両手を使ってはいけません。紙センがなくなってしまったら負けです。さあ取られないようにがんばってみましょう。

ねらい ジャンケンのもつおもしろさを味わうなかで,「よし，こんどこそは……」の闘争意欲をかきたてます。

339 点とり遊び 〔中・高〕少

用意するもの 牛乳ビンの紙セン（参加人員の数だけ用意します），机，80センチ角の白い紙

遊び方 白い紙に，直径5センチていどの円をいくつもかき円の中に1，2……5などと数字をかいておきます。

参加者が机をかこみ，自分の持ちセンを決め，順番に机の端からセンを指ではじいて円に入れ，点数を競うゲームです。点数の多いのは円を小さくして入れにくくするとか，円の線にセンが半分以上かかればよいとか工夫して遊びましょう。

得点表を作って勝ち負けを競えばいっそう楽しく遊べます。センにはいろいろの色をぬっておくとよいでしょう。

ねらい 指と目の協応性と瞬発力を養います。

340 まる券とり遊び 〔小・中〕㊉

用意するもの 牛乳ビンの紙セン20枚，赤・黄・青・黒（4色，何色でもよい）の色紙

遊び方 色紙を牛乳ビンの紙センと同じ大きさに切りとり，10枚の紙センの表に赤，ウラに青をはり，もう10枚には，黄と黒の色紙をはってまるい券を作ります。

　用意ができたら，たたみやろうかの上に赤いまる券を10センチ間隔でバラバラにおきます。このまる券を黄と黒の券でひっくり返して青にするのです。10枚のまる券を何枚ひっくり返すことができるかという遊びです。

　何枚ひっくり返すことができましたか。

ねらい 腕力を強くし，どのように当てればカードがひっくり返るかと考える知力を育てます。

341 センとり競争〔小・中〕㊉

用意するもの 牛乳ビンの紙センまたはビールビンの王冠など1組につき5枚

遊び方 1メートル間隔で，直径30センチの円を5つかきます。2組で競争するときは，同じ大きさの円を5つ，2メートルほど離れた所にもかきます。

　全部の円の中央に，牛乳ビンのふたを1枚ずつ入れておき，リーダーの合図で，それぞれの組の先頭が，片足とびで出発，円の中のセンをとっていきます。5枚全部とったら走ってきて，次の人に渡します。

次の人はそのセンをもらい，同じく片足とびで，今度は円の中にセンを1枚ずつ入れていき，入れ終わったら走ってきて，次の人にタッチ。このくり返しで全員が早く終わった組が勝ちです。

ねらい 平衡性を育てます。

牛乳ビンの紙センを使って

342　ふたとりジャンケン〔幼・小・中・高〕㊉

用意するもの　牛乳ビンのセン（各自5枚ずつ持ちます）

遊び方　人数にあわせて円をかきます。円の中に入り、リーダーの合図で友だち同士ジャンケンをし、勝った人は負けた人から、センを1枚もらいます。

　負けてばかりいると、センが少なくなってしまいます。また円の外でジャンケンをすることはできません。

　自由に相手をかえてジャンケンできますが、センがなくなった人は、円の外に出なければなりません。

　だれが、最後まで円の中に残るでしょう。

　このほかに、いろいろルールを決めて行なえば、いっそう楽しく遊ぶことができるでしょう。

ねらい　ジャンケンのもつおもしろさを味わいます。

あきカンを使って

343　あきカン遊び〔幼〕少

用意するもの　ジュースのあきカン，かんづめのあきカン大小，ドライミルクのあきカン
遊び方　いずれのあきカンも外側を塗料で赤，青，黄などきれいにぬっておき，カンの切り口をあぶなくないように，きれいに切り落としておきます。
　用意したあきカンは幼児の砂場遊びに使います。大きいカンをいっぱいにするには小さいカンで何ばい入れたらいいかなどと遊びます。おかあさんが「1ぱい，2はい」と数を数えてやると子どもも楽しく遊ぶでしょう。
ねらい　遊んでいるうちに幼児は分量の感覚を身につけ，数を数えることも知らない間にできるようになります。

344　砂送り競争〔幼〕少

用意するもの　砂，ジュースのあきカン1個
遊び方　10人1組で，それぞれの間隔を1メートルにして円をかき，円の中に立ちます。そして，先頭はジュースのあきカンに砂を満杯にして立ちます。
　「ヨーイ，ドン」の合図で，先頭は2番目の人の両手のひらにジュースのあきカンに入った砂をあけます。2番目の人は，砂をこぼさないように3番目の円の人に砂を渡し，3番目の人は2

番目の人から砂をこぼさないように受け取って，次の人に渡していきます。

最後まで受け渡しが終わったら，最後の人から先頭の人まで，同じ要領で順番に，砂の受け渡しを両手のひらで行なっていく遊びです。

先頭まできたら，先頭は受け取った砂を両手のひらからジュースカンにじょうずに入れて，どれだけ砂をこぼさないで運ぶことができたかを調べてみます。

ねらい 慎重さ，注意力を育てます。

345 ふうせん落とし〔幼〕少

用意するもの ジュースのあきカン50個，水の入ったポリバケツ5個，紙テープ（1メートルの長さ）5本，ふうせん5個，洗たくざおまたは棒（3メートルの長さ）5本

遊び方 10人1組になり，1本の洗たくざおの端を2人が肩にかけて立ちます。その真中に紙テープでふうせん1個をしばってつるします。

ふうせんから5メートルのところにラインを引き，リーダーの合図で，5組がそれぞれバケツからジュースカンに水をくんで，紙テープやふうせんに水をかけ，早くふうせんを地面に落とす遊びです。

ふうせんを落とさないうちに，ポリバケツの水がなくなってしまったら負けです。

応用として，参加者の人数や年齢・性別などによって，ふうせんまでの距離を遠くしてもよいでしょう。

ねらい 手と目の協調性を育て投力を鍛えます。

346 こぼさないで走ろう〔幼〕少

用意するもの ドライミルクのあきカン，1.5メートルの棒（あきカンに穴をあけてひもを通し，棒の両端に1カンずつぶら下げて，中に水を8分目まで入れておく）

遊び方 スタートラインより5メートルの距離に目標を決めます。

「ヨーイ，ドン」の合図で，水の入ったあきカンをぶら下げた棒を肩にかけて，手でバランスをとりながら，目標を回ってもどり，次の人と交代するリレー式チーム対抗の遊びです。

運ぶときに水をこぼしたら、もう一度最初から
やり直しをします。
　童謡に出てくる魚屋さんを思い出す楽しい遊び
です。
　さあ落ち着いて、落ち着いて。
ねらい　落ち着きと慎重さを育て、平衡性を養い
ます。

347　カンカンたたき
〔小・中・高〕少

用意するもの　ジュースのあきカン2個、長
さ1メートルの棒2本、長さ50センチの棒2
本、長さ1メートルの強いひも2本、頭のす
っぽり入る紙袋2枚
遊び方　長い方の棒の先にひもの先をしばり、
もう一方のひもの先をカンの真ん中に穴をあ
けて通し、しばり目を作って抜けないように
しておきます。

　参加者を2組に分け、先頭の人が紙袋をかぶり、左手にカンをぶらさげた棒を持ち、右手に短
い棒を持ちます。
　合図でカンをたたき、カンを1つたたくたびに1歩進み、目標まで進んだら紙袋をとって走っ
て帰り、次の人と交代します。
　カンをたたくとき腕を曲げないように、また腕を上げすぎないようにします。
　紙袋をかぶっているので、真っすぐ進みにくいわけですが、方向を間違えそうになったら、右、
左と声援を送りましょう。
ねらい　目かくしをしているので感覚訓練になります。

348　あきカンつり遊び〔幼・小〕少

用意するもの　ジュースのあきカン2個、竹の棒（細い竹で1メートルの長さのもの）4本、針
金、約2メートルの細ひも2本
遊び方　2本の棒の先に約2メートルのひもを結びます。ひもの真ん中に針金を結び、その先を
つり針のように曲げておきます。ジュースのあきカンはバケツのつり手のように針金でつり手を
作ります。これを2組ずつ作っておきます。

あきカンを使って　175

ラインをひき，約1.3メートルのところにつり手を付けたあきカンを置き，2人1組でそれぞれが棒を持ってカンをつる遊びです。
　2人が気持ちを合わせ協力しないとできません。
　リレー競争したら大勢でも楽しく遊べます。
ねらい　協調性を育てます。

349　集団あきカン積み
〔幼・小・中〕多

用意するもの　ジュースのあきカン10個
遊び方　1グループ10人で5組つくり，1人ひとりがジュースのあきカンを持ちます。
　グループとグループの間は4メートルの間隔をあけ，リーダーの合図で，1人ずつカンを積み上げていく遊びで，10人がカンを倒さないように早く積み上げたら勝ちです。
　この遊びは，10人が「ワァーワァー」と言いながらやるために，途中で積んだカンがぐらついては，音をたてて倒れます。隣の組のその音を聞いたりすると，あせって自分たちの積んだカンを倒してしまったりします。
　この遊びは10人でやるより，1人で真剣に積み上げたほうが早くできますが，10人がワイワイとやるところにおもしろさがあります。
　応用して小学生の組，中学生の組，高校生の組，大人の組と分けてやるのもよいでしょう。
ねらい　協調性と仲間意識を育て，カンがくずれるスリルと楽しさを味わいます。

350　あきカン同時積み〔幼・小〕少

用意するもの　ジュースのあきカン
遊び方　あきカンを両手に1つずつ持ち床に同時に立てます。カンの間は50センチくらいあけること。次に2本目も同じように左右の手とも1本目の上に同時に積み上げます。3本目も同じです。途中で倒れたらもう一度最初からやり直し。

右手ばかり気にしていると左手がおろそかになり、なかなかむずかしい遊びです。
ねらい 目と手の協応性を養うとともに落ち着き、集中力を育てます。

35¹ あきカン積み上げ競争〔小・中〕少

用意するもの ジュースのあきカン、新聞紙、セロハンテープ
遊び方 新聞紙を丸く細く巻いて5，6ヵ所セロハンテープでとめ、新聞棒を作っておきます。

直径50センチの円をかきます。そこから3メートル離れたところにスタートラインをひき、ジュースのあきカンをできるだけたくさん置いておきます。

合図で新聞棒をはしがわりに使い、ジュースのあきカンをはさんで落とさぬように円のところまで持って行き、定められた時間内にあきカンをたくさん積み上げる遊びです。

あきカンが倒れたら、時間のあるかぎり再度挑戦します。

あきカンのかわりに牛乳ビンを使っても遊べます。
ねらい 競争のなかで、集中力を鍛えます。

35² カンつなぎ競争〔幼〕少

用意するもの ジュースのあきカン
遊び方 5人1組のグループを数組つくります。1組にあきカン20個の割で床に倒しておきます。リーダーの合図で、いっせいにあきカンを20個横に並べる遊びです。

あきカンとあきカンの間にすき間ができないようまっすぐ横に並べなくてはいけませんが、あきカンが丸くてころがりやすいので、5人が右往左往の大変な作業です。

見ている人も楽しめる集団遊びです。

屋外でも砂の多いところならできますが、カンがころがらないので、やはり、おもしろく遊ぶには体育館などの床の上の方がいいでしょう。
ねらい 落ち着きと、仲間意識を育てます。

あきカンを使って

353 あきカンのピラミッドづくり〔幼・小〕㊙

用意するもの ジュースのあきカン

遊び方 10人で1グループつくり，各組が2メートルぐらいの間隔をとります。リーダーの合図で10人が協力して，早くジュースのあきカンでピラミッドをつくる遊びです。

ピラミッドはあきカンを倒して横にし，4個くっつけて並べたものを一番下に，その上に3個，さらにその上に2個，最後に1個を積み上げてつくります。

地面の上ですと，カンがすべりにくいので早く積み上げることができますが，体育館のような床のすべる所では，なかなかむつかしいです。

応用として，カンを縦に4個並べ，その上に3個，2個，1個と積み上げて遊んでもよいでしょう。

また，1組を15人にして，同じように早く積み上げるカン積み競争をしたり，20人にふやすなど，参加者の多い少ないで，遊びに変化をもたせると，より楽しくなります。

ねらい 慎重さと仲間意識が育ちます。

354 集団カン立て競争〔幼・小〕㊙

用意するもの ジュースのあきカン

遊び方 直径1.5メートルの円をかき，その中に10個ずつあきカンを倒しておきます。

10人1組となり，それぞれの円に入ります。

1分間の時間内に，リーダーの合図で10人いっせいに両足だけで，カンを立てる集団遊びです。

狭い円の中で，しかも1分間のうちにカンを立てるのですから，互いにじゃましあうことになり，なかなかうまく立てられません。そこにこの遊びのおもしろさがあります。

応用として，それぞれ10人が円の外にいて，1人が1個のカンを立てたら次の人と交代して，競争しても遊べます。

ねらい 目と足の協応性が集中力を育て，脚力もたくましくします。

355　立ってカン立て競争〔全〕少

用意するもの　ジュースのあきカン10個
遊び方　直径50センチの円を2メートルぐらいの間隔をあけて2つかき、円の中にそれぞれ5個のジュースカンを倒しておきます。円から約5メートル離れたところにスタートラインをひきます。
　リーダーの合図で片足とびで円まで行き、足をつきます。そして、両足だけでカンを円の中に立てる遊びです。あわてるとせっかく立てたカンを倒してしまい、もう一度立て直ししなければならなくなります。
ねらい　足首や足先の運動になります。

356　ひたいにあきカン立て〔全〕少

用意するもの　ジュースのあきカン
遊び方　1人1個ずつあきカンをもちます。「ヨーイ、ドン」の合図で、あごをつき出して、顔を上に向けたひたいに、あきカンを立てて、だれが一番長い間がんばれるかの根くらべ競争です。
　できるようになったら、ひたいにあきカンを立てたまま、だれが一番遠くまで歩けるか競争しましょう。あきカンが倒れたり、落ちたら失格。手でさわるのはルール違反です。
ねらい　平衡感覚を養います。

357　カンの持ち上げ〔幼・小〕少

用意するもの　ジュースのあきカン
遊び方　床の上でジュースのあきカンを三個積み上げます。一番下のあきカンを3個がくずれ落ちないよう、右ききなら右手で、左ききなら左手でそっと頭の高さにまで持ち上げ、だれが一番長い間、もち続けていられるか競争する遊びです。
　うまくできるようになったら、積み上げた3個を顔の高さにもち上げたまま、だれ

あきカンを使って　179

が一番遠くまで歩けるかを競争してもいいでしょう。
ねらい　平衡感覚，集中力を養うとともに，カンを支えるため腕力を強くします。

358　あきカン運び＜1＞〔中・高〕㊚

用意するもの　ジュースのあきカン
遊び方　スタートラインより5メートルの距離に目標を決めます。
　5人1組になり，1人がジュースのあきカンを3個積んで，一番下の1個を手に持って，目標を回ってもどってくる遊びです。
　上の2個のあきカンが固定されていないので，不安定です。ゆっくりゆっくり，ジュースカンを見ながら進むことが大事です。
　途中で2個を落としたら，最初からやり直しをします。
　人数が多かったり，幼児がやる場合は，ジュースカンを2個にしてもよいでしょう。
　カンを見つめるあまり，あごが前につきでて，おそるおそる歩く姿は，見ていても楽しいものです。
ねらい　慎重さ，平衡感覚を育てます。

359　あきカン運び＜2＞〔小〕㊚

用意するもの　ジュースのあきカン
遊び方　スタートラインより5メートル先に目標を決めます。
　2人1組でスタートラインに立ち，1人は左手で，もう1人は右手であきカンの端を持ちます。2個のあきカンの間に，ジュースカンを1個はさんで持ちます。
　「ヨーイ，ドン」の合図で，はさんだあきカンを落とさないように，目標を回ってもどり，次の2人と交代するリレー式競争遊びです。
　あきカンのはさみ方は，飲み口の部分と底の部分を，サンドイッチのようにはさみ，落ちそうになっても，絶対に手でさわらないこと。落としたら最初からやり直しとします。
　2人で，「イチ，ニ，イチ，ニ」とかけ声を合わせて進むとよいでしょう。
ねらい　協調性を養います。

360　バランスボール〔中・高〕少

用意するもの　ジュースのあきカン，ゴムまり，セロハンテープ

遊び方　ジュースのあきカン10個をセロハンテープでつないだ棒をいくつか作ります。

　数人がそれぞれ棒の上にゴムまりをのせ，棒の下を手の平にのせて，まりが落ちないようにバランスをとってがんばる遊びです。

　棒が倒れないよう，常に足と腰と手でバランスをとっていなければなりません。

　隣の人とぶつからぬように間隔をあけて遊びましょう。

　見ている人もハラハラしてスリルのある遊びです。

ねらい　平衡感覚を養います。

361　あきカン2人乗り〔小・中・高〕少

用意するもの　ジュースのあきカン5個，セロハンテープ

遊び方　あきカン5個をセロハンテープでつなぎます。

　あきカンの棒ができると，2人が1組になって，リーダーの合図で両手をつないで，あきカンの上に乗ります。

　だれの組が落ちないで，最後まで手をつないでバランスをとり，長く乗っていられるか競争をします。

　この遊びは，1人がバランスをくずすと，引っ張られて落ちてしまいます。

　2人の気持ちがぴったり合わないと，長くがんばれません。

　あきカンも，60キロ以上の人が乗らないかぎり，へこむことはありませんので遊具として活用できます。

ねらい　平衡性を育てます。

362　あきカンころがし〈1〉〔幼〕少

用意するもの　ジュースのあきカン

遊び方　あきカンに砂をつめて，砂がこぼれないよう口をとめておきます。地面にかたつむりの

あきカンを使って　181

カラのようなうずまきをかきます。線の間は50センチくらいです。「ヨーイ，ドン」の合図でうずまきの外側から内側へ，砂の入ったあきカンを背中を曲げて両手のひとさし指でころがしながらまん中まで運ぶ遊びです。

線の外へ出たら，最初からやり直しです。

ねらい 足腰を鍛えながら注意力も育っていきます。

363 あきカンころがし〈2〉〔幼〕少

用意するもの ジュースのあきカン4個
遊び方 ジュースカンを2個，指先でころがして目標をまわる遊びです。ジュースカンはうまく平均をとってころがさないと，一方が外にまわったり，内側にころんだり，早くころんだりしてなかなかむずかしい遊びです。
ねらい 右手と左手の動作の調整力，あきカンを追いかける活動力を高めます。幼児にはボールを使ってその性質を把握させるのもよいでしょう。

364 あきカンころがし〈3〉〔小〕少

用意するもの ジュースやビールのあきカン，なわとびのヒモ
遊び方 スタートラインに，あきカンを横倒しにしておきます。

「ヨーイ，ドン」の合図で，あきカンになわとびのヒモをかけて，ころがしながら目標を回ってもどってきます。

リレー式にすると競争意欲が高まり，反面スタートラインへ思うようにころがすことができず，とても楽しくなってきます。

力を入れると，あきカンがヒモから出てしまったり，引っ張っているうちに，リズムが狂うと，やはりあきカンが外へ出てしまいます。また，腰を曲げて引っ張

るために，平均をとることがむずかしく，遊びにとても神経を使います。
　１人でころがしたり，ときには２人で協力しながらころがしてもよいでしょう。
ねらい　集中力を養います。

365　ダンボール箱ころがし〔幼〕⑤

用意するもの　ダンボール箱（１辺が50センチほどの立方体がよい），ジュースのあきカン
遊び方　ダンボール箱に，ジュースのあきカン10個を入れてふたをし，ガムテープでとめます。
　スタートラインより５メートル先に目標を決めます。
　「ヨーイ，ドン」の合図で，１人がダンボール箱を両手でころがしながら目標を回ってもどり，次の人と交代するリレー式競争遊びです。
　ころがすときに，両手でダンボール箱を引きずったり，押したりしたら失格。あくまでもころころころがしていくこと。そのときは，たえず中にはいっているジュースカンの音がしています。
　応用として，足でけってころがしてもおもしろいでしょう。
ねらい　目と体の協応性が無駄のない運び方をリードするようになります。

366　人間トロッコ〔中〕⑤

用意するもの　ジュースのあきカン50個，縦60センチ，横30センチの板
遊び方　あきカンを５個ずつセロハンテープでつなぎます。
　１グループ４本のつないだあきカン棒を地面に並べ，その上に板をのせます。板の上に１人ずつのり，あきカンの棒をかっ車にして，上にのった子どもを目標までころがしていく，２人１組となってやる遊びです。
　あきカンの上を板がすべって前に進みます。あきカンの棒を前に持ってきて，板が前に進むようにバランスをとって運んでいきます。
　上にのった人と運ぶ人が一体となってころがしていき，目標までいくと，のった人が向きを変えて出発点までもどります。
　砂の多い所では無理ですが，コンクリートのたたきでは，非常にうまくいきます。
ねらい　平衡性を育てます。

あきカンを使って　183

367 ジュースカン倒し〔小〕⑰

用意するもの ジュースのあきカン5個以上
遊び方 4個のあきカンを前方にならべて立てておき、5メートルぐらい隔てた所に、ラインをひいておきます。

そのラインから、1個のあきカンをころがして、前方に立ててあるあきカンを倒す遊びです。

あきカンが、なかなかまっすぐにころがってくれないため、立ててあるジュースカンの所になかなか行きません。そこに、この遊びのおもしろさがあります。

4個のあきカンを、うまく倒すことができるようになったら、こんどは、あきカンを積んだり、間隔を広くしたりして、並べてやってみましょう。

ねらい 目と手の協応性を養い、正しい判断力が身につきます。

368 あきカンけり〔小〕⑰

用意するもの ジュースのあきカン
遊び方 直径50センチの円をかいて、円の中にジュースのあきカンを2個積み上げて立てておきます。そこから5メートル離れたところにスタートラインをひきます。

合図でスタートラインから片足とびで円のところまで進み、そこで地面についていない足で、2個のあきカンのうち上に積んだあきカンだけをけり落とす遊びです。

けり落とす際、下のあきカンを倒したら失格です。

応用として、片足とびしてきた軸足で瞬間にけってもよろしい。

5歳児ぐらいでも指導しだいで楽しく遊ぶものです。

ねらい どうけるか目と足の協応性を育て、片足でけるためバランスをくずさないで平衡性を保とうとするようになります。

あきビンを使って

369 わりばし入れ競争 〔幼〕 少

用意するもの 牛乳のあきビン20本，わりばし20本

遊び方 スタートラインから5メートルほど離れたところに牛乳ビンを10本ずつ2組に分けて横に並べておきます（各ビンの間は約20センチ，組の間は約1メートル）。

遊び方は，先頭の人が10本のわりばしを持ち，合図で片足でとんでいきます。ビンのところに来たらビンに1本ずつわりばしを入れ，入れ終わったら走ってきて，次の人と交代します。次の人は何も持たないで片足でとんでいき，ビンにさしてあるわりばしを抜いてきて次の人に渡します。というように交互にしていく遊びです。わりばしはびんに簡単にはいるように思えますが，急ぐとなかなかはいりません。ビンを倒さないよう競争しましょう。

ねらい 敏捷性，正確性を養います。

370 花さし遊び〔幼〕少

用意するもの あきビン（ビールビンまたはジュースビン）5本，花（造花でも草花でもよい）5本，紙袋（頭がすっぽり入るもの）5枚

遊び方 子どもを5組に分け，各組の間隔は1メートルずつとします。

先頭から5メートル離れた所にあきビンを並べておきます。各組のビンをきめ，これも1メートルの間隔に並べます。

各組の先頭に花を1本ずつ持たせ，紙袋をかぶせます。

この遊びは，リーダーの合図で，紙袋をかぶってビンの所まで行き，きめられた自分たちのビンに花をさします。リーダーが見ていて紙袋をとってやります。花と紙袋を持って帰り，次の人と交代するのです。リレーでするため，競争心が一段とわきあがります。花をさそうとしてビンを倒したら，もう一度出発点からやりなおし。さあ，ガンバッテ！

ねらい 感覚を養います。

371 花さし競争〔幼〕少

用意するもの ジュースのあきビン10本，草花または木の枝10本

遊び方 1メートル間隔に，5本のビンを並べ，それを2列用意しておきます。

リーダーの「ヨーイ，ドン」の合図で片足とびをし，5本の花をビンに1本ずつさしていき，最後までいったら，また片足とびをして，さした花をとってきます。それを次の人に渡し，リレー式で行ないます。

草花や木の枝は，なるべく長く切っておいた方がよろしい。

ジュースビンの口は小さいため，なかなか入りません。また片足でとんでいるため，ビンが倒れます。ビンから抜くときも倒れないように抜かねばなりません。競争ですから，ついあわてます。そこで失敗をします。

ねらい 平衡性を養います。

372 ビー玉とり〔小〕少

用意するもの 牛乳ビン，ビー玉，はし
遊び方 牛乳ビンの中にビー玉を入れ，それをはしでつまみ出す遊びです。牛乳ビンの口が狭く，そのうえ，ビー玉が丸くて重みがあるので，うまくつまみ出すのはなかなかむずかしいものです。なんとかはさんでも，ビンの口もとまできてぽとりと落としがちです。
親子や友達同士向かい合って競うのもよいし，定められた時間内に何回出し入れできるかなど，年齢に応じていろいろ遊びを工夫してください。
ねらい 器用さと根気（ねばり）強さを育てます。

373 ビン立て競争＜1＞〔小〕少

用意するもの ジュースのあきビン6本

遊び方 スタートラインから5メートルほど離れたところに直径30センチの円を，2メートルの間隔で2つかいておきます。
2組に分かれ，スタートラインにつきます。先頭の人はジュースのあきビン3本を持ち，合図で走り，円の中へあきビンの口を下にして3本とも立てます。立てたら走って帰り，次の人と交代します。
次の人は走っていき，3本のあきビンを落とさないように持ち帰ります。こうして同じことを何度も繰り返して早く終わった組が勝ちです。
ねらい この遊びはビンをさかさまに立てるのですから注意力を要し，落ち着いて行動する気持ちを養います。

374 ビン立て競争＜2＞〔全〕少

用意するもの 牛乳ビン
遊び方 直径50センチの円をかき，円の中に5本の牛乳ビンを倒しておきます。円から約5メートル離れたところにスタートラインをひきます。
合図で円のところまで片足とびで行き，倒れている牛乳ビンを手を使わず足だけで立てる遊びです。
あわてて立てると，せっかく立ったビンまで倒してしまいます。あわてず落ち着いて立てるこ

とです。
　ビンの底を下にして立てたり，この逆にビンの口を下にして立てる二通りのやり方があります。
ねらい　足首や足先の運動になります。

375　牛乳ビン積み上げ競争〔全〕少

用意するもの　牛乳ビン
遊び方　牛乳ビンを2本ずつ床に横倒しにしておきます。
　「ヨーイ，始め」で，参加者は牛乳ビンの前におしりをつき牛乳ビンの飲み口を上に向け，手を使わず両足先ではさんでまず1本立てます。 
　その上にこんどは飲み口を下にして，同様手を使わずもう一本積み上げます。
　5，6人で競争させると子どもたちは真剣に取り組むでしょう。
　牛乳ビンのどこをはさんだらいいかに工夫のいる遊びです。
ねらい　集中力を育てます。また，足をあげたり，手で体を支えるので脚力と腕力を鍛えます。

376　ブロック積み〔中・高・大〕少

用意するもの　牛乳ビン
遊び方　1人に牛乳ビン3本ずつを床に倒しておきます。
　合図で床におしりをつけ，手を使わずに両足だけで3本の牛乳ビンを積み上げる遊びです。
　積み上げる際牛乳ビンの向きは飲み口を下にします。
　3本早く積み上げた人が勝ちですが，2本まではなんとかできてもあと1本が大変です。
　家族で競争しましょう。おなかに脂肪のついたおとうさんやおかあさんには，うってつけの遊びです。
ねらい　集中力を養い，腹筋，脚力を強くします。

377　牛乳ビンの電車〔中〕㊛

用意するもの　牛乳ビン20本
遊び方　2人1組になり5つの組をつくります。組と組との間隔は約2メートルにします。各組の足もとに牛乳ビンを4本ずつ横にしておきます。
　リーダーの合図で両足を使って、2人が協力して、牛乳ビンを長く並べる遊びです。
　両足で並べるために、足先の力の入れ方でビンがすぐ動いてしまい、なかなかうまく並びません。2人の気持ちのあわせ方が成功のコツです。
　応用として、あきビンを5本にふやしたり、3人で10本並べたりするのもよいでしょう。
ねらい　協調性、集中力を養います。

378　バランスのり〔中・高〕㊛

用意するもの　牛乳ビン
遊び方　牛乳ビンを2本、口を同じ方向に向けて、床に並べます。
　最初に片方のビンの上に片足をのせ、うまくバランスがとれたら、もう1本のビンにも片足をのせて立ち、できるだけ長くがんばる遊びです。
　うまくバランスをとらないと、ビンがくるりとまわって足が床についてしまいます。
　親子で競争してみましょう。
ねらい　バランスをうまくとる遊びで、平衡感覚と落ち着いて行動する気持ちを育てます。合わせて集中力、巧緻性も養います。

379　ビンのりサーカス〔中・高〕㊛

用意するもの　牛乳ビン
遊び方　10本の牛乳ビンを、全部横に倒して、30センチ間隔に縦に並べます。1ビンに1足の割で、交互にビンの上を渡って、前進する遊びです。ビンの上にうまくのれないで、床に足をついてしまったら、もう一度最初からやりなおしです。
　かたい床の上よりも、砂地でやるほうが、地面に牛乳ビンが食い込んで安定するため渡りやすくなります。

あきビンを使って　189

からだのバランスがうまくとれないと，牛乳ビン同士がぶつかり合って，牛乳ビンが割れることがあります。そこで，ジュースのあきカンを，牛乳ビンと牛乳ビンの間に1カンずつ置けば，割れる心配がありません。

牛乳ビンをけらないで，片足ずつしっかりとのるつもりで渡って行くとよいでしょう。

ねらい 平衡感覚を養います。

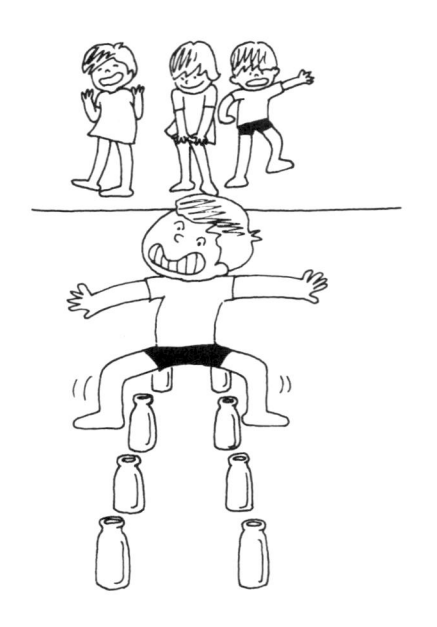

380 かりまた牛乳ビン渡り〔小〕少

用意するもの 牛乳ビン

遊び方 10人1組になります。スタートラインより，牛乳ビンを縦に10本ずつ30センチ間隔で，隣の牛乳ビンとの間隔を50センチにして2列に並べます。

「ヨーイ，ドン」の合図で，先頭はまたを開いて2本の牛乳ビンをまたいで，かりまたのかっこうで，牛乳ビンを倒さないように，最後のビンまで前進したら，同じかりまたのかっこうでスタートラインまでもどって，次の人と交代するリレー式競争遊びです。

1本でも牛乳ビンを倒したり，2本の牛乳ビンの内側に両足が位置したら，最初からやり直しをします。

応用として，ジュースのあきカンや，ビールビンを立てても遊ぶことができます。

ねらい 忍耐力と注意力を育てます。

381 ビー玉ゴルフ〔小〕少

用意するもの ビー玉と牛乳ビン，新聞棒（大判の新聞紙2枚を重ねて，それを直径1センチほどの細い棒状に巻き，端をセロハンテープでとめておく）

遊び方 庭先や広場のすみに，牛乳ビンが入る穴をあけて，ビンの飲み口が，地面の高さと同じになるように埋めます。

ビー玉を，牛乳ビンの飲み口から1メートルの所に置き，そこからビー玉を新聞棒の先で打って，早くビンの中に入れる遊びです。

ビンを2，3か所に埋めて，それぞれビー玉を5個ずつ持ち，5個全部打ち込めば勝ち，という競争もよいでしょう。

親子で，身近なものを使って，金をかけないでするゴルフ遊びがたんのうできます。

ねらい 集中力や注意力を養います。

ふうせんを使って

382 ふうせんにまりあて〔幼・小〕⑨

用意するもの ゴムふうせん，ゴムまり
遊び方 ふくらませたゴムふうせんを高くあげ，地上に落ちてくる間にゴムまりを投げ，あてる遊びです。
　ふうせんはまっすぐ落ちずゆれ動くので，簡単にあてることはできません。地上に落ちるまでに何個あてることができるでしょうか。
　ゴムまりを投げるとき，横から投げるとふうせんが横にとんでしまうので，次にあてるのがむずかしくなります。真下からあて，上にとばすようにするのがコツです。
ねらい 目と手の協応性を育てます。

383 ふうせん落とし〔幼〕⑨

用意するもの ふうせん，紙テープ（ふくらませたふうせんの口に80〜90センチに切った紙テープを，結びつけておく），シャンプーのから容器
遊び方 スタートラインから2メートル離れた所に，上からふうせんに結びつけた紙テープをたらします。
　「ヨーイ，ドン」の合図で，1人1本ずつ，水を入れたシャンプーの容器をしぼって，水を飛ばせて風船を落とす遊びです。
　夏の水遊びにもってこいの，とても素朴な水鉄砲遊びです。

戸外でするので，ふうせんが風にゆられて，思うように紙テープに水が飛んで行かないために，水のむだづかいをしてしまったり，うまく紙テープに水が当たって，ふうせんを落として喜んだり，見ている人も，夢中になってしまいます。

ねらい 集中力を養い，握力を鍛えます。

384 ボクシングゲーム〈1〉
〔小・中〕少

用意するもの ゴムふうせん，紙テープ，ひも

遊び方 遊ぶ人の背の高さにひもをはって固定します。

ゴムふうせんをいっぱいにふくらまし，空気がもれないようにしっかり結びます。50センチほどの長さに切った紙テープの端をふうせんの結び目に，これもしっかりと結び，テープのもう一方の端をひもの中央に結びつけます。

ボクシングのように手をげんこつにしてふうせんをたたき，紙テープを切る遊びです。紙テープに手を触れて切った場合は失格です。

力いっぱいたたいても紙テープに力が加わらず，容易に切れないところにおもしろさがあります。幼児や低学年の場合は，紙テープを縦に半分にさいて使うとよいでしょう。

ねらい 腕力を鍛えます。

385 ボクシングゲーム〈2〉
〔小・中〕少

用意するもの ゴムふうせん，紙テープ

遊び方 ふうせんをできるだけ大きくふくらませ，長さ1.5メートルぐらいに切った紙テープを吹き口に結んでおきます。

きき手の反対側の手首にふうせんを結んだ紙テープを結びます。両手でふうせんを上に放りあげ，きき手でふうせんを打ち紙テープを切る遊びです。紙テープにさわって切った場合は失格です。

4，5人が参加し，時間を決めて競争しましょう。

ふうせんを足首や腰に結んでもよろしい。

ねらい 腕力を鍛えます。

386　ふうせん吹き競争＜1＞〔全〕⑨

用意するもの　ゴムふうせん，包装紙または新聞紙
遊び方　包装紙を丸め直径約3センチ，長さ1メートルぐらいの筒を作り，セロハンテープでとめます。
　筒でふうせんを吹き，4〜5メートル先の目標をまわってくる遊びです。
　筒がふうせんに触れないように，吹くだけでふうせんを進めるのですから大変です。どこを吹いたらまっすぐ進むか考えなければいけません。
　数組でリレー競争したらいっそう楽しく遊べます。
ねらい　正しい判断力が養われます。

387　ふうせん吹き競争＜2＞〔全〕⑨

用意するもの　ゴムふうせん（できるだけまるいもの）2個，ストロー4本
遊び方　ゴムふうせんはあかちゃんの頭の大きさぐらいにふくらませておきます。
　スタートラインを引き，そこから約1メートルの所にもラインを引いておきます。
　出発点にゴムふうせんをおき，2人1組になりストローでふうせんを吹いて，目的のラインまで行く遊びです。ストローの先でふうせんを進ませたり，ふうせんにさわったりしてはいけません。
　このゲームは，ふうせんを吹く2人のタイミングがくずれるとなかなかうまくいきません。
　2人の気持ちをよく合わせ，さあ，がんばりましょう。
ねらい　協調性を育てます。

388　ふうせん吹き競争＜3＞〔中・高〕⑨

用意するもの　ふうせん，画用紙それぞれ人数分
遊び方　まず画用紙を筒にして口にくわえます。「ヨーイ，ドン」の合図で手のひらのふうせんを上にあげて，落ちないようにその筒で吹いてください。ただし手を使うと反則です。長い間落とさずにいた人が勝ちです。
ねらい　肺活力を強くします。

ふうせんを使って　193

389　ふうせん送り〔幼・小〕少

用意するもの　ゴムふうせん（丸いもの）2個

遊び方　2組に分かれ，各組とも1列ずつの縦隊になり，足をひろげて立ちます。足で作ったトンネルができます。

　この遊びは，ふうせんを手で送って，トンネルをくぐらせ，最後の人までいったら，その人が持ってきて先頭に立ち，もう一度同じことをくり返します。

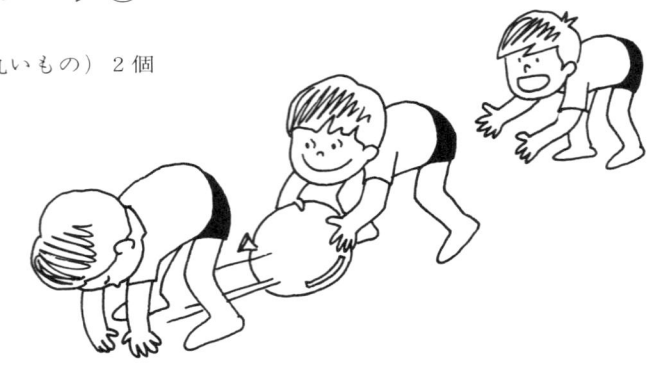

　この遊びは，手から手に渡してはだめです。また，前の人と後ろの人の間隔があきすぎていると風が入り，ふうせんがうまく，思うように動いてくれないのでやりにくくなります。

　途中で外に出た場合はやり直しです。

　ボールですれば，わりに簡単に最後の人まで行きますが，ふうせんですからうまくいきません。

ねらい　注意力を増し，協調性を養います。

390　ふうせんけり〔小・中〕少

用意するもの　ゴムふうせん（丸いもの）5個

遊び方　ふうせんは，大きくふくらませておきます。出発点を決め，出発点より，5～6メートルはなれた所に，目標を定めておきます。

　5人が出発点に並び，各人が1つずつふうせんを持って用意します。

　リーダーの合図でふうせんを投げ，足でけり，目標をまわってくる遊びです。ふうせんを地面に落としたら失格。ふうせんを落とさないように，できるだけ早く出発点にもどった人がよいわけです。

　場所は，風のない時は，庭先や広場が適当です。園では，遊戯室などを使いましょう。

　この遊びは，1組5人ぐらいのリレー式でやれば，もっとおもしろくなるでしょう。男子でも女子でも，楽しく遊ぶことができます。

　4，5歳児の場合は，足先で何回打ち上げられるか競争させるのもよく，簡単で楽しい遊びです。

　また，ふうせんの色を，赤，青，黄と一度に打ち上げると，とてもきれいです。

ねらい　平衡性を養います。

39¹ ふうせん運び競争 〈1〉
〔幼・小〕少

用意するもの 新聞紙5〜6枚，ゴムふうせん2個

遊び方 子ども2人を向かい合わせ，新聞紙の短かいほうの端を両手でそれぞれ持たせ，新聞紙の上にゴムふうせんをふくらませてのせます。

目標を決め，新聞紙からふうせんを落とさないように運んで競争する遊びで，リレー式で運ぶと楽しいでしょう。

ふうせんが新聞紙から落ちたら，その場で止まり再びふうせんをのせてつづけます。

新聞紙を互いに引っぱり合うようにすると，ふうせんを運びやすいでしょう。

ねらい 2人の協力・調和の精神を養います。

39² ふうせん運び競争 〈2〉〔幼・小〕少

用意するもの ゴムふうせん，おぼん

遊び方 両手に1つずつおぼんを持ち，その上にゴムふうせんをのせます。ふうせんを落とさないように4〜5メートル離れた目標をまわり，次の人にリレーして遊びます。途中ふうせんが落ちたら自分で拾いまた続けます。

ふうせんですから速く走ると落ちてしまい，なかなか思うようにいきませんが，そこにおもしろさがあります。

ふうせんの代わりにドッジボールなどを使っても遊べます。

幼児の場合は，おぼん1つがよいでしょう。

ねらい 慎重さと注意力を増します。

ふうせんを使って

393　ふうせん運び競争 ＜3＞〔小・中〕少

用意するもの　プラスチックの大皿2枚，ゴムふうせん2個
遊び方　皿を1メートル間隔に2枚置き，皿から1メートルのところに横にラインを引き，そのラインから5～6メートルのところにもラインを引きます。
　スタートラインに2組に分かれて立ちます。先頭の人がふうせんを持ち，合図で，片足とびで出発します。ラインのところで止まり，ふうせんを皿の上にうまくのせる遊びです。
　2組でも4組でも，競争するとおもしろいでしょう。
ねらい　下股の筋力を強くし，平衡能力や跳躍力を育てます。

394　ふうせんあおぎ競争〔幼・小〕少

用意するもの　ゴムふうせん，うちわ
遊び方　うちわでふうせんをあおぎ，できるだけながくふうせんをあげていることを競う遊びです。
　直径1メートルの円を参加者の数だけ，適当な間隔をあけてかいておきます。うちわとふうせんを持ってそれぞれが円に入って，「ヨーイ，始め」で，ふうせんをうちわであおぎます。
　最後まで上にあげていた人が勝ちです。円を踏んだり，外に出たら失格です。
　家庭の庭先でみんな一緒に楽しめる簡単な遊びです。
ねらい　注意力を増し忍耐力を強くします。

395　しゃもじ打ち競争〔小・中〕少

用意するもの　ゴムふうせん，しゃもじ
遊び方　両手に1本ずつしゃもじを持ち，1つのふうせんを右手と左手で交互に打ちながら進み目標はラインから5～6メートル先に置きます。
ふうせんですから右に左にとび，なかなか思うように進めません。途中でふうせんを落としたら

スタートラインにもどってやり直しです。

2組に分かれ競争すると楽しく遊べます。

また、1つのふうせんがうまく使えたら2つにふやしてやってみましょう。

ねらい 集中力と目と手の協応性を高めます。

396 ふうせん打ちあい〔小・中・高〕(少)

用意するもの ゴムふうせん、しゃもじ、ひも
遊び方 縦2メートル、横1メートルの長方形をかき、中央にネットがわりのひもをはってミニコートをつくります。ひもの高さは遊ぶ人の背より少し高くします。

この遊びは2人がネットをはさんで向かい合い、しゃもじで風船を交互に打ち合って遊びます。打つ人がラインからはみ出たり、打ったふうせんが、ひもの下をくぐり抜けた場合は、失格です。ふうせんを落とさないようにうまく相手のコートに打ち返さなければいけません。ふうせんをうまく打ち返すことができずに落としたら負けです。

紅白2組に分かれて勝ち抜き方式でやればいっそう楽しく遊べます。

ねらい 注意力と敏捷性を養います。

397 ふうせん入れ 〔幼・小〕(少)

用意するもの ふうせん
遊び方 2組に分かれ各組の代表2人が、出発点から5メートルほど離れたところに、2人で両手をひろげて輪を作ります（輪はフラフープを使うと楽でしょう）。

まず先頭の子2人が、まるい大きなゴムふうせんを、頭より高く手でつきながら、前にある輪の中へ入れるのです。

うまく入ったら、すぐそれを取り、同じように、つきながらもど

ふうせんを使って 197

ってきて，次の子にリレーします。入らなかったり，落としたらその場からやり直します。
ねらい　目と手の協応性を高めます。

398　ふうせん通し〔幼・小〕⑨

用意するもの　新聞のまん中に大きな穴をあけ，ふうせんは丸いものを用意，チョーク
遊び方　新聞を2人が向かい合って両手で両端を引っぱって持ちます。新聞の高さは持つ人の頭の高さにします。
　風船を5〜6メートルのところから，上に打って前進し，新聞とのへだたり約50センチのところから片手で打ちこみ，ふうせんを穴に通す遊びです。
　ふうせんはなかなかうまく通りません。注意することは新聞紙の前でふうせんを打つ位置をチョークでかいておくこと。競争でやると楽しくできます。
ねらい　ふわふわしたふうせんを空中に打ちつづける要領をつかみ，穴にうまく通すための正確性を養います。

399　ふうせんあげ競争〔幼・小〕⑨

用意するもの　新聞紙，ゴムふうせん
遊び方　参加する人がそれぞれ1枚の新聞紙をかたく丸め，棒を作ります。直径4メートルの円をかき，子どもを10人1組にして円の中に入れます。新聞紙の棒でふうせんをたたいて高くあげ，下に落ちたり，円の外に出たりしないようにして遊びます。
　グループをいくつか作り，何回も何回も繰り返して競争するとよいでしょう。
　風のあるときはふうせんが流されるのでできません。屋内でするときは紙の棒を短くして遊ばせましょう。
ねらい　協力するグループ意識を育てます。

400　ふうせんとり〔幼・小〕多

用意するもの　ふうせん（ふうせんは2人で1個。ふうせんをふくらませて，長さ約50センチの紙テープを結んでおきます），紙テープ

遊び方　2人で1組になり，1人はおしりにふうせんをつけ，ほかの子の後ろにまわって，その子の肩をもち，守ってもらいます。

　2組にわかれて，相手の組のふうせんをとりあいます。

　相手にふうせんをとられないように，前の子，後ろの子の2人で組んで，右へ左へと走ってふうせんを守ります。ふうせんをとられた子は失格です。また肩から手が離れても失格となります。

　おたがいにふうせんを追っかけ回すことに熱中してくると，いつのまにかふうせんをとられてしまったり，肩から手が離れてしまったりしますので，注意しましょう。

ねらい　敏捷性，反射神経を育てます。

401　ふうせんつり遊び〔幼〕少

用意するもの　ゴムふうせん20個，針金（細いもの），竹の棒（1メートルのもの）20本，細ひも（1メートルのもの）20本

　ふうせんをふくらまし，吹き口に細い針金で，大人の親指が入るくらいの輪をつくります。

　竹の棒の先にひもを結び，ひもの先に，針金をつり針のようにして結びます。

遊び方　部屋の真ん中に，直径2メートルの円をかいて，その中にふうせんを入れます。

　円から1メートルの間隔をあけて，竹の棒を持ち，円にそって並びます。リーダーの合図で，ふうせんつり競争をはじめます。

　ふうせんは，すこしさわっただけでも動くため，なかなかつれません。自分がうまくいきそうでも，他の人の針がさわるとだめになり，簡単なようでむずかしい遊びです。

ねらい　落ち着き，集中力を養います。

ふうせんを使って　199

402 ふうせん渡り〔幼〕少

用意するもの　ゴムふうせん（色とりどりのもの）20個，積み木

遊び方　園にある積み木で，縦4メートル，横4メートルの正方形のかこいを作ります。このかこいの中に，20個のふうせんをふくらまして入れます。

　積み木の両側に，園児を向かい合わせてすわらせ，先頭の園児1人ずつ，ふうせんにさわらせないように早く自分のいたところと反対の場所に到着すればよいのです。

　子どもが歩くと，ふうせんは簡単に動くため足にさわります。ふうせんにさわると失格です。見ている子どもに応援させると立体的になって楽しくできます。

　外ですと，ふうせんが動き，いっそうむずかしくなりますから，室内の方がよいでしょう。

ねらい　慎重さ機敏さを養います。

ひも・ロープを使って

403 こしかけハードル〔幼・小〕少

用意するもの こしかけ20脚，細ひも

遊び方 園児のこしかけを50センチ間隔で縦に5つ並べ，横に3メートル間隔をあけて同じように5つ並べます。これで5組，2メートルほど離して同様に5組，合わせて10組並べ，こしかけとこしかけを細ひもで結んでハードルを作ります。

子どもを2列に並ばせ，ひものハードルをまたいで渡る競争をします。

年長の子どもはひもの位置を高く，年少の子どもは低くひもを結びます。いずれも高くしすぎないように注意しましょう。

ひものかわりに紙テープを使ってもよろしい。

ねらい 股，腰，足の筋力や関節の訓練に効果があります。早くまたいで渡ることも大切ですが，高さをかげんして「ぼくもできる」「わたしもできる」と自信をつけさせることも遊びには大事です。

404 投げ輪遊び〔幼・小〕少

用意するもの くだもの数個,コマひも60センチ,もめん糸1.5メートル
　コマひもは結んで輪を作り,もめん糸を結びつけておきます。
遊び方 たたみのへやの場合,たたみのヘリから1間はなれたところに,目的のくだものを約30センチ間隔に並べておきます。
　この遊びは,もめん糸を片手にまき,もう一方の手で,コマひもの輪を投げ,くだものにすっぽり輪が入ればいいのです。
　もめん糸の役目は,西部劇などでみられる投げなわと同じです。
ねらい 目と手の協応性を育てます。

405 ふたつ輪競争〔幼・小〕少

用意するもの かたいロープ(1メートルに切って両端を結んで輪にする)
遊び方 ロープの輪を2つ持って,1つを地面に置き,そのなかに片足を入れ,もう1つをその前に置き,反対側の足を入れます。次に後ろの輪に入れていた足を上に上げて,その輪を持って,前の輪の前方に置いて足を置きます。このようにして,2つの輪を交互に前方に置いて早く前進するのです。
　自分の歩幅よりも広めに,遠くへ輪をなげると,足が届かなくなってしまいます。足の移動のときは,必ずどちらかの足が輪の中に入っていなければいけません。
　子どもよりも歩幅の広い大人でも,動作がにぶいと,歩幅が狭くても活発な子どもと競争すれば,子どものほうが勝ったりして,油断はできません。親子で競争してください。
ねらい 敏捷性を養います。

406　投げて拾って〔小〕少

用意するもの　ひも（80センチ～1メートルのもの）10本
遊び方　ひもを結んで輪を作っておきます。
　スタートラインに5～6人ずつ2組に分かれて、2列縦隊に並び、各組の先頭が5本ずつひもを持ちます。5メートル先に目標のラインをひきます。
　リーダーの合図で先頭の人が輪を投げ、その輪の中に両足または片足を入れ、次の輪を投げ……といった具合に目標のラインまで行く遊びです。
　目標のラインまで行ったら輪を拾って次の人に渡し、リレー競争するわけです。
　輪の中に入るとき、輪をふんだり、輪から外に出たときは失格、最初からやり直しです。だから、輪を投げるとき、無理のないよう投げ方に気をつけなければいけません。
ねらい　正確な判断力を養い脚力を鍛えます。

407　つな引きずもう〈1〉〔幼・小〕少

用意するもの　ロープ（1メートルのもの）
遊び方　ロープの中央にしるしをつけておきます。直径50センチの円を1メートルの間隔で2つかきます。
　円の中に1人ずつ入って向かい合い、ロープの端をしっかりにぎり、互いに引っぱったり、ゆるめたりして相手を円の外に出す遊びです。
　お互いにロープの中央まで手を伸ばしてたぐり寄せることができますが、ロープを放しては失格です。
　大人と子どもがやる場合は子どもの円を大きくしてかげんします。
ねらい　足や腕を強くし、平衡感覚を養います。

408　つな引きすもう〈2〉〔幼・小〕少

用意するもの　ロープ（5メートルのもの）
遊び方　2メートルの間隔で直径50センチの円を2つかきます。
　円の中に1人ずつ入って向かい合って立ち、ロープの両端をしっかりと結んで、互いに腰のところにかけます。合図で互いに手を使わず引っぱりあい、相手を円の外に出す遊びです。

ひも・ロープを使って　203

ロープが落ちないようにうまくゆるめたりすると相手はその反動で円から出たりします。
ねらい ロープを引っぱったり、ゆるめたりする動作をするなかでバランスをとることをおぼえます。

409 足引きずもう 〔中・高〕㊙

用意するもの 小指の太さほどの木綿のロープ

遊び方 直径50センチの円を3メートル30センチへだてて2つかきます。円の中に2人が向かい合って立ち、それぞれ片方の足に4メートルほどのロープを結びます。

ロープを結んだほうの足で立ち、もう一方の足でロープをたぐり、相手を倒したり円から出すスリルのある遊びです。

ただし、ロープで足をしばるとき、強くしめつけないよう、しばり方を考えることが大切です。どうやって相手のバランスをくずすか、ロープのたぐり方にコツを見いだすことです。
ねらい 平衡感覚を発達させます。

410 4人でつな引き競争 〔全〕㊙

用意するもの ロープ2本
遊び方 3メートルほどのロープの中心を十字にしっかりと結びます。十字に結んだロープを地上に置き、その先端が中心となるよう直径1メートルの円を4つかきます。

それぞれの円に1人ずつ入り、ロープを持ちます。合図でロープを放さないようにしっかりと握り、互いに引き合います。

引きずられて円から出たり、ロープを放したら負けです。1人でもバランスをくずすと、他の子どももつられてバランスをくずしがちになります。円を大きくして2～3人で引っぱり合ったり、また片手でやっても楽しく遊べます。
ねらい 足、腰を強くし、平衡能力を養います。

411　馬のり落とし〔中・高〕㊛

用意するもの　ひもまたはタオル
遊び方　2人が1メートルの間隔をあけて背中合わせになり、両手を両ひざについて立ちます。それぞれの背中に1人ずつ上がって向かい合い、1本のひもを引っぱったり、ゆるめたりして相手のバランスをくずす遊びです。
　ひもを手から放したり、直接相手のからだに触れた場合は失格です。
ねらい　馬のりされている方は重みに耐えてがんばるので忍耐力を養います。
　また背中にのっている方は、バランスをくずされまいとがんばり、平衡性を鍛えます。

412　ひも踏み競争〔全〕㊟

用意するもの　長さ1.5メートルのひも
遊び方　影踏みという遊びと同じです。1人1本ずつひもを片手に持ちます。大きな円の中に20人くらい一度に入り「ヨーイ、ドン」の合図で自分が地面にたらして持ったひもを踏まれないよう、うまく身をかわしながら、ほかの子のひもを踏む遊びです。
　踏まれそうになったからといって地面からひもをもち上げるのはルール違反。踏まれたら円の外に出ます。だれが最後まで残るか競争です。
ねらい　敏しょう性を育てます。

竹の棒を使って

413　ラインかき競争〔幼・小〕少

用意するもの　細い竹の棒（30センチのもの）

遊び方　スタートラインと、それより2～3メートル離れた所に、目標ラインを引きます。

1人1本ずつ持った竹の棒で、地面に線を引きながら、ライン間を何度も往復する遊びです。何回往復できるか、数える子どもを決めておきましょう。

竹の棒で書く線が、最後まで地面になくてはいけません。途中で切れてしまったら、それでおしまいです。

線を書くスピードがのろくても、慎重にしっかりと線を書く子どもや、スピードがあっても、線がところどころ切れて粗雑になっている子どもなど、線の書き方で、子どもの性質などが判断できます。自分の日ごろの態度を反省することも、遊びのなかでできるのです。

ねらい　腕・腹筋・足を鍛える遊びです。また、忍耐を要します。

414 平行遊び〔小・中・高〕少

用意するもの 長さ4メートルの竹の棒，またはビニールパイプ2本

遊び方 2本の棒を30センチの間隔をあけて並べ，はだしで棒の上を渡らせる遊びです。

渡るとき棒がくるくるまわって安定しませんが，そこにスリルがありますし，ユーモラスな光景が展開し見ている人にも楽しい遊びです。

4本の棒を使って競争させればいっそう楽しく遊べます。

ねらい 平衡感覚を訓練するのに効果があります。

415 平均棒渡り〔幼・小・中〕少

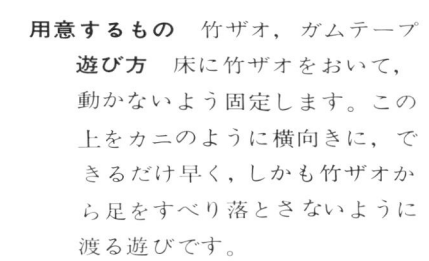

用意するもの 竹ザオ，ガムテープ

遊び方 床に竹ザオをおいて，動かないよう固定します。この上をカニのように横向きに，できるだけ早く，しかも竹ザオから足をすべり落とさないように渡る遊びです。

竹ザオは筒状なのであわてるとつるっとすべってしまいますので，体のバランスをうまくとらないといけません。

ねらい 平衡感覚を養います。

416 竹の棒渡り〔中・高〕少

用意するもの 50センチに切った竹6本

遊び方 竹の棒を約20センチ間隔で並べ，この棒の上を渡る遊びです。うまくバランスをとらないと棒がくるりとまわり，すってんころりんところんでしまいます。

渡り方にはいろいろあります。交互に渡ったり，まっすぐ行ってもどってきたり，工夫してやってみましょう。応用として竹のかわりにジュースのあきカンを2個セロハンテープでつないでやってもよろしい。

ねらい バランスをうまくとる遊びであり，平衡感覚と落ちついて行動する気持ちを育てます。

竹の棒を使って

417　棒ずもう
〔小・中・高〕 少

用意するもの　2メートルの竹の棒
遊び方　直径30センチの円を1.5メートルの間隔で2つかきます。円の中に2人が向かい合って入り、お互いに棒の先端を持って引っぱったり、ゆるめたりして相手を円の外に出す遊びです。

棒の両端10センチのところにしるしをつけておき、手がそこから先に出たときは失格とします。何人かの子どもが集まったら勝ち抜きで遊ぶとよいでしょう。
ねらい　腕や足、腰を強くし、平衡性を養います。

418　棒うま競争〔小・中〕少

用意するもの　棒（長さ1メートルのもの）2本
遊び方　スタートラインから6メートル離れたところに3メートル間隔で2人が立ちます。

2組に分かれ、各組の先頭は棒にまたがり、合図で出発の目標を10回まわり、スタートラインにもどってきます。目標となった人は10回までかぞえます。各組に分かれリレー式で競争します。

さあ、どの組が早いでしょうか？

この遊びは同じところを何回もまわるために、目がまわってころんだりしますので、楽しい遊びになります。
ねらい　腰や足の筋力強化、特に足首、足の関節の訓練に効果があります。平衡感覚も育てます。

419　棒のり競争〔小・中〕多

用意するもの　竹の棒（直径2センチぐらいで長さ2メートルのもの）
遊び方　5人で1組を作ります。スタートラインから5メートルのところに目標を置き、各組とも棒を持ちます。合図で5人が1本の棒にまたがり（1人ずつしっかり棒をにぎる）出発します。

目標をまわり早くスタートラインにもどった組が勝ちです。棒を持たない人がいる場合は、もういちどやりなおし、5人が協力して仲よく目標をまわってくる遊びです。

ねらい リズムに合わせて、互いの力を調整して協力する気持ちと行動力により、一層仲間意識を高めます。

420　棒かつぎ競争〔幼〕多

用意するもの　2メートルの長さの棒または竹ざおを1組に2本
遊び方　5人で1組を作り、スタートラインから5メートルのところに目標を置き、各組とも棒を持ちます。

合図で5人が2本の棒を1本ずつ両肩にのせて（1人ずつしっかり棒をにぎる）出発します。

目標をまわって早くスタートラインにもどった組が勝ちです。

ねらい　リズムに合わせて、お互いが協力しないとなかなかうまく前進しません。この遊びを通して集団の意識を育てます。

421　かごやさん〔中・高〕少

用意するもの　竹の棒4本（直径3センチ以上のもので長さ3メートルのもの）
遊び方　2人が向かい合って2本の竹の棒の両端を持ちます。1人がその真ん中に入り、両手で竹を持ち足が地面につかないようにからだを支えます。

竹の棒を使って　209

2組で遊び，どちらが長くがんばれるかを競います。はやく足をついたり，手を放した方が負けです。

ねらい 竹の棒を持つ子も，ぶらさがる子も腕や肩，足の筋力の持続的な緊張から持久性をより発達させます。また，チームワークが大切なことも知るでしょう。

422 竹のけんすい競争〔小・中・高〕㊗

用意するもの 2メートルの青竹10本
遊び方 2人の子どもが，向かい合って2本の青竹の端の方をそれぞれの肩に乗せて，青竹が肩から落ちないように手で持ちます。

2人の間に，1人が入って，両手で竹を持って，両足を前方に上げ，腕を曲げて，けんすいのかっこうでぶらさがります。

同じやり方で5組とも，リーダーの合図で同時に行ないます。

見ているものが，手を打って数をすると，立体的になって遊びが盛り上がり，できるだけ長くがんばって，他の組に負けまいとする競争心が湧いてきます。

また，リーダーが時計を見て，10秒！，20秒！……，と励まして競争させるのもよいでしょう。

応用として，竹を持って，ぶら下がる子どもを支えている2人が，他の組と比べてどのくらいの早さで横向きに移動できるか，競争することもできます。

ねらい 腕力を鍛えるとともに腹筋，背筋の運動になります。

お手玉を使って

423　お手玉文字遊び〔小〕少

用意するもの　お手玉各自2個
遊び方　8～10人単位で組を作ります。
　リーダーが黒板に，作らせたい数字を書くか，あるいは「数字の2を作りなさい」と合図します。合図のもとに，組ごとに競争して指示された数字を作ります。
　しだいにむずかしいものへと発展させていきます。
ねらい　仲間意識を育てます。

424　お手玉入れ〈1〉〔幼・小〕少

用意するもの　お手玉5個
遊び方　ラインをひいて，そこから5～6メートル離れたところに，直径60センチから1メートルの円をかきます。
　ラインの手前からお手玉を投げ，円の中へ入れる遊びです。参加者が5回ずつ投げ，競争すれば楽しく遊べます。1回入れば1点と点数を数えてやってみましょう。

うまくできるようになったら円の直径を小さくするか，ラインからの距離を離してみます。最初はうまくできなくても，なれるとよく入るようになって，だんだん楽しくなってくるものです。

ねらい 正しい判断力による目と手の協応性を育て，投力を鍛えます。

425 お手玉入れ〈2〉
〔小・中〕少

用意するもの お手玉
遊び方 ラインをひき，そこから2～3メートル離れたところに直径1.5メートルぐらいの円をかきます。その円の中に直径25センチの円を4つかき，大きい円は1点，小さい方の円には10点などと点数をかいておきます。
ラインから出ないようにお手玉を投げ，点数を競う遊びです。
点数表を作れば近所の子どもたちを集めて楽しく遊べます。お手玉はおかあさんが昔を思い出して作ってあげてください。

ねらい 競争心をかきたて，積極的に参加しようとする意欲をもたせます。

426 お手玉入れ〈3〉〔小・中〕少

用意するもの お手玉5個
遊び方 ラインをひき，そこから1メートルのところに直径50センチの円をわずかずつ間隔をあけて5つかきます。
ラインからお手玉を投げ，円に1つずつ入れる遊びです。近くの円には簡単に入っても遠くになるとなかなかうまく入らないものです。全部入らなければ最初からやり直し。
さあ，1回でできますかどうか，やってみてください。

ねらい 正しい判断力による目と手の協応性を養い投力を鍛えます。

427　お手玉入れ ＜4＞ 〔幼・小〕 多

用意するもの　お手玉各自3つ（ボールでもよい），バケツ2個，ふろしき1枚

遊び方1　直径6～8メートルの円を描き，まん中にバケツを置きます。

　円周に並び，リーダーの合図で，いっせいに玉を入れます。円の中には足をふみ入れないように注意します。

　入れ終わったら，各人で入った玉の数を確かめ合います。

遊び方2　バケツを2個一直線上に並べて，3～4メートル離れた所から，2組に分かれ，お手玉を投げます。早く，たくさん入れるように競争しましょう。

遊び方3　ふろしきを2人で持ち，3～4メートル離れた所に一列に並び，1人ずつ入れます。

　受け取った瞬間，次の玉がとんでくるので，それを受け止めようとして，前に入ったお手玉が落ちる可能性が多いところに，おもしろ味があります。

　これもふろしきを2枚用意して，2組で競争すればよいでしょう。

遊び方4　バケツなどの材料のない場所では，玉入れでなくて，足の甲にのせて，落とさないように目標まで運ぶ，また両足をぴったりくっつけて，ひざの間にはさみ，うさぎとびをして，目標まで行き，次の人と交代して競争することもおもしろいでしょう。

ねらい　競争心をかきたて参加意欲をもやすようになります。

428　お手玉入れ ＜5＞ 〔幼・小〕 少

用意するもの　かさ，竹の棒（3本を□の字型に組んで動かないように先をひもでしばる），お手玉

遊び方　スタートラインより3メートル先に，□の字型に組んだ竹の棒を地面に立てて，開いたかさをさかさにして2メートル間隔に5本つり下げておきます。

　5人1組となって「ヨーイ，ドン」の合図で3メートルの距離からお手玉を投げて，できるだけたくさん自分のチームのかさの中へ投げ入れる遊びです。

　お手玉の布の色を変えるとチームの区別がよくわかります。

　「やめ！」の合図があるまでは，1人でどれだけお手玉をかさに向かって投げ入れてもよろしい。ただし，他のチームのお手玉は入れないこと。

　かさの代わりに竹製のかごをぶら下げてもよいでしょう。

お手玉を使って　213

ねらい　正確な判断力を育て投力を鍛えます。

429　ジャンケンお手玉遊び〈1〉
〔幼・小〕多

用意するもの　お手玉1人1個，お手玉を入れる箱

遊び方　10人を1組にします。各組ごとにお手玉の箱を持つ子を1人出発点から7～8メートルの目標に立たせます。

残りの子は，笛の合図で目標点まで走り，立っている子とジャンケンをする。走った子がジャンケンに勝つと，お手玉を1つもらいもとへ帰ってきます。負けると，勝つまでジャンケンをします。

勝った子が帰ってきたら，次の子にリレーし，また同じゲームをくり返します。

どの組がはやくお手玉を全部取ることができるかを，競争させる遊びです。

ねらい　仲間意識を養います。

430　ジャンケンお手玉遊び〈2〉〔小・中〕多

用意するもの　お手玉

遊び方　スタートラインを1本ひき，そこから5メートルほど離れたところに直径2メートルくらいの円をかきます。中に参加する子どもの人数の半分の個数のお手玉を入れておきます。「2個」という合図があったら，円の中のお手玉を2個とってスタートラインにもどってくるのですが，当然とれない子もでてきます。もしとれなかったら，もっている子を追いかけて，背中にさわり，ジャンケンをして，勝ったら2個もらいます。負けたらまた追いかけてジャンケンします。

早くスタートラインにもどればいいという遊びです。

ねらい　機敏性と判断力を養います。

214

43¹　お手玉とり〔幼・小〕多

用意するもの　お手玉各自1個，いす
遊び方　大きな円を書き，その中へ各自持っていたお手玉を全部入れておきます。

円から離れた場所に子どもたちが立ち，リーダーの「自分のお手玉をはやくさがす競争をしましょう」の合図で，いっせいにお手玉をさがします。

お手玉をさがした順に，いすに腰かけてゆきます。早くいすにかけたものが勝ちです。

人数が多いと，こみあったり，まちがえたりして，むずかしい遊びに見えますが，回を重ねるとスピードも出て，楽しく遊べます。

お手玉に小さく名まえを書いておくと，だれのものか判定できるのでよいでしょう。
ねらい　記憶力と敏捷性を高めます。

43²　お手玉の投げあい〔中・高〕少

用意するもの　お手玉4個
遊び方　2人が3メートルの間をあけて向かい合い，それぞれの足もとに直径1メートルの円をかき，その中に立ちます。

お互いに，お手玉を両手に1個ずつ持ち，「ヨーイ，ドン」で両手のお手玉をいっしょに投げて，うまくお手玉を受け合う遊びです。

右手，左手にはそれぞれくせがあって，同じように投げることができず，受けるほうもつい足もとが乱れて，円から出てしまいます。円から出ないように互いにお手玉を投げあい，うまくなったら間を4メートル，5メートルとあけて遊ぶとよいでしょう。
ねらい　目と手足の協応能力を養います。

最近お手玉の作り方を知らないおかあさんがふえてきたようですが，この遊びに使うお手玉は布を輪状にしその両端をたぐり寄せた俵形のものではなくて，布を風車形につないで作る昔ながらのものがよいでしょう。この機会に昔からの素朴なお手玉遊びを，今の子どもたちに体験させてはいかがでしょうか。

その他のものを使って

433 しりとり絵さがし
〔幼〕少

用意するもの 古い絵本，厚紙

古い絵本の動物とか，くだもの，花の絵などを切り取り，10センチ四角の厚紙にはり，カードを作ります。

遊び方 動物，植物（花，くだもの）などのカードを，部屋（遊戯室）に並べ，リーダーがカードを拾って，カードが「バナナ」の絵であれば「これはバナナですね。バナナの最後は"ナ"ですね。では"ナ"のつく植物はなんでしょうか？」と子どもに聞き，「菜の花」と答えれば「そうです。そのほかに食べるものでは，何がありますか？」と誘導し，「ナス」「ナシ」などと答えがでれば，次からは，しりとりで「シカ」「カラス」などとゲームを進めていくのです。

ねらい 知力を伸ばします。

434 絵合わせ〔幼〕少

用意するもの 古い絵本，ハサミ，厚紙（10センチ四方に切ったもの）20枚

古くなった月刊幼児雑誌や，絵本その他，古い本の中から，いろいろな絵（花や木など）を切り抜き，10センチ四方の厚紙にはって，カードを作っておきます。

遊び方 カードをバラバラに散らし，机の上におきます。リーダーが「春」と言ったら，春に関係のある植物をさがさせる遊びです。春，夏，秋，冬に分けて遊んでもよろしいし，こんどは花とその花の咲く木や葉を切りわけ，別々のカードを作り「この花の葉は，どんなのでしょう」としてもよいです。こうすれば季節感のうすれがちな現代，楽しく遊びながら，自然や季節に対する感覚を養うことができます。

ねらい 知力を伸ばします。

435 カレンダー合わせ〔幼・小〕少

用意するもの 古いカレンダー（3ヵ月〜6ヵ月分とします）

遊び方 カレンダー（1人分）を10枚ほどに切ってバラバラにします。これを3組作って，家族そろって時間を1分とか，5分と制限して，競争してもとどおりにします。

カレンダーは，1から31までの数字であり，それが3ヵ月分ですから，なかなかうまくあいません。あわてるとまちがえてしまい，絵合わせよりもむずかしい遊びです。

ねらい 正確な判断力を育てます。

436 背中にポスター〔小〕少

用意するもの ガムテープ，マジック

遊び方 15センチの長さに切ったガムテープの表に，マジックで「ぼくはいつも朝ねぼうします」「はなたれ小僧」など，ユーモアのある文句や，あだ名などを25人が思い思いにかきます。

直径8メートルの円をかいて，その中に全員が入り，「ヨーイ，ドン」の合図で，1人が1枚のガムテープの札を持って，早く相手の背中にはりつける競争です。

その他のものを使って　217

1人に1枚だけ張りつけ，張りつけられた人は，自分がまだガムテープの札を持っていても，これで失格となって円外へ出ます。

だれが最後まで張られないで残るか，だれがどんなことをかいた札をはられてしまうか，スリルがあっておもしろい，その場を楽しくする遊びです。

ただし，この遊びは背中に張ることを原則とし，そうでないのは失格とみなします。

ねらい 敏捷性を高めます。

437 トランプとり〔幼・小〕㊙

用意するもの トランプ，太い紙ひも
紙ひも60センチで輪を2個作ります。
遊び方 ラインから約1メートルはなれたところに間隔をおいてトランプを並べておきます。

この遊びは紙ひもの輪を投げて，トランプに輪がすっぽりと入ればよいのです。

トランプの数字の多い人が勝ちとか，何回かやってみて，その合計を出し合って多い人が勝ちと決めて競争すると楽しいでしょう。

ねらい 目と手の協応性が正しい判断力を養います。

438 円盤遊び〈1〉〔中〕㊙

用意するもの カン入りピースのふた，ビニールぶた，不用になったバケツのふたなど
遊び方 2人1組となり，5～7メートルの距離で向かい合って立ち，お互いの前に約1メートルの円を描きます。この円の中へ，円盤（ふた）を入れ合って勝負を，競うのです。

円を二重，三重に描いて，小さい中の円が最高点，外に行くにしたがって減点していき，総合得点で競ってもよいでしょう。

グリスビー遊びのようにいろいろな投げ方で得点した場合は，得点の上に点数を加算して競うのもおもしろいと思います。

注意 顔にあてないように注意しましょう。
ねらい じょうずに円の中に投げ入れようとするため，投力，コントロール力，調整力，巧緻性が養われます。また男女，老若を問わず，一緒に楽しく遊ぶことができます。

439 円盤遊び〈2〉〔小・中〕少

用意するもの 厚紙（丸く切って円盤をつくる），丸いあきカンのふた，ビニールぶた
遊び方 5メートル程度の距離に，図のような円をかき，その中に円盤を投げ入れ，得点を競う遊びです。手持ちの円盤で上手に投げ入れてください。
　また目標には，マッチのあき箱とか，あきカンなど，倒すことのできる目標物を立て，ボーリングのピンの代用品としても遊ぶことができます。
注意 円盤に使用するものは，軽くて，角がなく，安全なものにしてください。人や，窓ガラスにあてないように気をつけましょう。
ねらい 軽い円盤を投げることは，風の抵抗だとか，いろいろ影響され，高度な技術を要します。ボール投げ，石投げとは異なったおもしろ味があります。また家族で楽しく遊ぶことができます。
　前出同様投力，コントロール力，巧緻性，調整力が養われます。

440 円盤遊び〈3〉〔小・中〕少

用意するもの 円盤遊び〈1〉と同じ
遊び方 5メートル離れて，2人が向かい合います。円盤を一方が相手方に投げましょう。
　相手方は，投げられた円盤を上手に，片手でふちをつかんで受けとめます。
　1つの円盤を交互に投げ合って遊びましょう。
注意 風などの影響で思わぬ方向にとんだりすることがあるので，力一杯でなく手かげんをして投げましょう。

　風の少ないおだやかな日に，戸外でしましょう。円盤をキャッチするときには，周囲にもよく気を使い，ころばないようにしましょう。
ねらい 家庭の廃品利用で手軽に行なえますし，戸外でのピクニックなどでは，手ごろなゲームとして喜ばれます。投力，コントロール力，調整力，巧緻性が養われます。

その他のものを使って　219

441 5円コマ〔幼・小〕少

用意するもの 5円硬貨,短い鉛筆,接着剤

遊び方 用意した鉛筆の先を削ってとがらせ,5円硬貨の穴に通します。指先でまわしてみてよくまわるところで,接着剤をつけ固定すれば,丈夫な5円コマができます。

　参加する人が1個ずつコマを持ち,机か台の上でコマまわし競争をします。家族そろって楽しめる簡単な遊びです。

ねらい 指先の器用さを高めます。

442 お金とり〔幼・小〕少

用意するもの 10円硬貨10枚

遊び方 机の上に10円硬貨を間隔をあけて置きます。

　合図で10円硬貨を1枚ずつ真上から指先でできるだけ早くつかみあげる遊びです。

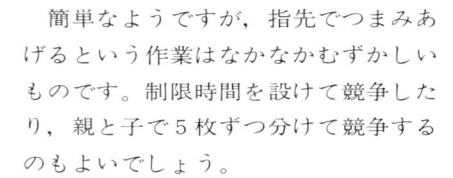

　簡単なようですが,指先でつまみあげるという作業はなかなかむずかしいものです。制限時間を設けて競争したり,親と子で5枚ずつ分けて競争するのもよいでしょう。

　応用として,手の平に吸いつかせても遊べます。

ねらい 指先の器用さを高めます。

443 コイン投げ〔小〕少

用意するもの 紙コップ,10円硬貨

遊び方 紙コップをテーブルなどの上に置き,50センチぐらい手前から10円硬貨を投げて紙コップに入れる遊びです。

　紙コップは軽いので10円硬貨があたれば倒れますし,中に入ってもうまく投げないと倒れます。10円硬貨をコップの真上から入るように投げないといけません。

　1人でも遊べますが,数人の友達と競争すればいっそう楽しく遊べます。

ねらい 目と手の協応性を高め,正確な判断力を養います。

444　ボタンのせゲーム〔全〕少

用意するもの　ハガキ1枚，ボタン参加者の数だけ
遊び方　テーブルの中央にハガキを置きます。
　テーブルのすみにボタンをおき，その場所でボタンを指ではじき，ハガキの上にうまくのせる遊びです。
　ボタンは軽いため，なかなかうまくのりません。またハガキも軽いため，ちょっとふれるだけでも動きます。得点表などを作り，友だちや家族そろって楽しく遊びましょう。
ねらい　集中力を養います。家族団らんに最適です。

445　ビー玉ゴルフ〔全〕少

用意するもの　ハガキ大の厚紙1枚，ビー玉1個，鉛筆新しいもの2本
遊び方　テーブルの上でラインから約1メートル前方のところに鉛筆を台にして，その上に厚紙をのせて板を作っておきます。
　ラインから鉛筆の先で，ビー玉をはじき，厚紙の板をうまく越えて向こう側に落ちればよいのです。なかなかビー玉がまっすぐ進まないため，ビー玉のはじき方やその強さなどよく考えてやらないとむずかしいでしょう。
ねらい　集中力を養います。

446　ビー玉送り〔小〕少

用意するもの　ビー玉1人2個ずつ
遊び方　各人1個ずつのビー玉を持ち，合図で地上に並べたもう1個のビー玉にあて，目標のラインまで早く送る遊びです。
　スタートラインをひき，そこから3メートル前方にもラインをひいておき，スタートラインに1メートル間隔でビー玉を並べておきます。この場合，投げるビー玉と地上のビー玉を区別しやすいようにしるしをつけておきます。
　さて，4人のうちだれが早く決勝ラインまでビー玉を送れるか，簡単なようでむずかしいゲームです。昔の遊びを応用したものです。
ねらい　手と目の協応性と正確な判断力を養います。

その他のものを使って

447　豆拾い〔小〕少

用意するもの　大豆，皿（大豆100個が入るぐらいのでよい），タオル（目隠し用）

遊び方　4枚の皿にそれぞれ，大豆を100個ずつ入れておきます。大豆の入った1枚の皿を囲んで，3人ずつ目隠しをして分かれます。母親が「5個」といったら，手の感覚で5個を一気に片手でひと握りして取らせます。豆を1粒ずつ数えていたら，失格です。

　次は「12個」「20個」「25個」……と，いろいろと握る豆の粒数をかえましょう。

　大豆だと思ってぎゅっと握ると，人の手だったりして，思わずふき出してしまう，ユーモアのある遊びになります。

　ときには，両手で取らせたりすると，ひと握りとは違って，感覚がつかめなくなったりして，ますます興味をもつようになります。

ねらい　物に対する感覚，特に触感を育て，正しい判断ができるようになってきます。

448　しっかり押そう〔中・高〕少

用意するもの　チョーク，笛

遊び方　直径1.5メートルほどの円を作り，その中に7～8人入ります。

　中に入った人は，円の中心に背をむけて立ち，手は頭の上で組みます。

　合図で，おしりで押しあいます。手や足を使ってはいけません。

　また，押されて円から出たり，その場に倒れた人は，円の外に出ます。

　最後まで円の中に残った人がチャンピオンとなるわけです。やり方によっては，子どもがおとなをまかすことさえできます。

　この遊びは，いくら力があっても，自分1人の力では勝てません。身のかわし方，人の力を利用して押す，そこに楽しみがあります。

ねらい　足腰をきたえ，おなかの筋肉をじょうぶにし，相手の動きによって，自分が倒れないようにする平衡感覚を養います。

　おかあさんの運動にも最適です。

449　陣とりごっこ〔小〕少

用意するもの　チョーク
遊び方　ラインを横に引き，そこへ子どもを２列に並べ，ラインの前方７～８メートルのところに，直径１メートルの円を５個かいて，右から①～⑤の番号をつけておきます。
　「〇〇くんと〇〇さんは①の円へ」と指定し，全部の子が円に走り込むように合図します。
　子どもたちは，円をまちがえたりしながらも，手をとり合って，円へ走り込みます。くり返してさせるうちに，友だちの名前も覚えていく，一石二鳥の遊びです。
ねらい　遊びの中から，遊びを通して，つまり，みんなといっしょに遊んでいくうちに，友だちのできることが，子どもにとっては，すばらしいことなのです。
　知らない子どもどうしが，遊びをくり返しているうちに名前を覚え，しぜんに楽しく手をとり合っていくようになるのです。

450　笛で集合遊び〔幼・小〕多

用意するもの　笛
遊び方　リーダーを中心にして円陣を作るように並んで，歌をうたいながら，円をまわります。
　しばらくして，リーダーが１回ピリッと笛を吹きます。１回の笛で，２人が手をつないでその場にしゃがみます。２回ピリッピリッと吹くと，４人いっしょに集まって手をつないでしゃがみます。
　はじめのうちは，笛を吹く回数に比例して人数を増してゆき，今度は逆に，笛を吹く回数が増していくのに反比例して人数を減らしていったりして，笛を吹く回数で集まる人数を決めておきます。
　はじめとあとの約束を混同したりして，なごやかに楽しく遊べます。
ねらい　この遊びはルールの大切さを教えてくれる遊びです。
　子どもはルールを守ることの意義を知り，ルールを決めると遊びが広がっていくことがわかっていくでしょう。

その他のものを使って　223

45¹ たし算で集合遊び〔小・中〕多

用意するもの チョーク

（人間の足は何本？）

遊び方 大きい円をかき、その中に20人ほどが入ります。
　リーダーが「2たす2は、何人？」と問題を出します。円の中の子どもたち（大人でもよい）は、友だちと4人で手をつなぎあってすわります。続いて「3たす2は、何人？」と問題を出します。そこで、ぱっと5人が集まります。
　このようにして暗算をして、友だちを見つけて集合する遊びです。

　ときには「ぞうの足は何本？」「自転車の車輪は何個？」など、鉱物・植物・動物に関する問題を出して、数遊びをしましょう。
　子どもたちは、次は何かしらと期待をふくらませます。
ねらい 何回も繰り返している間に、友だちができたり、お互いに触れ合いができて楽しめます。

45² ピョンピョンとび競争〔小〕少

用意するもの ビニール製のゴミ袋
遊び方 スタートラインに、各自1枚ずつビニール袋を持って立ちます。
　「ヨーイ、ドン」の合図で、ビニール袋の中に両足を入れたままで、両足をそろえてうさぎとびをしながら前進をして、目標を回ってもどってくる遊びです。
　ビニール袋を破ったり、歩いたり、ビニール袋を手で持ってとんだりしたら失格です。4～5組のチームをつくって、リレー方式に競争させると、いっそう活気にあふれ、遊びを見ている子どもも、応援に熱がはいって楽しくなります。
　ビニール袋なので、あまり大幅にうさぎとびをすると、ひっくり返ってしまうことがあります。遊びの素材に応じた安全なとび方をするように心がけましょう。
ねらい 跳躍力を鍛え、注意力を養います。

453 水のばくだんごっこ 〔幼〕 少

用意するもの ビニール袋と水（ビニール袋に水を入れて、口をしばっておきます）

遊び方 2組に分かれ、水の入ったビニール袋をお互いに投げ合って、相手のからだにぶつけます。水だから、弾性があり、水の冷たい感覚が皮膚をこころよくします。ときには、袋から水がふき出て、びしょぬれになって、楽しい戦争ごっこになるでしょう。

ねらい 投力と敏しょう性を養います。この遊びはプールに入る前とか、浜辺や川辺などで、ビニール袋さえあれば簡単にできます。また、小学校や幼・保育園の夏の遊びとして好評で、園庭でできます。どこでの遊びを問わず解放感を味わうことができます。

454 ポリ袋の水送り 〔幼・小〕 少

用意するもの ポリ袋5枚

遊び方 10人がグループをつくり、5つの組をつくります。そして、グループごとに縦に50センチ間隔で並びます。

　ポリ袋の中には水を八分目入れ、水が外へ出ないように、口をしっかりしばります。

　水の入ったポリ袋を、先頭の人が両手を上げて頭の上で持ち、リーダーの合図で、ポリ袋を後ろの友だちに手渡します。

　ポリ袋は、順番に頭の上を送られて、最後の友だちの所へきたら、今度は、向きを変えて、また頭の上を越して元の所までもどります。

　水が入っているために、いつ破れてぬれるかもしれないというスリルが、この遊びをおもしろくします。

　夏は、下着だけにして遊ぶのもよいでしょう。

ねらい 慎重さを養いスリルを味わいます。

その他のものを使って　225

455　水をあけたら大変だ〔中・高〕㋕

用意するもの　洗面器, 水
遊び方　1人が床にあおむけになって寝ころび, 両足をまっすぐ上に伸ばします。もう1人が水の入った洗面器をうまく両足の裏にのせます。

　洗面器の水をこぼさぬように, そのままの姿勢でできるだけ長くがんばる遊びです。

　時間を決めて, その時間内がんばれるかどうか……。

　バランスをくずせば水びたしになります。

　夏向きのスリルのある遊びです。

ねらい　水をこぼさぬようにバランスをとって必死にがんばるので忍耐力を養います。さらに洗面器に集中しないとできませんので, 注意力散漫な子どもを落ち着かせるきっかけをつくってくれます。

456　水リレー〔小〕㋕

用意するもの　小さなポリバケツ4個
遊び方　スタートラインから50メートル離れたところに目標を立てておきます。

　この遊びは2組に分かれてスタートラインに立ち, 先頭の人は両手に水が八分目ずつ入ったバケツを持ち, 合図で走ります。

　目標をまわって帰ってきたら, 次の人と交代します。早く走っても水の量が少なければ負けです。さあ, 水をこぼさないで……。

ねらい　慎重さと平衡性を養うとともに腕力, 忍耐力を鍛えます。

457　バランスとって水運び〔中〕少

用意するもの　1.5メートルの竹の棒，ポリバケツ（中に水を八分目入れておく）

遊び方　水を入れたポリバケツを，1個ずつ竹の棒の両端にぶら下げます。

スタートラインより5メートル先に，目標を決めます。

「ヨーイ，ドン」の合図で，5人1組となって，ポリバケツのついた竹の棒を肩に掛けて，目標を回ってもどり，次の人と交代する遊びです。そのとき，水をこぼしたら失格となります。

水をあけないように，肩に支えた棒を手でバランスをとりながら進んでいきます。後ろのポリバケツは見えないので，チームの人たちに「こぼれる，こぼれる」とか，「進んで！」とか，注意してもらうとやりやすいでしょう。

ねらい　注意力と平衡性を養います。

458　貝さがし〔小・中〕少

用意するもの　ハマグリ，アサリ，シジミなどの貝がら（貝の口を接着剤でくっつけます）

遊び方　あらかじめ用意した貝を砂場にうめておきます。

10人1組ぐらいにして貝拾いを始めます。拾った貝をリーダーのところへ持って行き，貝の名まえを聞きます。

みなが貝の名まえをおぼえたら，こんどはリーダーが「アサリだけを拾いましょう」と呼びかけ競争させます。アサリ以外の貝を拾った人は，どんなにたくさん拾っても失格です。

間違えずにだれが一番たくさん拾えるでしょうか。さあ，やってみましょう。

ねらい　知力を養います。

その他のものを使って　227

459 みかん早のせ競争 〔全〕 少

用意するもの みかん，かがみもち（大きさは適当なもの）
遊び方 机の上にみかんとかがみもちを置きます。
　2組に分かれ，合図で手を使わずに口でみかんをくわえ，かがみもちの上に順々にのせていきます。落ちたら最初からやり直し，早くのせた人が勝ちです。簡単のようですが，みかんのすわりがよいようにくわえるのは，なかなかむずかしいものです。家族で競争してください。
ねらい 家族団らんに最適です。

460 くだものさがし 〔幼〕 少

用意するもの 古い絵本，厚紙（15センチ四角のもの）50枚
　古い絵本から，くだものの絵を切り抜いて，15センチ四角の厚紙にはります。くだものの種類は多い方がよく，だいたい50枚ぐらい用意します。
遊び方 このくだものカードを，床の上に並べておき，子どもを一列に並べ，リーダーが「リンゴ」とか「バナナ」とか言います。
　子どもたちは，リーダーが言ったものを，すばやく，まちがえないようにさがし出し，リーダーに届けます。
ねらい 知力を養います。

461 木の葉カード遊び 〔小〕 少

用意するもの 木の葉（色づいたもの，落ち葉でもよい。種類が多いほどよい），厚紙，セロハン，セロハンテープ
　色づいた木の葉を，種類別に分けて，厚紙に，セロハンテープで動かないようにとめ，その上を，セロハンで包み，木の葉カードを作ります。

遊び方 用意ができたら、30種ぐらいのカードを机の上に並べ、「実のなる木の葉」「花の咲く木の葉」などと、おとうさんやおかあさんが、子どもといっしょになって遊びます。

この遊びは製作をかねたものです。

子どもたちに作らせるのもよいでしょう。

旅行やハイキングの前に、この遊びをして、現場で、子どもに思い出させて、楽しむのもおもしろいでしょう。

ねらい 知力を養います。

462 木の葉並べ〔幼〕㊙

用意するもの 木の葉、ビニール袋

遊び方 ビニール袋の中に木の葉をたくさん入れておきます。

スタートラインより、「ヨーイ、ドン」の合図で、1人が1袋を持って、木の葉を1枚ずつ順番に縦に並べていきます。

「ストップ！」の合図で、だれが一番長く木の葉を並べられたか競争します。

途中で、木の葉どうしがくっつかないで離れているときは、もう一度最初から並べます。

秋に戸外へ落ち葉拾いに出かけたら、広場で、いちょう、もみじなど、いろいろな種類の葉を並べると、とてもきれいな楽しい遊びになります。外では風が吹くと葉が乱れるので、上から砂をまくと、砂の重みで葉が動かず遊びをつづけることができます。このとき、2人1組でやってもよろしい。並べた葉を、だれが一番早くきれいにかたづけるか、最後の処理まですることが遊びにはたいせつです。

ねらい 根気を育てます。

その他のものを使って　229

463 セミになっちゃった〔小・中〕少

用意するもの だきつくことのできる自然の木

遊び方 両手，両足でしっかりと，セミのように木にしがみつきます。2分間だきついたままがんばる遊びです。
　友だちに2分間，時計を見てもらったり，20かぞえてもらったりしましょう。
　ハイキングには，ぜひ取り入れて，自然を満喫したい遊びです。

ねらい 腹筋力，腕力，忍耐力を養います。

464 円盤けり〔小・中〕少

用意するもの 木の円盤6枚
　直径10センチ，厚さ2センチほどの木の円盤を作ります。6枚のうち5枚は緑色に，残りの1枚は赤くぬります。

遊び方 1メートル間隔で，直径50センチの円を5つかき，その中に緑色の円盤を1枚ずつ入れておきます。
　スタートラインに赤い円盤をおき，合図で先頭の子どもが片足とびで，それをけりながら出発，5つの円に順に入れていきます。その時，緑の円盤をけらないように，また，入らない時はけりなおし，きちんと入れて次の円にうつります。
　5つの円に入れ終わったら，赤い円盤を持ち，走って帰り，次の人と交代します。

ねらい 足と目の協応性を養い，正しい判断力を育てます。

465 砂遊び〔幼〕少

用意するもの ブロック12個，川砂，ビニールまたはむしろ（砂場をおおうことのできる大きさ，1メートル四方くらい），ビニール管（太いもの）30センチ，ビー玉，貝がら

遊び方 ブロックで周囲をかこんだ砂場に，貝がらとビー玉，ビニール管を入れておきます。

　幼児はその砂場で，絵本で見たことのある，潮干狩りを，自分の家の庭先で，実際に経験することができます。ビー玉やビニール管では，管にビー玉をころがして，ちょうどトンネルの中を汽車が走り抜けるような感覚にとらわれるでしょう。この砂場は，1メートル四方の小さなものであるため，庭先へ簡単に取りつけられますし，家のものがいつも安心していられます。

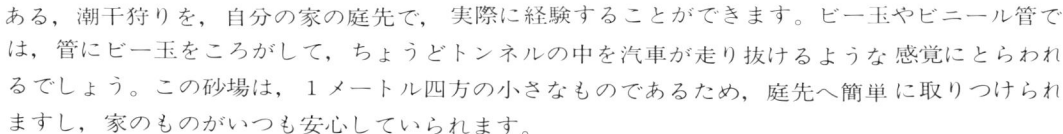

　夜つゆや雨のため，砂がしめらないように，ビニールやむしろでおおうとよいでしょう。

ねらい 探索心を育てます。

466 ピン，ポン，ピョン〔小〕少

用意するもの スコップ，クマデ，砂ナラシ，色つきゴムひも

遊び方 砂場をきれいにならします。砂場の石ころ，板切れ，ガラスなど危険なものは取り除いてください。ねんざをしないように砂を平らにします。砂は30センチ程度の深さまで掘り，やわらかくします。

　子どもの跳躍能力に合わせて，ゴムひもの位置を定めます。位置が決まれば，とぶ方向に対して垂直に砂場の端から端までゴムひもを張ります。1本目は楽にとべる位置へ，2本目は中程度，3本目，4本目，5本目とだんだん遠くへ，ゴムひもを張ります。

　「青いひもは地球だよ」「黄色のひもはお月さまよ」「赤いひもはお日さまよ」「みんなでどこまでとべるかな。がんばって，大きく手を振って，お空に，ビューンととびましょう。ソレ，ピン，ポン，ピョン」「太郎ちゃんはお月さままでとんだね」「花子ちゃんは地球だね」

　おとうさんも，おかあさんもがんばってください。おとうさんは一番遠くへとんでください。子どもが喜びますよ。

注意 ピン，ポン，ピョンととぶ人に合わせて，全員で声を出して応援しましょう。とぶ人が非常にとびやすくなります。

ねらい　ピン，ポン，ピョンと声を合わせてとぶことによって，タイミングとリズム感を身につけることができます。最後のピョンは，この踏み切りで遠くへとぼうとするため，瞬発力も養われます。

467　魚　つ　り　〔幼〕㊦

用意するもの　ペンチ，クレヨン，マジックペン，新聞紙，糸，針金，セロハンテープ
遊び方　新聞紙を縦に長く細く丸めて，なかを引っぱると，先が細くなり，釣りざおができます，新聞紙の巻き終わりの端をセロハンテープで止めてゆるまないようにします。これがさおになります。
　さおの先に，糸を結びつけます。糸の先には，針金をU字形に曲げた針を取りつけますと，釣りざおのできあがりです。
　みんなで魚をつくりましょう。新聞紙を，2つ折りにして，折りめを背にして，手で破って，左右対称ないろいろの形の魚をつくります。目や背びれ，えらなどは，マジックやクレヨンで書き入れましょう。きれいな魚になります。
　魚ができあがったら，自分でつくった魚の説明会を開きましょう。「太郎ちゃんの魚は何でしょう。花子ちゃんの丸い魚はクラゲでしょうか，それともタコかな。おもしろい形ですね」いろいろと話を展開してゆきます。
　魚の説明が終わると，口の所に，セロハンテープを丸めて止めつけ，釣り針が，うまく引っかかるように工夫しましょう。そして，魚を砂場に泳がせてやります。
　釣りざおをかついで，グラウンドや庭を一周して，「サァ，魚をつくりましょう」上手に，さおを動かして，魚をつり上げましょう。
　「誰が，一番たくさんつったかな」数を数えてください。
注意　さおを振ったり，たたき合ってはいけません。
　糸が，からみ合わないように，注意してください。

ねらい　魚をつくったり，色を塗ったり，さおをつくったりすることによって，工夫力，想像力が養われます。
　砂場の中の魚をつったり，小さな動きの中で集中力，巧緻性が養われます。

468 スポンジボールのゴルフ〔全〕少

用意するもの スポンジ，クラブ（ゴルフ用のクラブがなければ，先の曲がった木の根，ボール紙を利用して作ってもよろしい）
遊び方 スポンジをハサミできざんで丸くし，ゴルフボール大のものを作ります。
　ゴルフの練習と同様にクラブでスポンジボールを打って遊びます。スポンジですから力いっぱい打ってもせいぜい4メートルぐらいとぶだけですし，誤って人にあたっても安全です。
　穴を作って競争するのも楽しいでしょう。
　庭先で簡単にでき，大人も楽しめる遊びです。
ねらい 全身運動，特に腰の運動になります。

469 鉛筆とり〔小〕少

用意するもの 鉛筆
遊び方 1本の鉛筆を2人で引っぱり合って，とる遊びです。
　2人が向かい合って，お互いに鉛筆の端を親指と中指で持ち，「イチ，ニ，サン，ハイ」で鉛筆をはなした方が負けです。
　簡単に遊べますので，指先の力の入れ方，どのように引っぱったらよいか，などのルールを決めて競争をするとよいでしょう。また勝ち抜きにしてもよいでしょう。
ねらい 指の力を強くします。

470 鉛筆立て〔全〕少

用意するもの けずってない鉛筆10本
遊び方 机に直径10センチの円をかいておきます。この遊びは，5本の鉛筆を円の中にじょうずに立てる遊びです。
　立て方によっては，1本倒れると全部倒れることがあります。よほど注意して立てないとうまくいきません。
　さあ，おかあさんがじょうずかな，それともお兄さんかな？
ねらい 落ち着いて物事をする気持ちを育てます。

その他のものを使って　233

47¹ 反対遊び〔小・中・高〕㊍

用意するもの 割りばし
遊び方 2人が向かい合ってすわります。
　2人とも右手に割りばしの端を持ち左手をひざの上におきます。

　合図でひざを割りばしでたたきながら，左手はひざをさするように動かします。10回打ったらはしを左手に持ちかえ同じような動作を続けます。
　動作が単純でも右手と左手の動きが違うので，つい左右同じ動きになってしまいがちで，そこにおもしろさのある遊びです。
　勝ち抜き形式で競争したらいっそう楽しく遊べます。
ねらい 反射神経の訓練になります。

47² 積み木遊び〔幼〕㊍

用意するもの 大小さまざまな木の切れはし
遊び方 おとうさんか，おかあさんが，一度集めた木切れを使って，門でも山でも作ってみせます。あとは子どもに自由にその木切れを使わせて遊ばせるのです。
　子どもは，長い木切れの上に丸い木をのせて遊べば，それが汽車に考えられたりして，空想の世界に入ってゆきます。
　この遊びは，子どもの知恵を伸ばし，豊かな創造への生活に導くことができます。
　なお，こうした遊びは，縁側でも，たたみの上でもどこでも簡単にできます。
　高価な積み木を与えるより，おとうさんの日曜大工の心のこもった木切れこそ，親と子の愛情のかけはしになります。
ねらい 創造力を養います。

473　たいこゲーム〔小・中〕少

用意するもの　棒（けずってない鉛筆）2本，紙袋（頭のすっぽり入るもの）2枚，たいこ（おもちゃのたいこ）2個
遊び方　子どもを2列に並ばせておきます。
　先頭は紙袋をかぶり，棒を持って用意し，リーダーの合図で，たいこの近くに進み，たいこをさがし，たいこをさがしたら，2～3回打ちます。打った人は，紙袋をとり，次の人に渡し，交代します。
　これは，自分1人では，なかなかできません。見ている人が声援してあげましょう。
　また，図のように，たいこを下においてしてみてもよいでしょう。
ねらい　機転を養います。

474　あてましょう〔幼・小〕少

用意するもの　タオル1本
遊び方　ジャンケンをして負けた人がおにになり，目かくしをします。他の人たちは自分のどちらかの手をにぎって，おにの前にさし出します。目かくしのおには，その手にさわり，「この手は右」「これは左手」「最後のは右手」と言いあてていく遊びです。
　おにが1人もあてることができない場合は，もう一度やり直し，半分以上あてることができたら次の人と交代する，といったルールを決めて遊ぶととても楽しくできるでしょう。おにの前に手を出すとき手をねじって出したり，交差させて出してもよいでしょう。
　タオル1本用意すれば家族やおおぜいの友だちと楽しく遊べます。
ねらい　感覚を養います。

475　シーソー遊び〔全〕少

用意するもの　タオル2本
遊び方　タオルの両端に結び目を作っておきます。

その他のものを使って　235

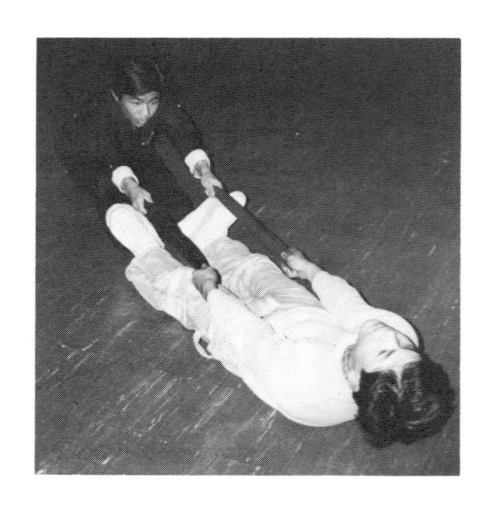

2人が向かい合って床に両足を伸ばしおしりをつきます。それぞれ両手にタオルの結び目を持ち、互いに体を前後にゆり動かしてできるだけ長くシーソー遊びをします。

ねらい 腹部を伸ばしたり縮めたりするので腹筋力が強くなりますし、両足を伸ばすので脚力も強くなります。腹部にぜい肉がついたおかあさんには、子どもと楽しく遊ぶうちに美容体操ができます。タオルの結び目をほどいてすれば手に力がはいり、握力を養います。

476 タオル体操〔全〕少

用意するもの タオル
遊び方 タオルを細長く折りたたんで両端を1つずつこま結びにしておきます。
　タオルを棒状にして両手で結び目をしっかりにぎり、足から胴、頭へとくぐらせる遊びを何回も続けます。
　体の硬くなったおとうさんやおかあさんにはちょっと苦痛な遊びですが、床に寝ころんだり、すわったりなどしてくぐり抜ける遊びに、見ている人も思わず吹き出すことでしょう。
　毎日1回、親子でするように習慣づければ、家族の健康体操になります。
ねらい 柔軟性を鍛えます。

477 リングを立てよう〔幼〕少

用意するもの 自転車のリム（古くなって使用しない子ども用のもの）1本、木切れ（種種の形をしているもの）20～30個
遊び方 この遊びは、木切れを使って、リムをうまく立てるのですが、なかなかむずかしいのです。
　そこで、木切れの中で、斜めに切ったのや、いろいろな形のものを、リムの下にかうようにします。

リムが動かないように，両方からとめれば，うまく立ちます。
一度立てて子どもに見せ，それから「さあ，こんどはやってみなさい」とバトンタッチすれば，子どもなりに，いろいろ考えて楽しく遊べます。
ねらい 注意力，集中力を養います。

478 リンコロン〔小・中〕少

用意するもの 自転車のリム，木または竹の棒
遊び方 自転車のリムの溝に，木の棒をあてて，リムを回転させて遊びます。
棒でリムを上手にあやつって，リムを倒さないように速く走り，「ヨーイ，ドン」の合図で，目標まで早く到着した者の勝ちです。
注意 できるだけ広くて，平らな運動場や，遊園地のような広場がよいでしょう。
ねらい 大人が自動車を運転するのが好きなように，子どもたちも自分で操作するのを好みます。戸外で思いきり走り，
操作の楽しさを十分満足させてやってください。リムを操作することによって巧緻性が，また走ることによって，持久力，走力，瞬発力も養われます。

479 リングストライク〔中・高〕少

用意するもの 自転車のリム，棒または竹30〜40センチ
遊び方 リムを相手に向かってころがします。相手方は，そのリムを棒で受けとめ，そのまま反動を利用して，相手方に向かってころがします。
最初は手を使ってもよろしいが，あとはできるだけ，手を使わないようにしましょう。
やりとりの回数が多いほどよいのです。
うまく返せなかった人の負けとなります。
注意・ねらい 〈492 リンコロン〉と同じ。受けとめるときは，リムの溝にうまく棒を入れてください。巧緻性，集中力を養います。

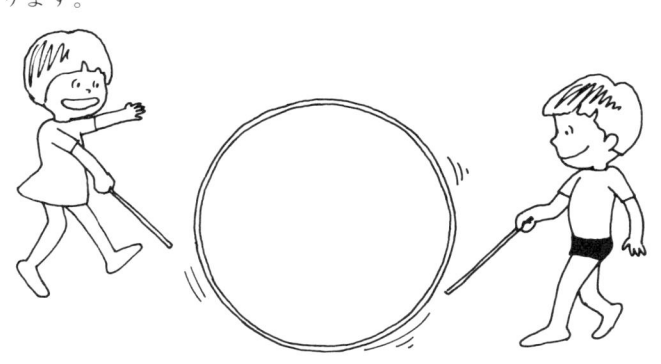

その他のものを使って 237

480 リングリターン〔中・高〕少

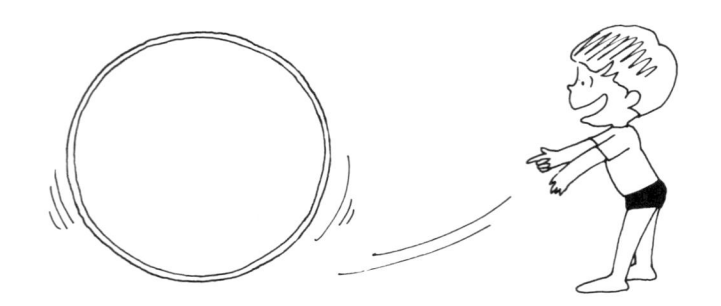

用意するもの 自転車のリム
遊び方 リムを手に持ち，前方に投げます。この場合リムに逆回転を与え，リムが再び自分の所に帰ってくるように投げます。
　何度か練習をして，じょうずにやってみましょう。小学生ならじゅうぶんに遊ぶことができるでしょう。
注意 平らな広場で行ないましょう。
　人にあてないように気をつけましょう。
ねらい じょうずにできれば手品をしているような不思議な気持ちになります。巧緻性，集中力を養います。

481 のりものごっこ〔幼〕少

用意するもの 竹ざお（2メートルのもの）2本，ビニールホース6メートル，細ひも少々
　ビニールホースを30センチの長さに20本切り，両端を合わせ，セロハンテープでとめ，輪を作ります。
　細ひもは40センチの長さに切り，各さおに10ずつ結びつけ，そのひもにビニールホースで作った輪を結びつけ，バスや電車のつり皮のようにします。
遊び方 2本のさおを，先頭と一番最後で，両肩にのせて持ちます。
　20人の子どもが電車やバス，汽車などの歌を歌ってのりものごっこをします。先頭の子は運転手，最後の子は車掌さんです。のりものの大好きな子どもは大よろこびで遊ぶでしょう。
ねらい 仲間意識の高揚に役立ちます。

482 動物狩り〔幼〕少

用意するもの ビニールの輪（直径20センチぐらいのもの）4本，古い絵本

　古い絵本の中から動物を切り取り，切り取った動物の絵の裏に厚紙で支えを作り，画びょうでころばないようにとめます。動物はできるだけ厚い絵本の中から選ぶとよいでしょう。

遊び方 できるだけ多くの動物を，絵本から切りぬいておきます。

　動物を適当に並べ，動物から約2〜3メートルはなれた所から，ビニールの輪を投げ，動物をすっぽりといとめることができればよろしい。

　簡単な輪投げ遊びですが，目的が動物であるため，一段と変わった興味がわきあがるものです。

　家庭で，競争しながら遊んでみましょう。

ねらい 目と手の協応性を高め投力を鍛えます。

483 輪くぐり〔幼〕少

用意するもの ビニールホースの輪（またはおけ，たるのタガ。子どもが楽にくぐれるくらいの大きさのもの）3個，竹ざお（4メートルのもの）1本，麻ひも（強いもの）

　竹ざおに3個のビニールホースの輪を，麻ひもで，地面より10センチぐらいのところにぶらさげます（する人によって，高さを変えるとよいでしょう）。竹ざおは，危険のないようにしっかり固定しておきます。

遊び方 用意ができたら，参加者を2組に分け，リーダーの合図で，輪をくぐります。

　輪をくぐる時に，頭から入れたり，足をかけたりして一生懸命になるのですが，輪が動くため，なかなか思うようにいきません。やっている人も，見ている人も楽しめます。

　なお，麻ひもを紙テープに変え，切らないようにくぐらせるのもおもしろいでしょう。

ねらい 慎重さ，注意力を養います

その他のものを使って　239

484　輪　投　げ＜1＞〔幼・小〕少

用意するもの　ビニールホース2メートル

　ビニールホースを40センチに切り、ホースの穴に細い竹の棒を入れて（竹の棒を入れるのは、輪を重くするため）輪を作り、輪のつぎ目をセロハンテープでとめます。4本か5本作ります。

遊び方　おとうさんか、おかあさんが立ち、右手か左手を、まっすぐ前に出し、そこから3メートルぐらいはなれた所に、ラインをひいておきます。

　この遊びは、ビニールの輪をうまく投げて、手に通す遊びです。

　輪投げに変化をもたせるために、手を上にあげたり、横に出したりして、投げ合いをするのもよいでしょう。

ねらい　目と手の協応性と正しい判断力を養います。

485　輪　投　げ＜2＞〔小・中〕少

用意するもの　ゴムホース、セロハンテープ（50センチの長さに切ったゴムホースの両端をくっつけて、セロハンテープをはりつけ、ゴムホースの輪を作る）

遊び方　スタートラインに立って、片足を上げて、つけ根にゴムホースの輪をかけます。

　「ヨーイ、ドン」の合図で、輪をかけた足を、思いきり振り上げて、輪をできるだけ遠くまで投げる遊びです。

　応用として、1人に5個の輪を与え、定められた目標まで、何個投げられるか競争してもよいでしょう。

　また、数か所に目標の円を書いて、全部の円に投げ入れるようにしたりなどして、いろいろと遊びをくふうし、展開させましょう。

　遊びは、創造の世界です。

ねらい　瞬発力を鍛え、どのように足を振り上げれば、まっすぐに遠くまで投げることができるか、頭脳を使う遊びです。

486　輪送り競争
〔幼・小〕少

用意するもの　ゴムホース，セロハンテープ（50センチに切ったゴムホースの両端をくっつけて，セロハンテープをはって輪にする）

遊び方　1組10人ずつ横向きに，3組つくります。

「ヨーイ，ドン」の合図で，スタートの人の片足にかけた輪を，順に横へ，足から足へ，輪を落とさないようにして，早く渡していくのです。どの組がいちばん早く渡せるか競争です。自分の片足から輪をはずして，相手の片足へ輪をかける，たったこれだけのことが，なかなか思うようにできません。ましてや幼児ならばなおさらです。しかし楽しい遊びならば，まさかこんなことができるはずはないと思い込んでいることを，意外にうまくやり通すことがあります。

強制するのではなく，親がやらせたいと思っていることを，子ども自身から進んでやる環境設定がたいせつなのです。

ねらい　チームワークが悪いと，思うように輪を渡すことができません。お互いの協力が必要となってきます。

487　キャラメルつり〔幼・小〕少

用意するもの　鉛筆（参加者の数），もめん糸少々，キャラメルのあき箱（参加者の数），針金少々

もめん糸を長さ1メートルぐらいに切り，糸の先に長さ6センチの針金を曲げて，つり針のようにしたものを結びつけます。一方の端は，鉛筆にしっかりと結びつけておきます。キャラメルのあき箱には，穴をあけ，針金をとおしてつり手をつくります。

遊び方　キャラメルのあき箱をおき，そこから1メートルほどはなれたところに用意したつり道具を持って立ち，合図でキャラメルつりをはじめましょう。

もめん糸の長さは，つる人の身長に合わせてかげんするとよいでしょう。

糸が長ければ長いほど，むずかしくなります。

ねらい　集中力を育てます。

その他のものを使って　241

488　コップ運び〔中・高〕少

用意するもの　あき箱（底をとり，わくだけにしたもの）2個，コップ（プラスチック製のもの），2個，棒（長さ40センチのもの）2本

遊び方　5メートル先に目標を立てておきます。2組に分かれ，2組の先頭が，各人棒を持ちます。

棒の先に，中央にコップをのせた箱のわくを通します。

合図で目標に向かって走り，目標を回り，スタートラインまで来たら次の人と交代します。

途中でコップを落としたら，最初からやりなおしです。さあ落ち着いてやってみてください。

ねらい　慎重さ，注意力を養います。

489　マッチ・アーチェリー〔小・中〕少

用意するもの　マッチ箱2箱

遊び方　1メートルの距離をおいて向かい合ってすわり，ひざの前にマッチのあき箱を立て，的にします。

マッチ棒を玉として，指先でこれをはじき，相手の前にある的を倒す遊びです。的を2〜4個つくって倒し合うのもおもしろいです。早く的を倒した方が勝ちで，1対1，2対2，3対3人で競い合う方法もあります。

家族や会合で，手軽にできておもしろ味があります。

注意　相手の顔にあてないようにしましょう。

ねらい　室内で遊ぶことができるので，雨の日でも手軽に遊ぶことができます。

おとうさん対おかあさん，お兄さん対お姉さんと，家族ぐるみで楽しく遊ぶことができます。

小さな的を射ようとするために集中力，正確性が養われます。

490 カメさん競争〔幼・小〕少

用意するもの ダンボール箱（四つんばいになって，頭からおしりまですっぽりと入る大きさ）

遊び方 スタートラインより5メートル先に目標を決めます。

5人1組になり，先頭の人は四つんばいになって，ダンボール箱をかぶり，スタートラインに立ちます。

「ヨーイ，ドン」の合図で，四つんばいのかっこうで目標を回ってもどり，次の人と交代して他のチームと競争する遊びです。

箱をかぶっているために，前方が見えないので，とんでもない方向に進んでしまいます。

かぶった箱をはずしたり，途中で立ち上がったら失格。もう一度最初からやりなおしにします。

ねらい 注意力を養い脚力と腕力を強くします。

491 マット地震〔幼・小・中〕多

用意するもの マット

遊び方 マットの長辺を，10人が両側に分れ，内側を向いてもちます。

マットに1人がうつ伏せになったら，いよいよマットをもっている人は，マットを前後に揺り動かします。

さあ大変，マットに乗った人は地震が起きたのかと必死になって，両手を前に伸ばし，両足などを動かして，マットの先まで前進するのです。

乗っている人が，反動でマットからとび出ないように，マットをたるませてもちましょう。

まるでふるいにかけたようで，スリルを満喫させてくれます。

ねらい 全身運動になります。

その他のものを使って 243

492 毛布とびこみ
〔幼・小〕⑧

用意するもの 毛布
遊び方 毛布を床に広げ，長辺に5人ずつ向かい合って並びます。そして端から固く毛布を手で握ることができるくらいまで巻きます。全員が隣と手がふれ合うほどの幅に開いて，毛布がピンとはるようにしっかりもちます。高さは腰の高さまでもち上げます。準備ができたら5メートルくらい先から走ってきて，毛布の手前でジャンプ。毛布の上に両手を前に伸ばしてうつぶせになってとびこむ遊びです。

フワーッとするスリルが子どもを喜ばせます。砂の上ですれば安全に楽しめます。

幼・保育園，小学校などではマットをつかってやるとよいでしょう。

ねらい 毛布をもつ子は腕力を，とびこむ子は跳躍力を鍛えます。

493 つり橋渡り〔全〕⑧

用意するもの マット
遊び方 マットとマットの端が50センチぐらい重なるように，4～5枚を縦にして床に置きます。マットの両側を，できるだけ多人数でもって，胸のところまで上げます。マットはたるまないように，マットの重ね部分に注意しましょう。これでマットのつり橋のできあがり。

長いマットの上に次々とのぼって，かけ足をしながら進んでいきます。

高くて動くつり橋は，スリル満点で冒険心を堪能させてくれます。

マットのかわりにじゅうたんを利用してもよいでしょう。手で握ることができるぐらいにじゅうたんの両端を巻いて楽しんでみましょう。

ねらい マットを渡る人は平衡感覚を養い，マットをもつ人は腕力を鍛えます。

指遊び・手遊び・リズム遊び

494 ワニ

遊び方 左手の人さし指・中指・薬指をくっつけて伸ばします。人さし指の上に親指をのせ，さらに薬指の上に小指をのせると親指と小指の爪が目になります。残りの3本でつくった上あごを，5本の指をくっつけて伸ばした右手のひらの下あごの上に合わせて，口の大きなワニの顔のできあがり。

両手首から両肘までぴったりくっつけると，ワニの長い胴体ができあがります。

ワニをつくって，「約束を守らないと，ガブリと食べられますよ」の一言に，ドキッとする人がいるからゆかいです。

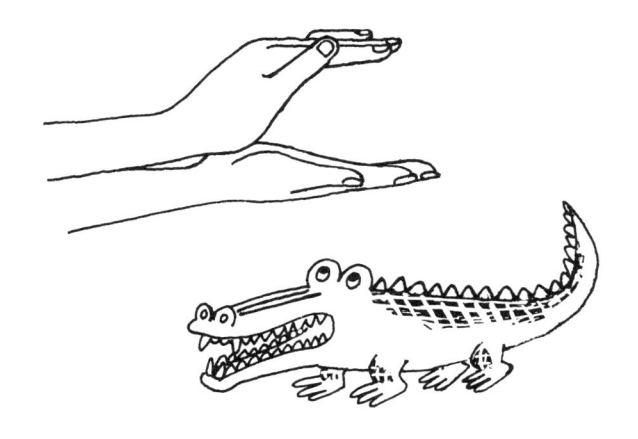

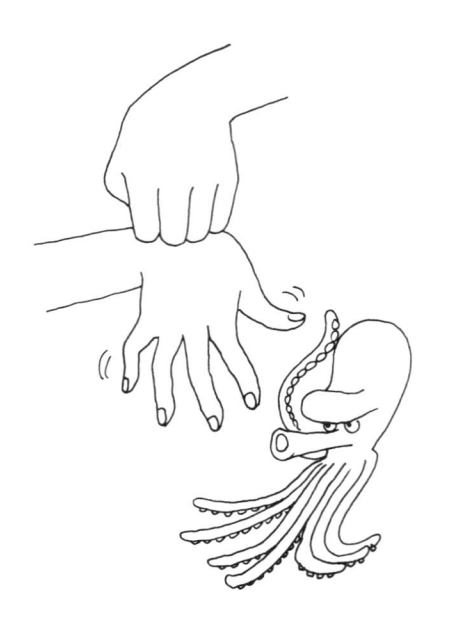

495 タコ

遊び方 右手の甲を水平にして5本の指を垂直におろし，5本の指を左右に動かすと，3本少ない5本足のタコ。そして水平にした甲の上に，左手にぎりこぶしをのせてタコの頭にします。

よくもまあグニャグニャと足が動くこと！　思うように指が動かないのは指の関節が固いのかもしれませんよ。

496 たか

遊び方 伸ばした親指を包むように人さし指を鉤形に曲げます。残りの3本の指をくっつけて手前に曲げたり伸ばしたりすると，大きな羽根になります。

人さし指の先がくちばし。獲物をねらって飛んでいる不気味な雰囲気にゾーッとします。

羽根を大きくゆっくり動かすと関節の運動にもなり，いかにも王者のようにみえます。

影絵としても楽しむことができます。

応用として，両手ともたかをつくり，羽根が外側になるように互いの手をくっつけると，より立体的なたかができます。

497　ぶた

遊び方　人さし指と親指の先同士くっつけて大きな鼻の穴を2つつくります。小指を上にたて，中指と薬指を交互に指の間で組んで，ふくよかな顔だちになるように丸みをつくると「ブーブー」と餌を求めるぶたさんのできあがり。

　子どもの手でつくるとチビぶた。

　おとうさんの手でつくったぶたは「おとうさんぶただ!!」

　「おとうさんがんばれ」と無意識に応援する，そこに親子の対話が生まれてきます。

498　馬

遊び方　手のひら同士を向かい合わせて両手首をくっつけます。両手薬指と中指を交互に指の間に組み，人さし指をそれぞれ鉤形に曲げて，長い鼻と上あごをつくります。親指同士をくっつけて曲げると下あごになり，口が開いたり閉じたりしていななきをすることができます。小指を斜めに立てると耳になります。

　お馬の親子を馬が歌うのですから，思わずにが笑いをしてしまうユーモアがあります。

　ねじらないで指を曲げるだけの遊びなので幼児にも簡単にできます。

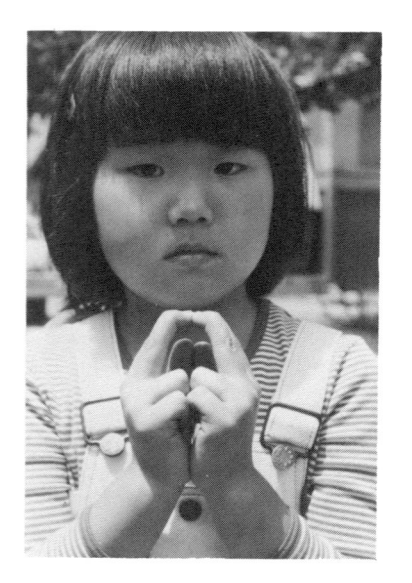

499　ふくろう〈1〉

つくり方　小指，薬指を曲げ，中指，人さし指の△・○印を曲げます。親指を薬指と中指の間にチョコンとのぞかせます，左右同じにつくってつければ，できあがりです。図は，ほかの人から見た図になります。

遊び方　1人は，親指を，左右，前後に旋回させます。もう1人は，下で指笛をならしたり，羽を両手首の後ろからバタバタさせたりしてみましょう。

500　ふくろう〈2〉

遊び方　両手ともそろえた人さし指と中指の先をくっつけて輪にし，くっつけます。そして左手の薬指を右手の輪に入れるように薬指を交差させ，小指を上に伸ばしてふくろうの顔をつくります。薬指は目，小指は耳になります。両手のくっつけた親指を上下に動かすと口が動いて，ホウホウと鳴いているようです。

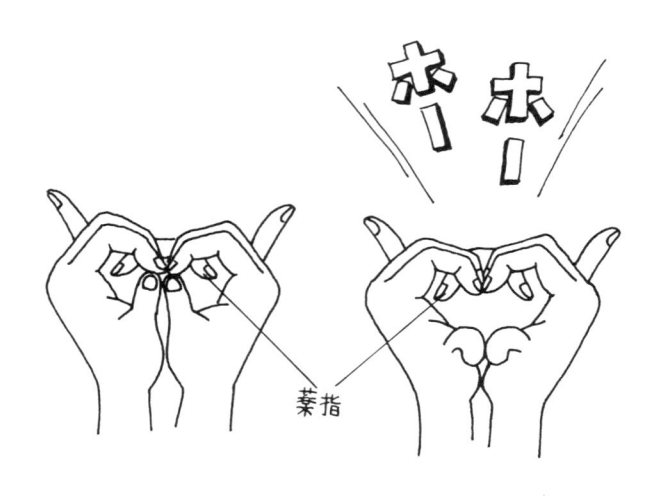

薬指

501 タヌキのおじさん

つくり方 左手の人さし指，薬指の爪を黒くぬっておきます。

遊び方

タヌキの（左手の中指を曲げます）

おじさん（右手の中指と人さし指を左手の中指の上にかさねます）

ニッコリコ（左手の人さし指と薬指をその上からかさねながら，左手の中指をたたきます）

頭をなでて（右手の薬指で，左手の人さし指と薬指を軽く上からなでます）

おなかをたたいて（右手の親指で手首をたたきます）

ドロン（左手の親指をピクッと動かします）

ニャン（右手をすばやくぬきます）

タヌキがばけて猫になるあそびです。歌に合わせてゆっくりやってみてください。

"ドロン"のときには，しばらく手を振ってみましょう。

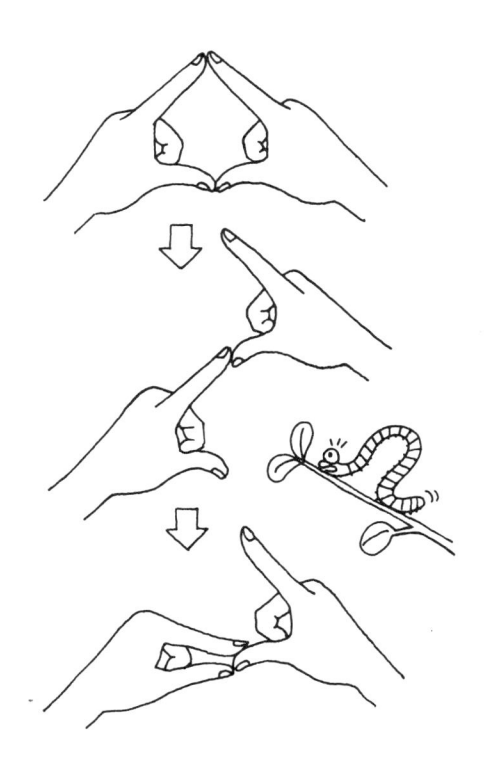

502 シャクトリムシの行進

遊び方 親指の先同士，人さし指の先同士くっつけて菱形に開きます。

では出発！ 右手親指を左手人さし指に移動させたら，右手人さし指を斜め左上方に伸ばします。次は右手を軸にして，左手親指を右手親指にくっつけると同時に，左手人さし指を右手人さし指にくっつけます。そして左手親指を右手人さし指まで移動させたら，左手人さし指を斜め右上方へ伸ばし，次は左手を軸に……という具合に，軸とする手を交互にして，人さし指と親指の移動をくり返します。スローテンポのシャクトリムシに似たかたつむりの歌を「でんでんむしむしかたつむり……」と歌いながらやってみましょう。

ねらい 集中力，注意力を養います。

指遊び・手遊び・リズム遊び　249

503 かえる

つくり方 小指と薬指を交互に重ね，中指を薬指にかけます。そして，人さし指は，薬指の下になるようにつけ，親指はそのままつけると，かえるのできあがりです。

遊び方
　　こどもとくすりや
　　なかよしさん
　　ふたりでごっつん
　　グワー，グワー，グワー

と唱えながら，つくってあそびます。

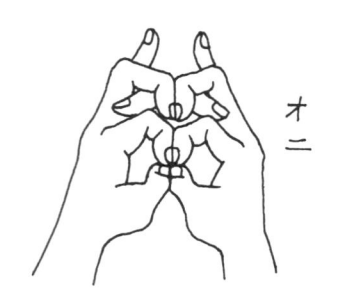

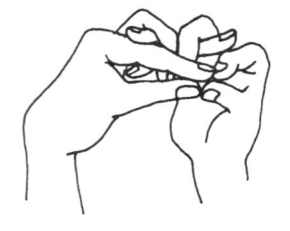

オニ

かえる

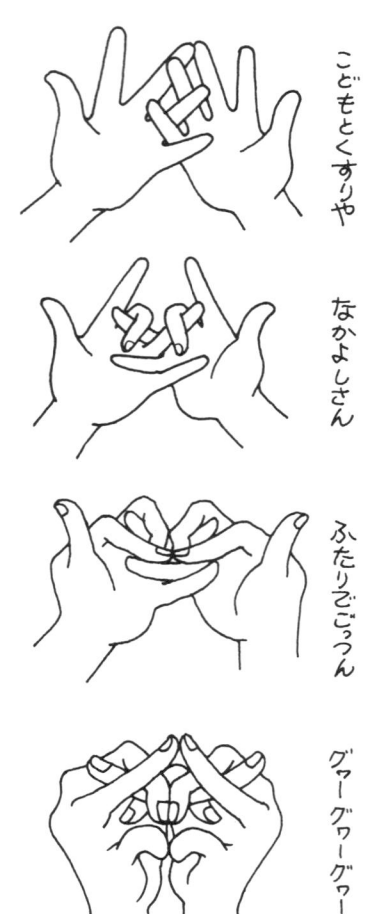

こどもとくすりや

なかよしさん

ふたりでごっつん

グヮーグヮーグヮー

　薬指が目玉になり，人さし指と親指は口になります。上下に動かすと，パクパク。頭をひらべったくするとワニのようになります。
　また，小指をはずしてたて，口の部分を開くと少しばかりこわいオニもできます。
　"かえるの歌"に合わせて，口を動かしてもおもしろくなると思います。

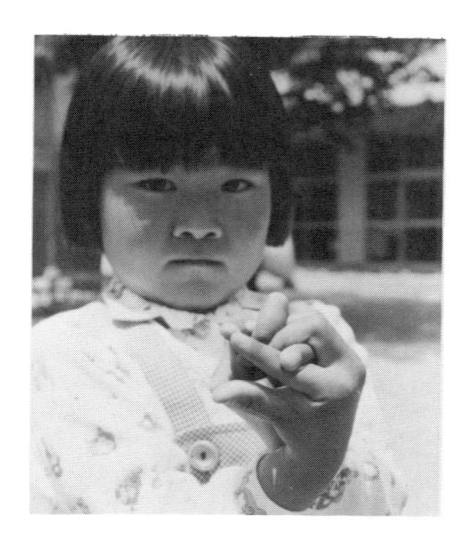

504 般若

つくり方 手芸の一種です。

人さし指を伸ばし，中指と薬指の間に親指を出します。小指を薬指から少し離します。左右とも同じにつくり，合わせます。人さし指は，つのになり，親指は目，小指はあごになります。

自分の方から見ると，まるで般若のように見えます。

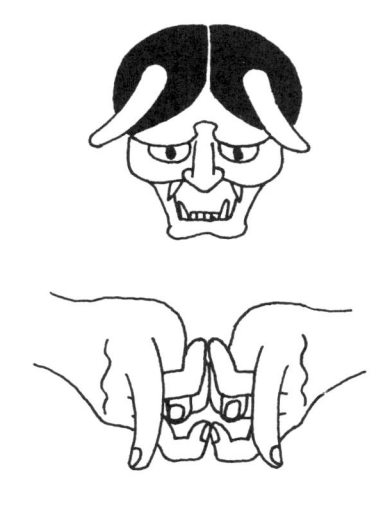

505 飾リメガネ

遊び方 人さし指と親指の先同士くっつけて輪にし，残りの指は間を開いて伸ばします。両手とも同じようにつくって，指でつくった輪を目にあてるとりっぱなおしゃれメガネのできあがり。

このところ，子ども向けのテレビ番組，映画，雑誌などには，登場人物の印象づけに目の工夫がされていますが，子どもの好きな人物のはめているメガネの名前をつけると，子どもは大喜びします。

506 お嫁さんの角かくし

遊び方 親指を手のひらの中へ折り曲げ，他の4本を交互に組んで額にあてると角かくし。金らんどんすの花嫁衣装を身につけた花嫁さんに見えてくるでしょう。

白い手袋をはめると，いっそうムードがでてきます。
おしとやかになりたい時は，ふるって角かくしをしてみてください。心が落ちついてくるような気がします。

指遊び・手遊び・リズム遊び

507　かんむり

遊び方　子どもならだれでも，王子さまや王女さまになってみたいと一度は空想するものです。

それでは早速，あなたを王子さま・王女さまにしてごらんに入れましょう。

親指の先同士，小指の先同士くっつけて輪にし，薬指の先同士を斜め上方でくっつけて，薬指と小指とでつくる形が三角形になるようにします。中指と人さし指は開いて伸ばします。

豪華な冠なので，そおっと頭の上に載せてみましょう。ひときわ輝いてみえますよ。

もっとゴージャスな気分を味わいたい時には，金色か銀色の手袋をはめてやってみましょう。

508　喜怒哀楽の目

遊び方　いつもニヤニヤ笑ってばかりいませんか。仁王様のようににらみつけていませんか。泣き落としばかりしていませんか。

「あら，私……」とドッキリなさった人もいることでしょう。

それでは反省もかねて遊んでみてください。

小指がまゆ，人さし指・中指・薬指をくっつけて，3本の指先と親指の先をつけてできた空間が目です。

まゆを丸く細めると笑っている目。まゆも目もつりあがると怒った目。たれたまゆにたれた目は，今にも泣きだしそうな悲しい目。

3つの型の目をつくって，あてっこ遊びをしてもおもしろいでしょう。笑い目にしたはずなのに「悲しい目！」などといわれたら，表現力が乏しいのかもしれませんよ。

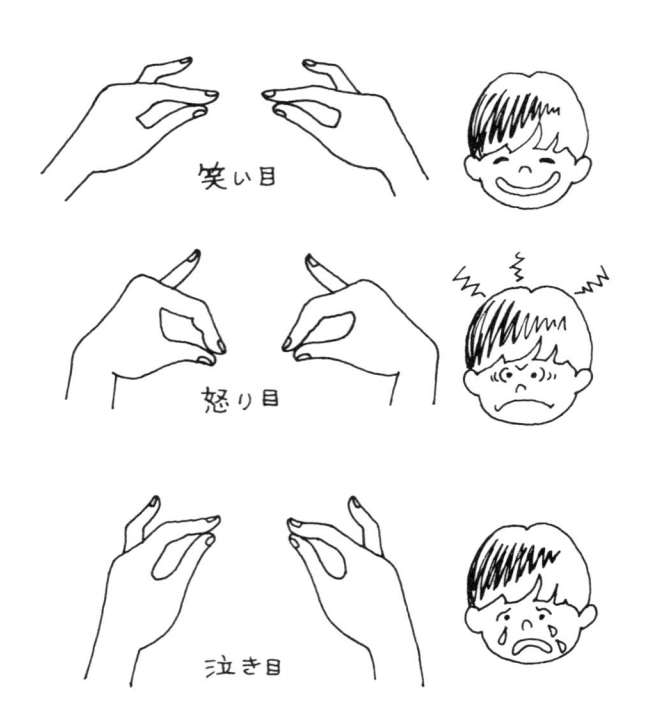

笑い目

怒り目

泣き目

509 ボンゴ

遊び方 左手で指先をくっつけてピンポン玉が入る程度の握りこぶしをつくります。

右手のひらをこぶしの上からたたくとポンと音がするボンゴになります。

歌いながらやってごらんなさい。リズムをとってくれるので歌いやすくなり、歌うことが楽しくなってきます。

たくさんの人が集まってボンゴを鳴らすと、高い音、低い音があって立体感がでてきます。

510 裏表なし

遊び方 まず、この図を見てつくってみましょう。

指がからんで、抜けなくなったり、なかなか思うようにいきません。すばやくつくるには、右手の小指と左手の人さし指のかけ具合がポイントになります。

手をひざの上に置いて「ヨーイ、ドン」でだれが一番早くできるか競争します。1人のときにできても、競争となるとむずかしいものです。また、個人で時間を計ってみてください。1級…1秒、2級…2秒、3級…3秒、4級…4秒、……10級…10秒、と決めて、だんだんすばやくなるようにがんばりっこをしてください。

真中のまどを〝きつねのまど〟といいます。先生は、穴からのぞいて、見えるもの、見えないもの、何でもことばのおわりに必ず「コン」をつけてお話をしてあげてください。

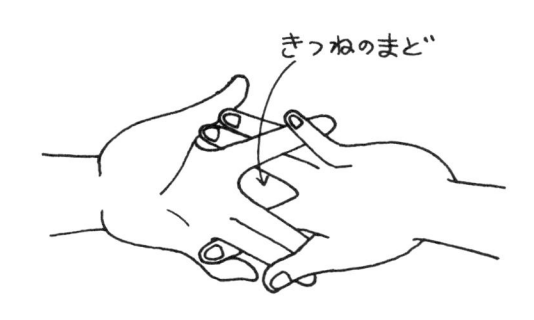

指遊び・手遊び・リズム遊び 253

5¹¹ 動く親指

遊び方 5本の指をそろえてまっすぐに伸ばした左手を，胸の前で横に位置し，右手親指を手前に，左手を直角にはさむようにします。
　いよいよ手品のはじまり，はじまり！
　右手をゆっくりと左手親指のつけ根から指先へ移動させていくと……
　「あっ，親指が動いている！」
　左手親指がとれてしまい，左手人さし指の上を動きだすのです。親指を元の位置へ移動させて「えいっ」と気合をかけながら，親指をじょうずにくっつけると，元の左手になってしまいます。
　血もふきださないなんて考えられないことです。だれもがやってみたくなる遊びです。
コツ 親指の移動のさせ方がポイントになる遊びで，右手で左手をはさんだら，すばやく左手親指を手前に折りまげます。同時に右手親指を右手人さし指と中指で包みこむようにしっかりと曲げて，左手人さし指の横腹を移動させます。親指は両手ともつけ根から曲げるように努力しましょう。

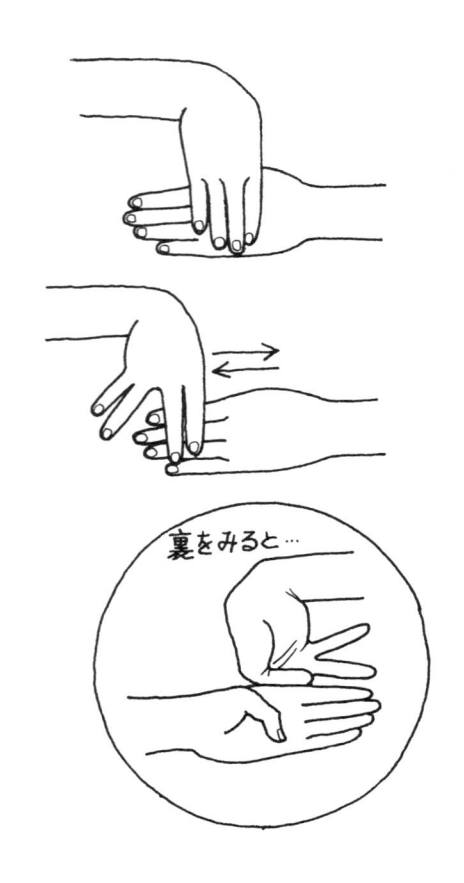

裏をみると…

5¹² 芽

遊び方 薬指を背中同士くっつけて伸ばします。次に中指同士をつけ根から交差させて，右手中指の先に左手人さし指をかけ，左手中指の先には右手人さし指をかけます。小指も同じようにつけ根から交差させて，指先には親指をかけます。このようにすると，薬指がまっすぐに伸びて安定します。
　「とても元気な芽がでてきました」と，2本の薬指を前後左右に動かすと，一番動きのにぶい薬指が，水を得た魚のように生き生きと自由自在に動くのでびっくりしてしまいます。
　さわがしくて落ちつかない時に効果てきめん，気持が集中します。

とても元気な芽が出ました…

513　指の体操

遊び方　「では指の体操をしましょう」というと，今にも音楽が聞こえてきそうです。それでは，両手とも指を伸ばして，右手は親指から，左手は小指から順に指を折っていき，5本とも曲げたら，次は，右手は小指から，左手は親指から順に指を伸ばしていきます。このようにして，指の曲げ伸ばしを何回もくり返す遊びです。何回もやるうちに指が思うように動かなくなって，顔までゆがむ人がいて，みている人も思わずふきだしてしまう楽しい遊びです。

ねらい　だれががんばるか競争遊びにすると，忍耐力を育て，指の協応性を養います。

514　親指・小指

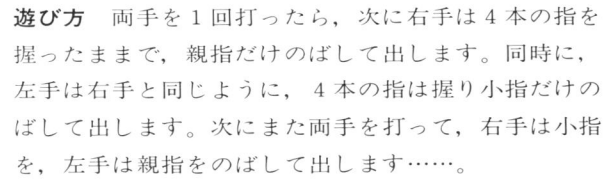

遊び方　両手を1回打ったら，次に右手は4本の指を握ったままで，親指だけのばして出します。同時に，左手は右手と同じように，4本の指は握り小指だけのばして出します。次にまた両手を打って，右手は小指を，左手は親指をのばして出します……。

このように，両手を1回打ったら交互に親指と小指をのばして出す遊びです。

さあ，指の体操をしましょう。イチ，ニ，イチ，ニ……。

この指あそびはなかなかむずかしく，少々練習が必要です。

応用として，うたをうたったり，手を2回，3回と打って親指，小指を出して遊ぶのもよいでしょう。

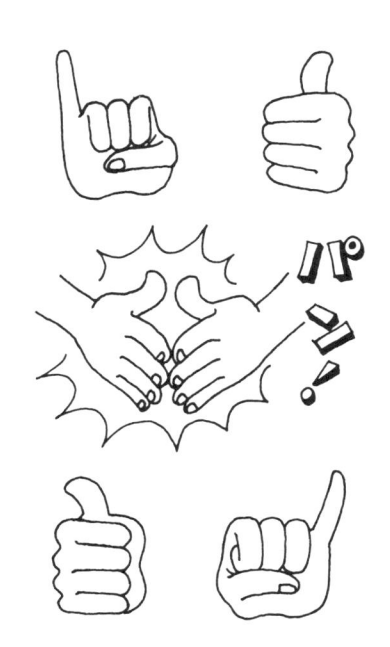

指遊び・手遊び・リズム遊び　255

515　うまく動きますか

遊び方　親指，人さし指，中指，薬指，小指，の全部を使います。

両手を1回打ったら，同時に，両手の親指を出します。また，両手を1回打ったら，今度は両手の人さし指……。このようにして，親指から小指へと，順番に両手の指をかえていくあそびです。

この指あそびは，みんなの指をとても器用な指にしてくれることでしょう。

516　1・2・3

遊び方　両手ですばやく，リズムに合わせながら，指を出すあそびです。

　　1 2 3 の 2 の 4 の 2 の 4 の 2 の 4 の 5
　　3 1 2 の 4 の 2 の 4 の 5

1のときは1本，2のときは2本，という具合にして，左右いっしょに出します（図参照）。

もう少し，むずかしくするには，1のときは親指，2のときは親指と人さし指，3のときは，親指と人さし指と中指，4と5は前と同じ方法で行ないます。

指の出し方はいろいろ，各自くふうして，人にはできそうにもないものを考えて練習して，びっくりさせましょう。

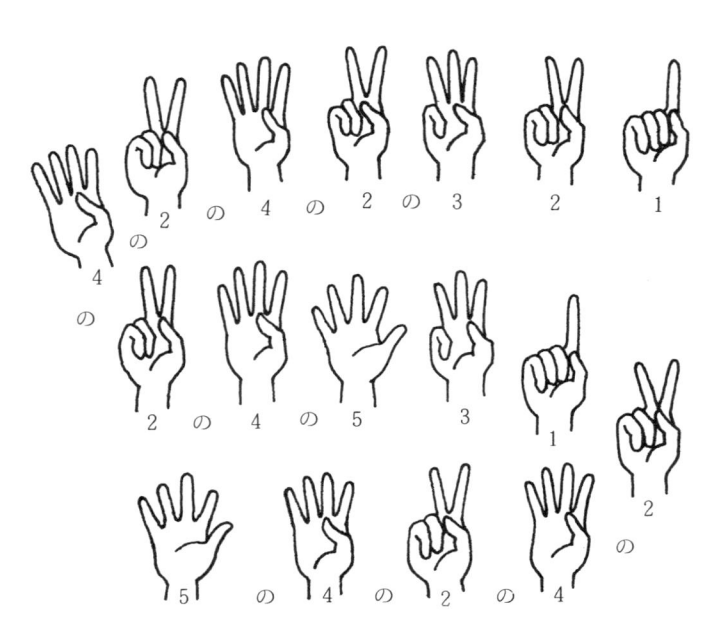

この遊びは，石けり遊びにも使われています。石けりは，かなりむずかしく，最後まで続けるのは，容易なことではありません。

5¹⁷ 汽車ごっこ

遊び方1　机の上に耳をあてて待っていますと，はるかかなたから汽車の音が聞こえてきます。汽車になる人が「グー，グー，チョキ，チョキ」という順に机の上をたたきますと，ほんとうの汽車が走っているように聞こえます。

　スピードを出すときは，できるだけ速くやってみます。また「シュ，シュ，シュ」は爪で机の下をひっかくと感じが出ます。

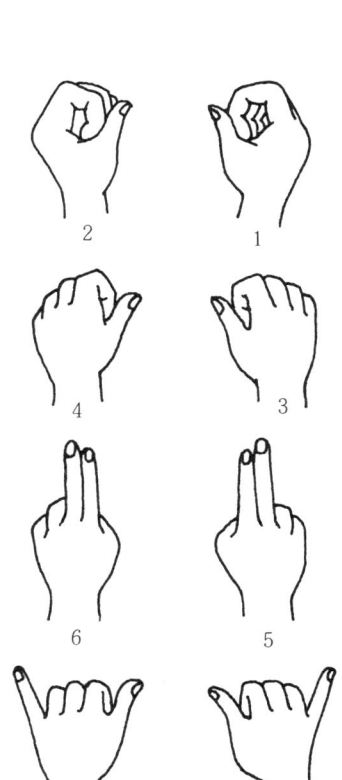

　汽車の歌を歌いながらやると，リズムがとれます。

　　汽車は走るよ　けむりをはいて
　　町から村へ　矢のように

遊び方2　これは少しむずかしいのですが，練習するとうまくなります。

　汽車ごっこが終わったら，鉛筆の先を軽く持って机の上をたたくと，馬が走っているように聞こえます。何人かいたら，汽車と馬のかけっこをしてみてください。

5·18 腕の体操

遊び方 両腕をまっすぐ前に伸ばして「1」とします。「2」はそのままの高さで両肘を曲げて両手を胸につけます。「3」は両手を胸につけたまま、両肘を脇腹につけます。両手を胸から離して肘を伸ばし、体の両側に下ろすと「4」になります。

「イチ、ニ、サン、シ……」と号令に合わせて腕を動かし、体操をしてみましょう。時には楽しい歌に合わせてやるのもよいでしょう。

応用として、ワンテンポずつずらして腕を動かす、すなわち右が「1」の時左腕は「4」にし、右腕が「2」の時左腕を「1」、そして右腕「3」の時左腕「2」……という具合にやると、むずかしいですが何回も練習するうちにじょうずにできるようになり楽しくなります。

応用

5·19 手・指ならし

遊び方1 「アッ、手がくっついちゃった。お願いだから、ひっぱって」といって子どもに助けを求めます。子どもは一生懸命ひっぱって助けようとしますので、ころあいをみて手を離します。そのとき"スポン"と音がでたらしめたものです。子どももほんとうについていたと思うでしょう。

遊び方2 この指ならしは、"ウエストサイド物語"にも出てくるもので、非常にタイミングよくつかわれています。「アッ、シマッタ」というときや、シンギングゲーム"山のごちそう"にも使われています。練習してみてください。

遊び方3 ニューギニア高地人のあいさつがこの指ならしです。これもかなり練習を積みませんと、なかなか音がでませんが、とにかくやって

みましょう。

520 指笛

つくり方 左手で右手の親指以外の4本を包み込むようにして両手の親指をつけます。

そして口を親指のつけ根と親指と親指の間にできる空間の間に当てて、息を吹き込みます。

これはかなり練習を必要とします。息を適当に出すと、ホーホッと、ふくろうのように鳴ります。

そのほか、指笛には、人さし指をコの字に曲げてするものや、人さし指と親指を輪にするもの、両手の人さし指、中指を使ってするもの、これらは、どれも、舌をまるめた上に指をのせて行ないます。

音を出すのは、とても楽しいもので、よく人さし指を口の中に入れて、ほおに指をかけながら急に抜いて、スポンという音を出したものです。

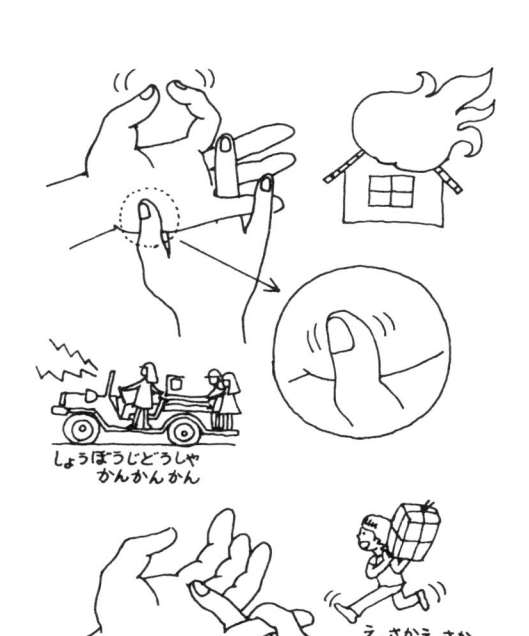

521 火事だ！

つくり方 おふろあそびが済んだあと、右手の中指と人さし指を、左手の下になるように置き、親指は反対に出します。

遊び方 左手の人さし指と親指をつけたり離したりして、

「火事だ、火事だ、たいへんだ」

右手の親指で、左手の手のひらをちょんちょんたたいて、

「しょうぼうじどうしゃ、

　　　かん、かん、かん」

右手の人さし指と中指を前後に動かして、

「えっさか、えっさか、ほれにげろ」

と唱えます。これを続けて行ないますと、たいへん愉快です。

逃げるときに、荷物（鉛筆・消しゴム・おかしなど）をのせて、机の上を走ったら、より動きがおもしろくなります。

指遊び・手遊び・リズム遊び　259

522 ロンドン・ブリッジ

つくり方 左右とも"きつね"をつくって，図のような橋をつくります。下の方の図は机の上でつくる橋です。

遊び方 「ロンドン・ブリッジ，フォーリンダウン，フォーリンダウン」と歌いながら，中指と人さし指を交互に動かし，背中を一まわりして橋のところへやってきます。

橋のところでは，なぞなぞが出ます。
「上は大水，下は大火事なあーに。」
「？」
"ふろ"とあたれば渡れますが，もしも，あたらなければ，橋は折れてしまい，（中指，薬指を曲げます）渡ることはできません。幼児にはやさしい問題を出し，できるだけ何回も渡らせるようにしましょう。

523 兵隊さん

つくり方 指が内側を向くように手を組みます。
遊び方 2人のうち，1人が手を組み，1人は当てる方になります。

手を(1)のように組んで，図(2)（ねている），図(3)（起きている）のどちらかをつくって，相手に見せながら，「兵隊さん寝ているか，起きているか」とたずねます。

相手は，どちらか，よく考えて答えます。

あたったら交代し，はずれたらもう一度やります。

この遊びは，子どものときに経験しなかった人はほとんどいないほど有名な指あそびです。

また，「この中で1人だけ起きている指はどれだ」という遊びに変化させてやると，いっそうおもしろくなります。

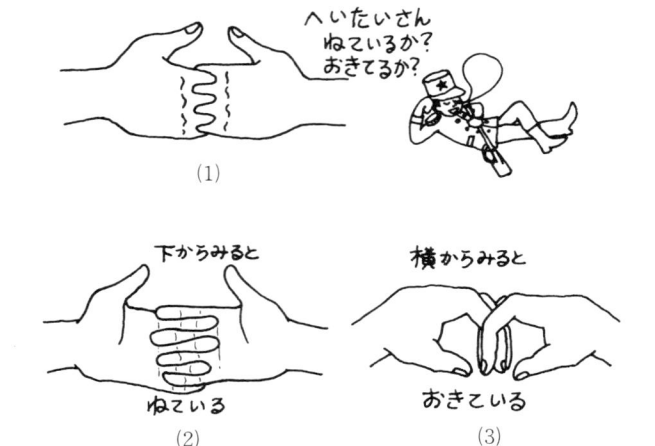

524 望遠鏡

つくり方 1人は左手を鉛筆が1本通るぐらいの空間をつくって握ります。（鉛筆を1本握って，すっと抜くと簡単にできます）これが望遠鏡です。

遊び方 1人は，右目を閉じて望遠鏡をのぞきます。相手は，1メートルぐらい離れ，どれか1本，指を立てます。望遠鏡をのぞいている人は何指が立っているか，よくわかっています。

ところが，相手は指をだんだん近づけて5センチぐらいのところでパッと指をとりかえて，ほかの指，または，同じ指を出して「この指，何指だ」とたずねます。

何指にかわったか，これを望遠鏡さんがあてるという遊びです。

今まで，指全体が見えていたのに，今度は指の一部分しか見えないので，なかなかあたりません。望遠鏡は，パッと指をかえるときまでは動かしてもかまいません。また指を動かす人は，まっすぐ動かしましょう。

525 同じだよ

遊び方 机の上に，ふつうに手を置きます。「一番長いのはどれかな」とたずねます。すると，もちろん中指をさします。

「ほんとうにそうかな」といって，もう一度指を出すと，今度は，いつの間にか，薬指と中指が同じ長さになっているので子どもは，びっくりします。

このコツは，中指の人さし指に近い方の腹に力を入れて，手のひらを少したてるとうまくいきます。人さし指と中指は少し差が大きいのでむずかしいようですが，中指を少しそらせるとできます。

特にここに力を入れる

指遊び・手遊び・リズム遊び 261

526　鬼の門

遊び方　左右同じ指を全部つけたら，人さし指，親指はそのままにしておき，人さし指，親指を離さずに，中指をつけたまま人さし指（鬼の門）をくぐります。ここまでできたら，半分は合格です。少しぐらい痛くても，がまんがまんです。

これがうまくいったら薬指，小指と挑戦してください。

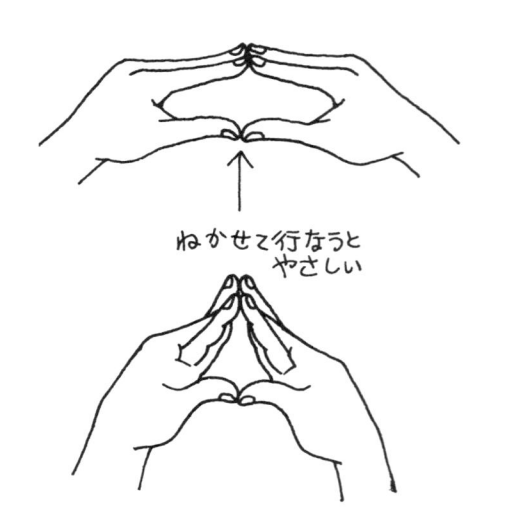

全部門をくぐったら，すばらしいものです。指がかなりしなやかでないとたいへんむずかしいあそびです。こっそり練習をして，あっ，とびっくりさせましょう。

コツは，指をできるだけ，ぺっちゃんこにしてやることです。
みんなで競争するといいと思います。
また，これをもとにもどす遊びも入れてみると，いっそうむずかしくなります。

527　さ ざ え

遊び方　両手の手首を手前にひねって，小指が向こう側，親指が手前になるように両手の指をそれぞれ交互に組み合わせます。

組み合わせた両手をはなさないように，手前から向こう側へまわしてみましょう。それができたら，組んだ親指と人さし指をはなしてそらしますと，すぐにも食べたくなるようなさざえのできあがり。

このさざえはチューリップにもなります。咲いた咲いた……と歌をうたいながら親指と人さし指を動かしてみるとおもしろいでしょう。

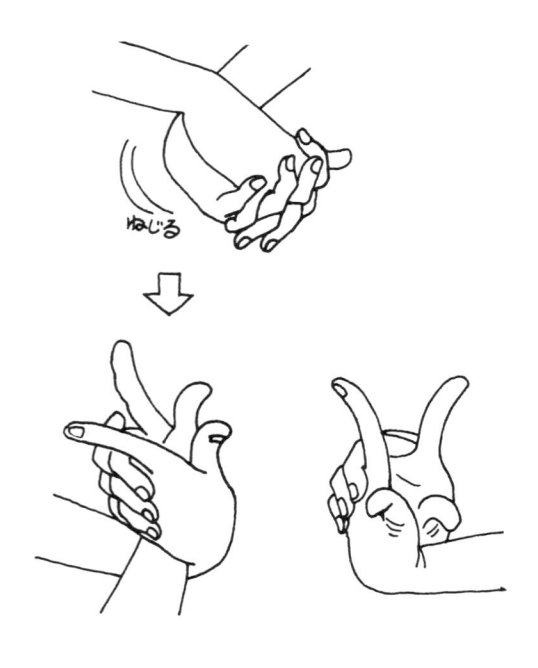

528 ガ ラ ス

つくり方 左右の同じ指をぜんぶつけます。
遊び方 軽く目を閉じ、何かをもむように、指先にだんだん力を入れてみます。はじめは何も感じませんが、しだいに、つるつるしたガラスのようなものがはいっているように感じます。目をあけてしまうと、パッとその感じは遠くへいってしまいます。

　また、目をつぶり、頭の中で、ガラスがほんとうに入っているのだと思うと、あまり長く指を動かさずとも、すぐその感じがしますから、とても不思議です。

　子どもに「ガラスが入っていると思ってやってみましょう」というと、最初は何もないといった子どもが、口々に「あっ、ほんとうだ、ほんとうだ」といいます。

529 くっついちゃった

遊び方 2人で行ないます。1人は魔法使いになります。もう1人は魔法にかからないようにがんばる人です。魔法使いは相手に、次のように話をします。

　「手を組んで両方の人さし指を離して伸ばしましょう。さて、これから私が『指よ、指よ、くっつけ、くっつけ』といいますと、だんだんついてきます。まことに不思議です。」

　相手は、そんなはずはないと、力を入れるのですが、しだいしだいについてきますので、びっくり。しまいには、ぴったりとくっつきます。どうしたものかと、もう一度やっても同じ。ますます不思議がります。

種あかし 何もいわなくても、自然についてしまうのですが、まるで魔法をかけられたような錯覚をおこしてしまうのです。

指遊び・手遊び・リズム遊び　263

530 へ　び

つくり方　左手の人さし指と親指で輪をつくります。その輪に、右手の親指を下から出します。この親指がへびとなります。

遊び方　子どもは「へびさん、へびさん、顔を出して」といいます。すると、へびをつくった人は、そっと静かに、輪の穴から首を出します。そして、第一関節のところだけ動かして、「わしに何か用かね」と答えます。

子どもは、いろいろ注文をいいます。「もっと長く伸びて、しっぽを見せて（小指を見せる）、踊って」自由にいわせてみてみてください。

踊るときには、口笛に合わせてぬらりくらり、音響効果も抜群です。できるだけ愉快にやってみましょう。折り紙で小さな帽子をつくってのせてみるのもいいと思います。

531　のびろのびろ

遊び方　左手を握り、親指の顔を、小指と薬指の間に〝ちょこん〟と出させます。右手は、左手を軽く支えます。そして、

(1)　「親指さん、親指さん、元気なら、首ふって」

と唱えながら親指を動かします。

次に、

(2)　「親指さん、親指さん、元気なら、首のばして」

唱え終わると、あらあら不思議、親指がグングンのびます。

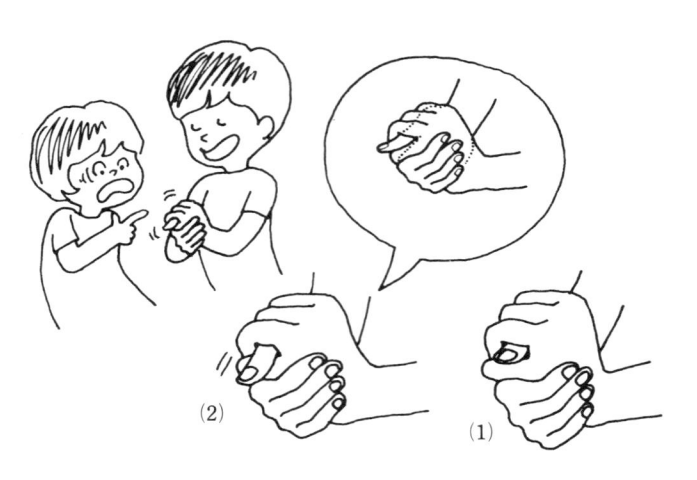

見ている子どもたちは、びっくりするという遊びです。

種あかし　(1)のときは、左手の親指をピコンピコン動かしますが、(2)を唱えると同時に、手を振りながら、左手の親指と右手の親指をすばやくとりかえて、右手の親指を少しずつ押し出しますと、まるで、左手の親指がのびているように見えるわけです。

532 高々指どーれだ

つくり方 左手で，右手の親指を除いた全部を握ります。

遊び方 中指をあてる遊びで，4つの指をうまく動かして，中指がどれかわからないように握って，「高々指（中指）どーれだ」と聞きます。

相手は，どの指が高々指か考えて，思った指にさわります。さわったところで，そっと左手を離して右手の指をゆっくりと開きます。そのとき，中指にちゃんとさわっていたらあたり。はずれたら，もう一度やります。あたったら交代します。

とくに中指に何か目じるしのようなものがあると，あたってしまうので気をつけてやってください。ときに爪がのびていたりすると，すぐ特徴がわかってしまいますからご用心。

533 かくれんぼ

遊び方 指が1本だけ内側になるように手を組んで，相手にどちらの手の何指がかくれているか，あてさせる遊びです。

「何指かくれているか，あーてっこ」と唱えます。相手は，後ろからのぞかないようにして数をかぞえながら，「たしか9本しかないな。えーっと，人さし指」などと答えます。

答えたあと，すぐ裏を見せて，あたりかはずれか，はっきりさせます。あたったら交代し，はずれたらもう一度やり直します。

相手に見せるときには，わざと違う指を不自然にすると，たいていだまされます。

指が1本かくれていても，一つもおかしく感じられないので，相手が不思議がります。

指遊び・手遊び・リズム遊び　265

534 抜けないよ

遊び方　「手をふつうに組んでください」と1人がいうと，相手は手を組みます。

「それでは，私が，これから，あなたの手をはずれなくします」といって，まず相手の組んでいる手の上に自分の両手を組みます。

「さあ，それでは，指をはずしてください。」

ところが，いくら力を入れても，抜けません。力いっぱいやっても，どうしてもだめです。

そこで「それでは片手でやってみます」。これでも，抜けません。ウンウン，力を入れると，かえって指がいたくてたまりません。

きっと相手はびっくりするでしょう。

また，上の図のように握り，握っている人が強いか，引き抜く力が強いか，力くらべをしてみましょう。

535 この指，動かせ

つくり方　両手とも甲を上にして手首を交差させ，手のひらが合うように，小指と小指，薬指と薬指……親指と親指を組んで，手前に反転させます。

遊び方　手を組む人，命令する人に分かれて行ないます。

命令する人は，手を組んでいる人に向かって，人さし指で，「この指，動かしてごらん」といいます。手を組んだ人は，命令された指を動かすという遊びです。

小指，親指は比較的簡単に動かせるのですが，ほかの指は思ったとおりなかなか動いてくれません。違った指が動くと，おかしくてつい笑ってしまいます。

あまり動かないと，順に全部動かしてみたり，あごでさわってみたりします。命令する人が，もしさわったら，簡単にできてしまいます。

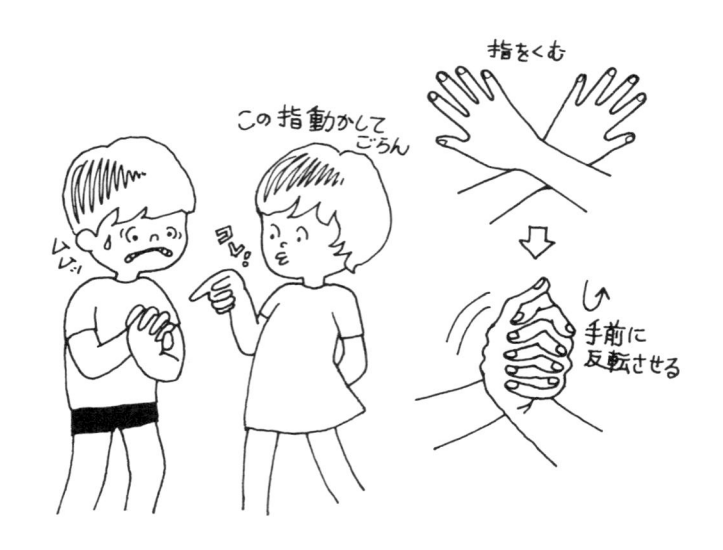

536　鼻はさみ

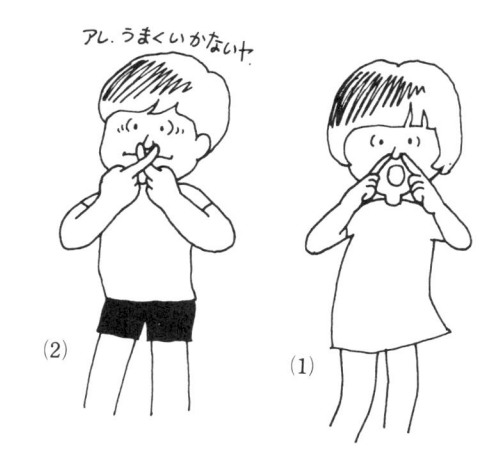

遊び方　〈398 この指,動かせ〉の続きです。手を組んだまま,鼻のところへもっていき,両方の人さし指で鼻をはさみます。そして,ほかの組んである指をはずして左右に腕を動かしますと,図(1)のようになります。

命令する人が,一度見本を行なってからやらせてみましょう。

たいていは,図(2)のようになってしまいます。何度やってもできないので不思議がります。

つくり方　手の組み方によって,できる人とできない人がいます。

できなかった人は,指の組み方を1つずらすとうまくいきます。

537　もとどおり

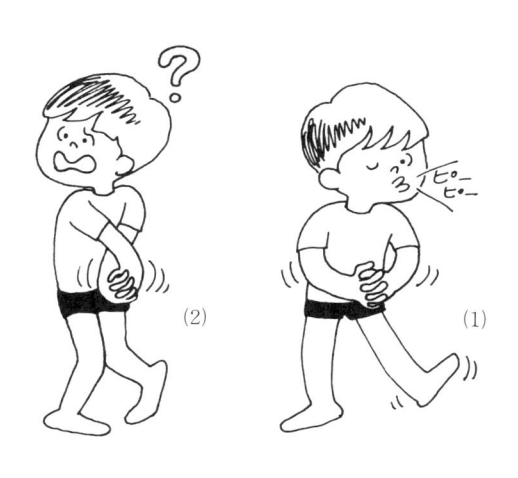

遊び方　これも,〈498 この指,動かせ〉の続きでないと効果がない魔法です。

「さあ,このように手を組んでください」といって,見本を見せながら,"エーイヤッ"と気合いをかけると,図(1)のように,もとどおりになってしまいます。相手はいくらやっても,ねじれたままになります。

つくり方　ふつうのまま,手を組んで,ねじれたようにみせかけるのがたねです。

相手は先ほどと同じように組んでしまうのでできないのです。

538　結婚指

どうして結婚指輪を薬指にはめるのでしょうか。知っている人は,あまり多くはないと思います。

もし子どもにきかれたら……

真偽のほどはわかりませんが,次の理由から薬指にはめるそうですから,やってみましょう。

つくり方　中指をきちんと曲げてつけます。ほかの指は,それぞれ同じ指とつけます。

これは相手につくらせます。

遊び方　「親指をまず離してみましょう」と

指遊び・手遊び・リズム遊び　267

いいますと，相手は簡単に離して，なんだというような顔をします。そこで，すかさず人さし指，小指もやらせ，最後に薬指を行ないます。するとどうでしょう。どんなに一生懸命やっても離れないので，相手はびっくりします。

「あまりにも仲よしなので，結婚指輪を薬指にはめるのだそうです」というと，相手はなるほどと思います。

539　小さい穴通し

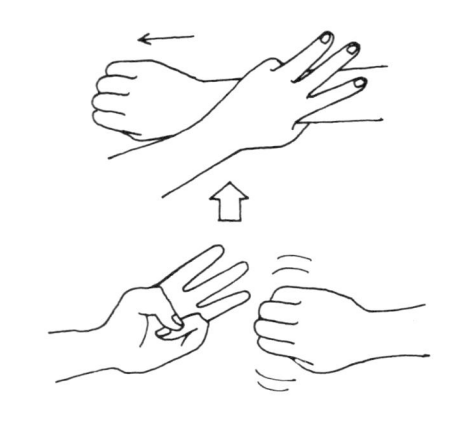

遊び方　左手の小指の先と親指の先を合わせて，丸い輪をつくります。

まず，この輪をみんなに見せます。それから右手をこぶしに握り，左手の輪のところにもってゆき，右手のこぶしは，左手でつくった輪が小さいから通らないと，2～3回ゼスチュアをやって見せます。

4回目に，左手の輪を内側にして，左手の外側を見る人の目にわかるようにして，すばやく右手のこぶしを，左手の輪の中に入れます。そのときに，親指の先を離し，右が通ってしまうと，指先を合わせてもとどおりにします。あたかも，右手のこぶしが，左手の小さな輪を通りぬけたかに見えますので，子どもたちは，びっくりします。

この遊びは，何回もやらないこと，手遊びの一つです。

540　不思議な手

遊び方　子どもをびっくりさせる遊びです。

「えー，みなさん。私がこれから不思議な魔法を，おみせします。『エイ』と気合いを入れるとホラ，どうでしょう」といいながら，右手で左手のひじの内側をポンとたたいて，手が直角になるようにします（図(1)）。続いて気合いを入れて，右手で左手の手首をたたき，手首を曲げます。

まるで魔法にかかったように「カクン」となるので，見ている子どもは，骨が折れたのかとびっくりしてしまいます（図(2)）。

次に，この手首を蛇口をひねるように右手でまわします。そして，また手首をたたきます。

この組み合わせをくふうして，うまく，手首・ひじをまげます。

また，指1本1本に見えない糸をつけて，あたかも糸がついているように，糸をひっぱって手・指を動かすのもたいへん驚かせます。

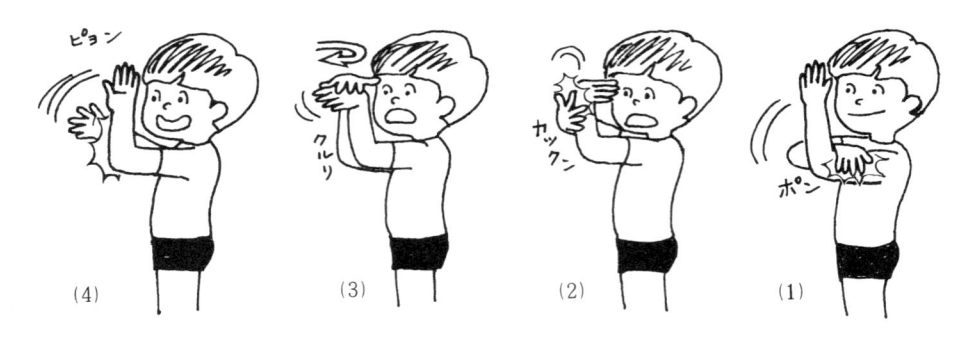

541 吹きとばせ

つくり方 図のように手を置き，その空間に小さくまるめた紙を入れます。

遊び方 息で紙を吹きとばす遊びです。紙を持つ人と，息を吹く人に分かれて行ないます。

息を吹く人は，タイミングをうまくずらして吹くと，うまく紙をとばすことができます。

紙を持つ人は，吹いた瞬間，紙を吹きとばされないように，ギュッと輪をちぢめます。

あまり大きい紙だととびませんし，また，あまり小さすぎるとすぐとんでしまいます。

さあ，どちらが勝つでしょうか。紙が吹きとんだら，交代して遊びます。

542 くわがたむし

つくり方 人さし指を交差させ，その上から中指をかけます。薬指は人さし指の下になるように置き，親指は下から出るように，小指はそのままにしておきます。これが，くわがたむしです。

小指ははさみ，親指は口，人さし指は目になります。

遊び方 身近にあるものを用意して，はさみでひっぱりっこします。さあ，どちらが勝つでしょうか。

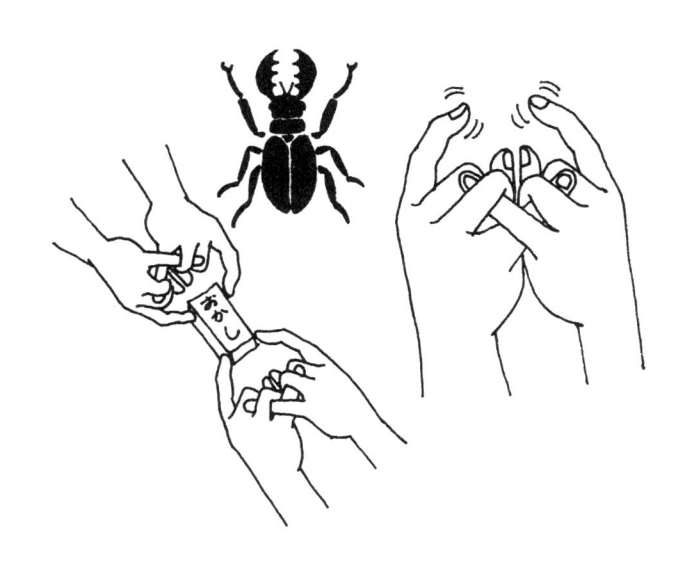

また，左の方にたくさん品物を置いて，はさんで，右の円の中に入れる競争なども，たいへんおもしろいでしょう。

たいくつだったら，新聞をはさみで破るのも，たいへんむずかしく時間がかかります。

543 おなべふ

遊び方 1人が占師になって，あとはみてもらう人になります。

占師が「おなべふで，いざまいろう」と唱えると，被験者は「よろしく，おねがいいたします」と答えます。

占師は静かに目をとじて気合いを入れます。

そして，おもむろに相手の手をとり，相手の中指と自分の親指をつけ，自分の中指の場所を基点にして，左右の親指を交互につけながら「おなべふ」と唱えます。ひじのところまできたときにいったことば「お」なら，おりこう，「な」なら，なまけんぼ，「べ」なら，べんきょう家，「ふ」なら，ふざけんぼ，というようにします。

気にいらなかったら，また，後ろに並んで，気に入るまでがんばりましょう。

「お」を，おっちょこちょいにしたりして，そのときに応じていろいろかえてみます。

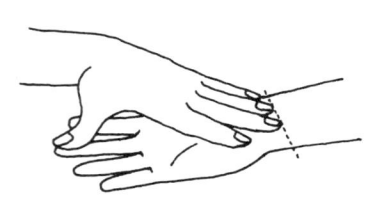

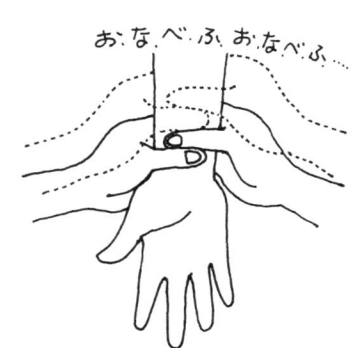

544 いたちごっこ

遊び方 まず，はじめに1人が，相手の手の甲をつまみます。次に相手は残った手で，また，上からつまみます。このように交互につまみながら，

「いたちごっこ」
「ねずみごっこ」

と，きりなく続けていきます。手の高さはかえずに行ないますので，しだいに高くなり，ついに届かなくなったら，おしまいです。しかし，子どもは，机やいすを持ち出してがんばろうとしますので，とことん，最後までやらせてみるのも，たいへんよいことだと思います。

また，

「いちがさした，にがさした……はちがさした」
と続けて，"はちがさした"にあたった人は，ところかまわず，ちくちく指でつまんでもよいことにする遊びもあります。この遊びは，つまむところに何ともいえない楽しさがあります。

・・・参　考・・・
　　歌に合わせて行なうゲームソングも，手・指をたくさん使います。
「だせ，ほせ，からかさ」「十五夜さんのもちつき」「あの山こえて，谷こえて」「茶々つぼ茶つぼ」「ごんべさんの赤ちゃん」「ペンとひきゃヒュー」などは，代表的なものですから覚えておきましょう。

545　人さし指つかもう

遊び方　2人が向かい合い，1人の子どもが一方の手のひらを広げて，もう1人の子どもの前に出します。
　その子は人さし指を相手の手のひらの上にのせます。そのとき，すばやく手のひらのまん中におろして，手のひらにさわると，すぐ指を真上にあげます。
　手のひらを広げた子は，相手の人さし指に逃げられないように，5本の指で人さし指をつかみます。
　この遊びは，なかなかむずかしくて，人さし指は容易につかまりません。コツは，手のひらを広げた子が，手を上にあげて，人さし指を追いかけてつかむことです。

546　空手チョップ遊び

遊び方　一方の人は，両手に，げんこつをつくり，げんこつとげんこつを，くっつけて前に出します。
　そして，もう1人の人は，空手チョップをするようにして，げんこつとげんこつの間を気合いもろとも通したら勝ちです。
　げんこつをつくった人はきられないようにしっかりとうけとめ，うつ方の人は，がんばって，げんこつの間を通すようにしましょう。
　2人1組で何回も交代でやってみましょう。
さあがんばれ……。

指遊び・手遊び・リズム遊び　271

547　しっかりくっつけて

遊び方　一方の人が〝空手チョップ遊び〟のようにげんこつをつくり，両手をそろえて出します。

もう一方の人は右手と左手の人さし指を出し，右人さし指を，向かって右側のげんこつの上へ，そして左人さし指をもう一方のげんこつの下に位置させます。

そして，「ヨーイ，ドン」で，人さし指の人が，げんこつをはずせば勝ちという遊びです。

げんこつを出している人が，はずされないように力を入れれば入れるほど，よけいにはずれやすくなるところが，この遊びのおもしろいところです。

548　指ずもう

つくり方　2人で向かいあって，右手または左手の親指を除いた，ほか全部の指を鍵のようにひっかけます。

遊び方

(1)　「ヨーイ，ハジメ」の言葉で戦いが始まります。親指を左右にくねらせたりして，相手の親指を自分の親指の下に押さえつけ，そして1〜10まですばやく唱えた方が勝ちという遊びです。

親指をわざと押さえさせて，すばやく抜いて上からきつく押さえたり，強引にひっぱって，斜めに倒して押さえつけるなど，いろいろ考えてみましょう。

(2)は，小指も参加して両方とも押さえる遊びです。

(3)は，両手で親子ともどもやります。全身汗だらけになるほどです。昔，豊登というレスラーが，力比べのときにこれを引っぱってやっていたのを思い出します。

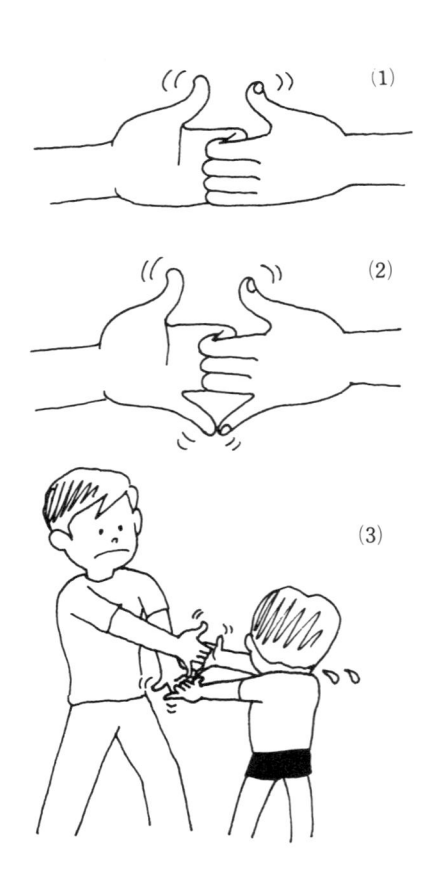

549　不思議なカニ

つくり方1　小指の上に薬指をのせて，小指が内側に入るように，親指と薬指をつけます。左右同じにつくってつけますと，まん中の図になります。

つくり方2　左右の小指を互いに交差させ，その上から，薬指をかけて，親指とつけます。これもまん中の図になります。

遊び方　1人が，(1) 離れガニ，(2) くっつきガニ，のどちらかをすばやくつくって見せながら，「くっつきガニか，離れガニか」と問いかけます。

相手はどちらのカニか，あてるわけです。もしもあたったら交代します。はずれたらもう一度。

このカニは，ほんとうにどちらでつくってあるのかわからないのが，おもしろいところです。また，影絵もつくってみましょう。

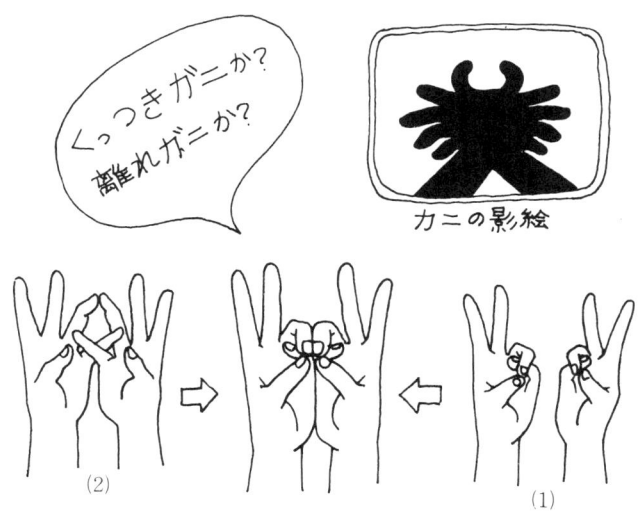

550　電　　気

遊び方　まず，相手の片方の手首を左手でとり，右手で，手のひらをピシャリとたたいて，親指から順番に指を折り曲げていきます。

そして，「電気よ，おきろおきろ」と唱えながら，折れ曲がった指の上を，右手で何度もきつくこすりつけます。

十分こすったなら，手をひらかせます。同時に左手を離して，右の手で糸を引くようにひっぱる動作をしますと，手は，電気が走ったようにピリピリきて，変な気持ちになります。

握るときに相手の手首をきつく持つのがコツです。ほんとうは血の流れが一時とまって，急に流れだすので，電気がきたように感じられるわけです。

たいていの子どもはびっくりします。おそらく何度もやってくれと請求されることでしょう。

指遊び・手遊び・リズム遊び　273

55¹ おふろ

つくり方 左右の小指どうしをかけ，薬指，中指も同じようにかけ，右手の人さし指を下から手のひらの方にくるようにします。

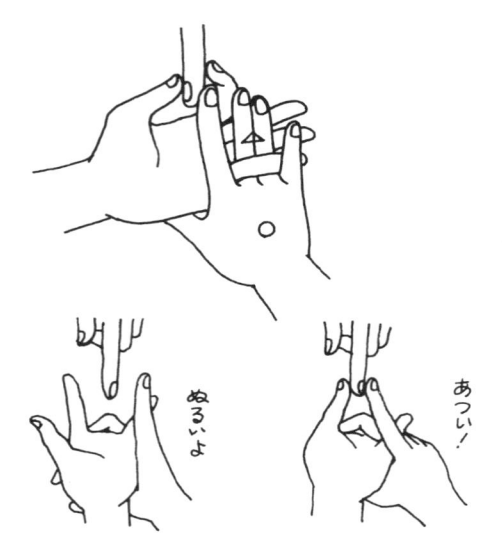

左手の親指，人さし指，右手の人さし指にかこまれた中空がおふろになります。親指は，左手の下に置きます。

遊び方 まず1人がおふろをつくって，もう1人は，入る人になります。人さし指で，とんとんと，腕の方からおり，○じるしの上で服をぬぐ様子をして，△のところで，足を洗ったり，からだを洗って，いよいよおふろに入るわけです。

はじめ，ゆっくり入ります。おふろやさんは「あついですか，ぬるいですか」と聞きます。そのとき，3本の指の爪できつくしますと，痛くて，「あついあつい」といいます。そうすると，親指で下から上へと，水を入れる動作をして，指の力をゆるめます。

もし反対に，「ぬるい」といったときには，親指を左右に動かして，だんだん指の力を強くします。一度はみんながやったことのある遊びです。

55² エーイヤッ

遊び方 2人向かい合わせになります。

(1)(2)(3)のいずれかの動作をして待ちます。

まず，はじめに1人が，「エーイヤッ」と気合いをかけて動作をかえます。相手は，その動作につりこまれないように，ほかの動作をしなくてはなりません。もしも同じ動作をしたときは，相手の負けになります。ちがう動作をしたら，今度はその人が気合いをかける番になります。こうして相手を自分の動作につりこむ遊びです。

かえようと思っても，どうしてもつられてしまうのが，この遊びのおもしろいところです。また，集団で勝ち抜き戦を行なうと，白熱した雰囲気になります。

顔を見るとみな真剣ですので，思わずフッと笑いがこみあげてきます。

(1)(2)(3)それぞれ2つずつ動作がありますが，気合

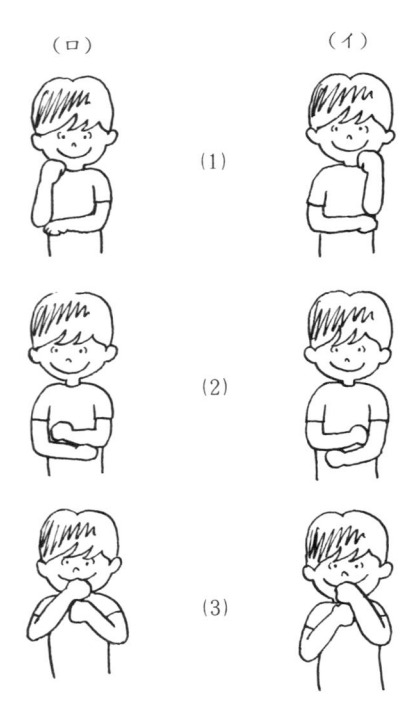

いをかける人が(イ)を出したら，相手は(イ)(ロ)のどちらを出しても負けになります。

553 模倣ジャンケン

遊び方 2人が向かい合ってジャンケンをして，勝った方が先行になります。勝った人は，グー，チョキ，パーのうちのどれかを出すと同時に出すジャンケンの名前をいいます。負けた人は，すぐに勝った人と同じジャンケンの名前をいいながらその型のジャンケンを出し，向かい合っている人もすぐ同じジャンケンを出すという具合に遊びます。うっかり相手と違うジャンケンを早く出してしまった人が負けになります。

勝ち抜き戦でやると，見ている人も自分がやっているような気分になって，夢中で応援し，活気が湧いて来ます。

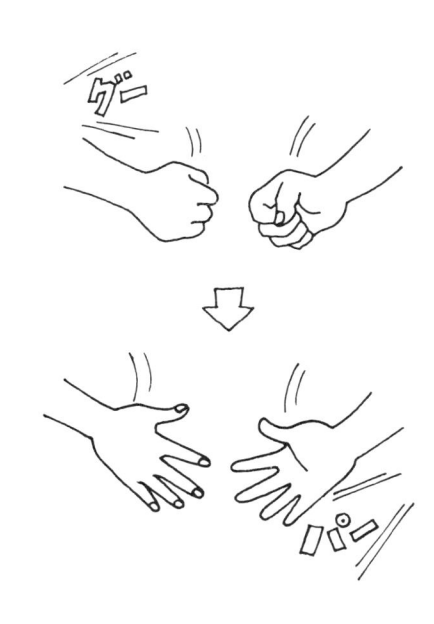

554 相違ジャンケン

遊び方 2人が向かい合ってジャンケンをします。

勝った人がグー，チョキ，パーのうちいずれかを出しながら，たとえば「グー」といいながらグーをだします。負けた人はすぐに，勝った人とは違う種類のジャンケンをだしながらその名前をいいます。このようにして相手とはいつもちがったジャンケンをだす遊びです。

うっかりしていると相手につられて同じジャンケンをだしたり，「グー」といっておきながら「パー」をだして失格してしまいます。

ねらい 反射神経を養うとともに敏捷性や注意力を育てます。

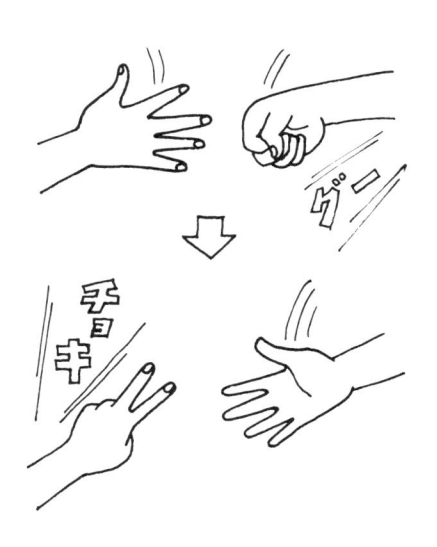

指遊び・手遊び・リズム遊び 275

555　ジャンケン手打ち

遊び方　2人が向かい合い，左手どうしで手を握りしめます。それからジャンケンをして，勝った方がすばやく相手の手の甲を，力いっぱい平手でなぐります。負けた方は，たたかれる前に，右手の手のひらを左手の甲にあてて，たたかれるのを防ぐのです。

こうして，お互いがジャンケンの競争をし，勝ったら，何回でも相手の手の甲を打つ遊びです。

この遊びは，たたかれて痛むため，お互いにカッカッとなって力を入れ，熱がはいって，手の甲が赤くなるほど，たたき合うところがおもしろいのです。

556　ジャンケンたたき〈1〉

遊び方　2人で行ないます。

左手で握手をして，右手でジャンケンを行ないます。勝った人は，相手の左手を打つことができます。負けた人はたたかれると痛いので，大急ぎで，自分の右手の手のひらで左手の甲をカバーします。これならたたかれても痛くありません。

このようにジャンケンで勝った人が相手をたたく遊びです。

何といってもスピードが第一です。

これを〝うさぎとかめ〟の歌の3拍目のところで，いつもジャンケンをしてたたく遊びにするのも，おもしろいでしょう。

そのほか，みんなでジャンケンをし，勝った人が，手を一番下に置き，次に勝った人がその上に，というように順に重ねます。準備ができたところで，一番下の人が手をすっと抜いて，上からたたく遊びもたいへん喜ばれます。

・・・**参　考**・・・

くらべっこ

「先生の手，大きいでしょ。さち子ちゃんの手と比べてみようか。ホーラかくれちゃった。それでは，さち子ちゃん，先生の両手の間に，さち子ちゃんの手を入れて，ひっぱってごらん。抜けるかな。」

「ヨイショ，ヨイショ。」
力がはいりますね。

557 ジャンケンたたき〈2〉

遊び方 2人で行ないます。向かい合って両方の手でジャンケンをします。

自分の右手と相手の左手，自分の左手と相手の右手で勝ち負けを決めます。勝った手は，すばやく相手の手をたたき，負けた手は，すばやく逃げます。両方勝ったら，両方ともたたけます。

勝った人が逃げたり，負けた人がたたいてしまったり，思うように手が動かないのがゆかいなところです。

また，合図する人を1人決めて，みんなを2人ずつ組ませ，手を前に出して準備させます。

「右手」と合図があったら，右手で相手をたたくことができます。自分の左手は，さっとひっこめないとたたかれてしまいます。

「左手」「両手」などといったり，また手にそれぞれ1，2，3，4の番号をつけて，「1」の合図で，1の手の人がたたく遊びもできます。

558 親指どちら

遊び方 両手のこぶしを，子どもの前にくっつけて出し，片方の親指をもう一方のこぶしの中に入れて，どちらの親指が入っているか，あてさせるあそびです。

まず，右手の親指，左手の親指と交互に入れては抜き，入れては抜いて，2～3回同じことを子どもに見せます。

子どもの目を見て，すばやく右手の親指を，左手のこぶしの中に入れて，なにくわぬ顔で，「先生の親指さんはどちらのこぶしの中にあるかな」といって，あてるように導入します。

1～2回は子どもにわざとあてさせて，3～4回目からはよりすばやく，親指を入れて，順番に子どもたちにあてさせます。

こぶしをくっつけて遊ぶ，簡単で楽し

指遊び・手遊び・リズム遊び 277

い遊びです。

559　だれの指たたこう

遊び方　5人の子どもがそれぞれ、人さし指を出し、A君の指の上にB君がのせ、その上にC君、そしてD君、E君と次々にのせてゆきます。

1人のお友だちが、「ハイ」とかけ声をかけ、人さし指の力で、5本の指を切るのです。

そのときに、他の5人は、切られないように、指を早くひっこめます。切る子どもは、早くうちおろして切ります。うちおろした刀の指にさわった人は負けです。

お互いに指を出すのを交代して遊ぶのもよいでしょう。

人さし指の刀のため痛くなく、だれとでもどこででも簡単にできます。

560　指 の 算 数

遊び方　リーダー（先生）が多くの子どもと、指をつかって、計算競争をするのです。

リーダーが、人さし指を1本高くあげてみんなに見せると、子どもたちはすばやく両手をあげて、9本の指を出します。

つまり、リーダーの1本と、子どもの9本で10本になるようにするわけです。

リーダーが1本出したとき、9本出さずに8本出す子どもがいたら、その子どもは失格です。

リーダーは、指を2本出したり、5本出したり、8本出したりしてどんどん続けていきます。

子どもたちは、リーダーの指の動きを見て、両手を動かして計算します。頭と指の簡単な計算遊びです。

561　グーピーゲーム

遊び方　両手を1回打ったら，右手は「グー」を，左手は「ピー」を，同時に出します。次にまた両手を1回打って，右手は「パー」を，左手は「グー」を，同時に出します……。このように，両手を1回打ったら交互に「グー」「ピー」をつくって遊びます。

速さをはやくしてすると，今度は，どちらの手が「グー」だったか「ピー」だったか，こんがらかってしまいます。この手遊びをすれば，頭の回転がよくなるかもしれませんよ。

「グー」「ピー」を交互に出すために「ピー」をよくまちがえます。まちがえることが，また楽しくなります。

562　グーパーゲーム

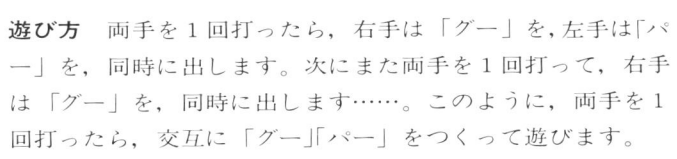

遊び方　両手を1回打ったら，右手は「グー」を，左手は「パー」を，同時に出します。次にまた両手を1回打って，右手は「グー」を，同時に出します……。このように，両手を1回打ったら，交互に「グー」「パー」をつくって遊びます。

簡単な歌に合わせてすると，この手遊びがいっそう楽しくなるでしょう。

また，速さをかえてするのもよいでしょう。

さあ，できますか。

563　手を打って〈1〉

遊び方　リーダーは，子どもたちに両手を頭の上に出させます。そして，「手を打って」という号令で，元気よく頭の上で，1つ手をたたかせます。この動作を，「手を打って」ということばにあわせて3回ぐらい練習します。

次に，子どもたちがなれてきたら，ここでくふうをします。「私が，手を打ってといったときだけ手をたたきましょう」とリーダーは子どもにいい，遊びをはじめます。

はじめのうちは「手を打って，手を打って」と調子よくやり，なれてきたら，「手を打って，ハイ，もう一度……」というようにやります。そのとき，リーダーは，いかにも手を打つような動作をして，みんなをまちがえさせるようにすると，笑いが出てくるでしょう。

手を打って

ハイ　もう一度

564　手を打って〈2〉

遊び方　参加者が両手を前に出し，リーダーが右手を開いて前に出したときに，参加者は手を打ちます……。リーダーがこぶしを握ったときは，手を打つのをやめます……。

ただ，これだけのことでも，リーダーの手の開きと，こぶしの握りによって，参加者がまちがえて手を打つから，楽しいゲームになります。

会合の前や，疲れたときにすると，気分転換に役立ちます。

リーダー（先生）の手の出し方，こぶしのつくり方によって，集まった人を楽しくリードすることができます。

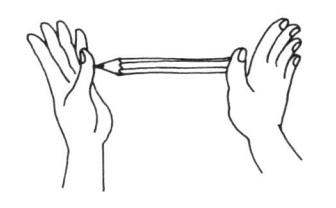

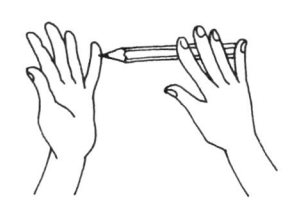

・・・参　考・・・

橋わたし
親指にかけた橋を小指に移す遊びです。
なかなか小指がうまくいきませんが，練習すれば，すぐできますよ。

565　お星さま遊び

遊び方　まず，みんなに両手をあげさせ，頭の上でキラキラ星をつくらせます。

そこでリーダーは「キラキラ……」といいながら，途中で「キラキラキラ，両手をあげて」とか，「キラキラキラ，両手をさげて」といい，子どもたちといっしょにやります。

そして，リーダーは，ときどき「手を上げて」といって，それとは逆の動作をします。そのときには「私の言葉どおりの動作をしてください」といい，どんどん続けます。

この遊びのおもしろいところは，リーダーの動作につられて，まちがえる子どもがあるところでしょう。

566　機関車は走る

遊び方　隣の人との間隔をあけないで，円形になってすわります。

いよいよ蒸気機関車が動きはじめます。自分の両ひざを両手のひらで2回たたきます。次は両隣の人の自分のひざとふれ合っている側のひざを，自分の両手を開いて指先で2回たたきます。シュッシュッポッポッ……とひびき渡って来るでしょう。

指遊び・手遊び・リズム遊び　281

自分のひざと相手のひざをたたきながら、そのリズムに合わせて「今は山中，今は浜……」と汽車の歌をうたいながらやってみましょう。一同がＳＬに乗った気分になってしまいます。

ねらい 子どもから大人までででき，協調性を養います。

567 ひ も 通 し

用意するもの 細いひも，机
遊び方 左手の5本の指を開いて間隔をあけ，指先が机の上に触れるように指をたてます。
「ヨーイ，ドン」の合図で，1人1本のひもを，親指の外側から，次は人さし指の内側，そして中指の外側，薬指の内側，小指の外側へと，右手で交互にひもを通していきます。小指まで来たら，小指の内側を通って薬指の外側，中指の内側という具合に交互にひもを通して親指までもどって来る遊びです。
この時，左手の指先は絶対に机からはなさないように……。

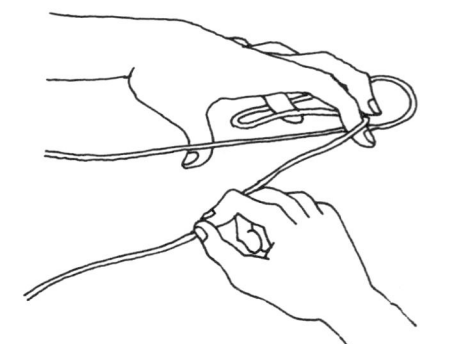

片手でのひも通しは思うようにはかどらず，親子で競争を楽しむことができます。
応用 2人1組になって，1人は両手の指を机の上に立て，もう1人は両手でひも通しをして遊んでもよいでしょう。知らない人と組んでやると，いつの間にか仲よしになる楽しい遊びです。

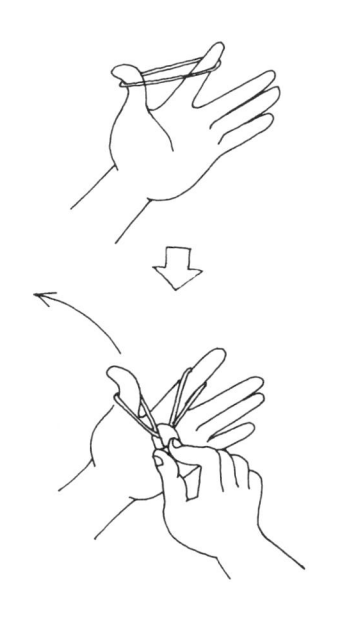

568 ゴム鉄砲

用意するもの 輪ゴム，紙片（1センチ×2センチ）
遊び方 輪ゴムを一方の親指と人さし指にかけて間隔を広げます。もう一方の手で，2つ折りにした紙片の山を向こう側にして伸びた輪ゴムをはさみ，人さし指と親指で，紙片の端を手前にひっぱり，輪ゴムがいっぱいに伸びたところではなします。

だれが一番遠くまで飛ばすことができるか競争して遊びましょう。的をつくり，中心に当てたら10点，中心からはずれるにしたがって順に点数をひろくして，だれがチャンピオンになるか勝負をしてもおもしろいでしょう。
注意 遊びにはルールが大切です。絶対に他人の顔をねらい打ちしないこと。約束を守りましょう。

569 爪とり・輪ゴムとり遊び

遊び方 2人が向かい合い，右手と左手の指を，組み合わせ，親指を立て，「ヨーイ，ドン」で，親指の先で相手の親指の爪をすばやくさわった方が勝ちという遊びです。

この遊びは，お互いに指先を動かし，相手をイライラさせたり，うまく誘導して，親指の爪にさわるのがコツです。

日本に，むかしからある〝指ずもう〟とよくにています。

親子や先生と子ども，子ども同士でも，簡単にできます。

爪のところに輪ゴムをまいて，輪ゴムとり競争をして遊ぶのもよいでしょう。

570 ハンカチとり

遊び方 ハンカチの端を左手に持ちます。そのハンカチを，向かい合った子どもが右手の親指と人さし指ではさんですばやくとります。

ハンカチを持っている人は，相手がとりかけると，力いっぱいハンカチを握ってとられないようにしましょう。

この遊びは，先生と子ども，親と子どもとやってもよく，子どもどうしでお互いにとり合うのもよいでしょう。

何回もくり返していると，お互いに手に力が入って楽しくなります。

指遊び・手遊び・リズム遊び

571 ひもとり

用意するもの ひも（15センチの長さ），笛
遊び方 円形になり，各人が右手にひもを持ち，左手は親指と他の4本で指筒を作って立ちます。右手に持ったひもは，自分の右隣の人の指筒の中にたらします。

みんなの知っている歌をうたいながらやりましょう。途中，リーダーがピッと笛を鳴らしたら，すぐ右手のひもを上げて握られないようにし，同時に左手はたらしてあるひもをギュッと握ってつかみます。

両手とも約束通りできた人だけ残り，何回もくり返して，だれが一番最後まで残るか競争します。
ねらい 反射神経を養い，敏捷性を育てます。

572 ぶきみな手

用意するもの 着物
遊び方 着物を着たら，左手が袖口からでないようにひじを曲げてたもとの中にひっこめます。そして，5本の指先から手首まで，まっすぐにのばしておきます。

次からは自分の右手にまかせましょう。左手は他人の手のように見せかけるのですから。

右手指先で左手指先をつまんで，たもとから袖口へ3センチひっぱり出します。その調子でゆっくりと少しずつひっぱり出していきます。

ズンズンひっぱり出されてくる左手を見ていると，余りの気味悪さに背すじが寒くなるような思いがします。
コツ 左手指先は絶対に動かさないでまっすぐに伸ばし，自分の手であることを忘れましょう。

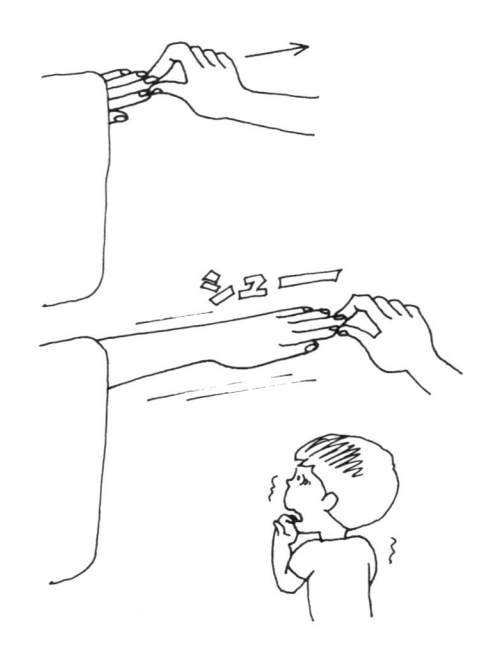

573　クラゲになったはし

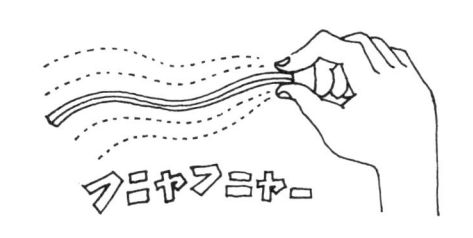

用意するもの　割りばし
遊び方　1本の割りばしの先より3センチのところを，右手親指と人さし指ではさむようにして持ちます。持った割りばしは水平にすること。右手を上下に揺り動かすと，まっすぐのはずの割りばしがクニャクニャに曲がりだします。決してグニャグニャの割りばしを使って楽しんでいるのではありませんからおまちがいのないように……。
コツ　人さし指と親指の間で割りばしが上下に動き，しかも動く割りばしが落ちない程度に，指先で軽く持つようにします。

574　曲がるスプーン

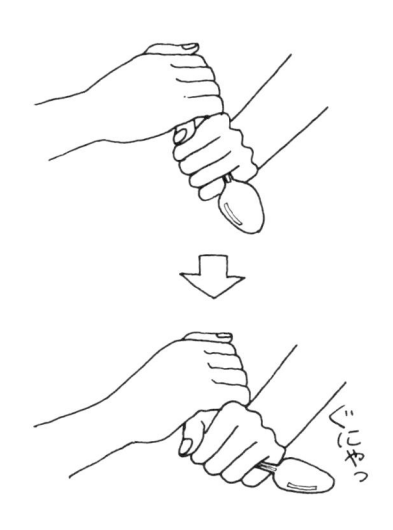

用意するもの　カレー用のスプーン
遊び方　机の上のスプーンの柄のつけ根に，片方の手がふれるように，両手を上下にくっつけて柄を握ります。
　イチ，ニ，サンで握りしめた両手に力を入れると，たちまちスプーンの柄はグニャリと曲がり，見ている人はびっくりします。
　「今度は，曲がったスプーンの柄をまっすぐに伸ばしますよ」とエイッと気合をかけると同時に，握っていた手を放すと，たちまちスプーンは元通り。見ている人は不思議に思います。
コツ　柄を握った手は，最初から最後まで絶対に放さないこと。握った手の中の柄は曲がったりはしません。つまり，握った両手のうち，上方の手首を向こう側にひねって，いかにもスプーンが曲がったように見せかけるのです。

575　見えない糸で動く紙袋

用意するもの　割りばし入れの紙袋（1膳用）
遊び方　紙袋を左手人さし指と親指でもち「紙袋があいさつします」といって指先をくっつけた右手を手前にひくと，まっすぐに伸びていた紙袋が手前に曲がってしまいます。右手を向こう側に押し出すと，曲がっていた紙袋が起き上がりだします。
　さては，紙袋と右手の間には糸で動くようにしてあるのではないか，と疑う人がでてくるからおもしろいのです。

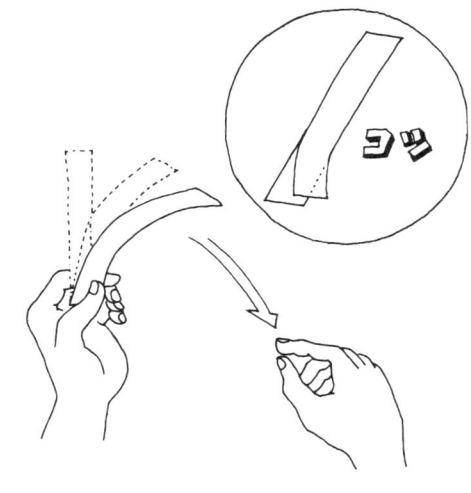

指遊び・手遊び・リズム遊び　285

コツ 紙袋の両側を口から3センチほど裂いておきます。裂いた2枚をつまんだ左手人さし指と親指を上下に動かすと，紙が自由自在に伸びたり曲がったりします。そして右手を手前にひいたり，向こう側に押し出したりして両手のタイミングを合わせると，いかにも紙袋が両手にあやつられているように見えます。

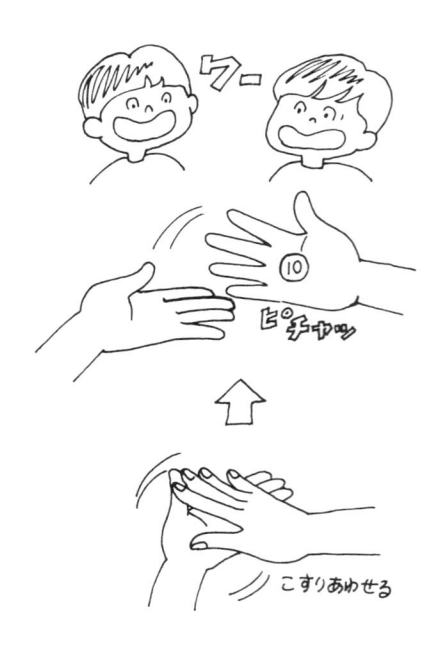

576　吹いつく10円玉

用意するもの　10円硬貨
遊び方　手のひらに10円玉をおき，上からもう一方の手のひらを合わせると，下の手のひらにあった10円玉が消えてしまっています。どこへかくれてしまったのでしょう。ほら上の手のひらを見てごらんなさい。タコでもないのに手のひらに10円玉が吸いついてしまって……。神妙な顔で見ていた人は大爆笑します。
　手のひらはいつも平らであること，そして手のひらには接着剤などをつけることもしません。
　手のひらがあやしいぞという人のために，両手を確かめてもらってからこの遊びをするといいでしょう。
コツ　上の手のひらに10円玉がくっつくまで何回も手のひらをこすり合わせると，自然に10円玉が手のひらにくっつくようになります。

577　コインのゆくえ

用意するもの　10円硬貨
遊び方　両手の甲を下にしてこぶしを握り，どちらか一方の手の人さし指の上（第1関節と第2関節の間）に10円玉を1枚のせます。
　イチ，ニのサンで両手首を内側にひねりながら，すばやく10円玉をもう一方の10円玉の入っていない手の中に入れかえたり，または10円玉を握りしめたままにして移動させないで，両手とも甲を上に向けます。
　見ている人はごまかされないよう，じーっと見ていること。さあどちらの手の中にコインが入っているのでしょうか。「右」「左」とあてる遊びです。
コツ　10円玉の入れ替えがうまくいくとこの遊びが楽しくなります。右手の10円玉をあたかも左手に移したように見せかけて，実は右手に入れたままにしたり，その逆の動作を，手首をひねりながら両手を交差させたり，上下に動かしたりして，見ている人を錯覚におとし入れるようにします。

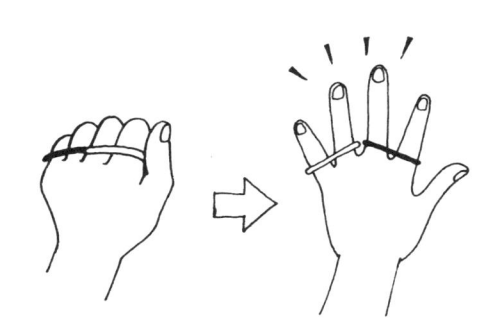

578 輪ゴムの移動

用意するもの　赤色と緑色の輪ゴム
遊び方　人さし指と中指に赤色の輪ゴムを，薬指と小指には緑色の輪ゴムをはめて，4本とも指を折り曲げます。
　「イチ，ニ，サン」で，4本の指を同時にまっすぐ伸ばすと，あらあら不思議，赤色の輪ゴムが薬指と小指に，薬指と小指にはめた緑色の輪ゴムが人さし指に移動しています。
コツ　人さし指と中指にはめた赤色の輪ゴムを，向こう側で見ている人に見えないように内側に曲げた4本の指先にかけます。同じように薬指と小指にはめた緑色の輪ゴムを4本の指先にかけると，指を伸ばした時，いやがおうでも2色の輪ゴムが入れかわっています。

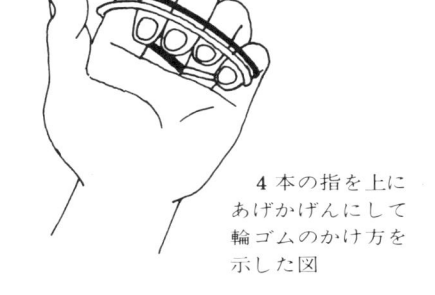

4本の指を上にあげかげんにして輪ゴムのかけ方を示した図

579　う　さ　ぎ

用意するもの　手ぶくろ
遊び方　白い手ぶくろをはめて，片手で横向きのうさぎをつくります。
　まず，手を出して合掌の要領で，親指を手のひらの方に向けます。
　向こう側に曲げた親指の爪の上に，曲げた薬指と中指をのせます。
　人さし指と小指は上にまっすぐ伸ばして耳になり，薬指と中指を上下に動かすと，うさぎが口を動かしながら話をはじめます。
　両手ともうさぎをつくって向かい合わせ，こわ色をかえて話をすると，楽しいお話ごっこができます。

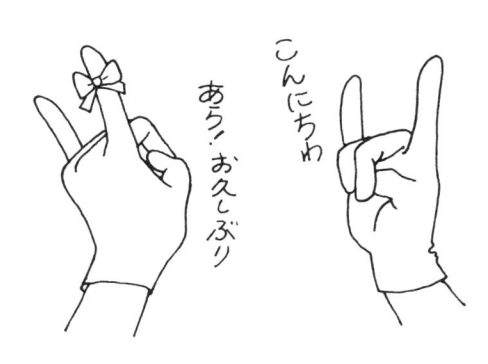

指遊び・手遊び・リズム遊び　287

580 話ずきな象

用意するもの マジックインキ
遊び方 親指のつけ根から人さし指のつけ根まで、親指と人さし指が触れる側を三日月形にマジックインキで色をぬって口にします。

親指をあとの4本指で握って、手前に親指と人さし指がみえるように向けて象にします。

鼻は4本指をそろえて動かし、話に合わせながら親指を前後左右に動かすと、マジックで書いた口が動きだして、象が話をしているようです。

1人で両手とも象にしたり、2人で向かい合って、2頭のおはなしごっこをすることもまた楽しいものです。

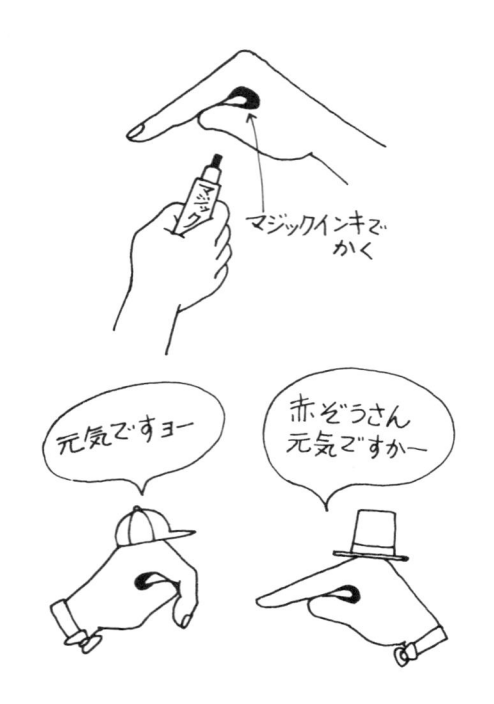

581 にわとり

用意するもの 手ぶくろ
遊び方 右手に赤色の手ぶくろ、左手には白色の手ぶくろをはめます。

左手は5本とも指先をくっつけます。こうしてできた輪に右手親指を向こう側から手前に入れると目になり、右手の残りの指は、左右に開いてまっすぐ上に伸ばしてとさかにします。左手指先を上下に動かして「コケコッコー」と鳴く口ばしもできあがり、たちどころににわとりになってしまいます。

目になる親指の部分を黒色に染め、口ばしを黄色に染めるとなおよいでしょう。

582 オオカミ

遊び方 中指と薬指をかけた人さし指の先同士くっつけます。親指をそらして指先から手首までくっつけ，上下に動かすとするどい口のできあがり。小指を斜め上方に伸ばすと耳になります。

「ウウ……ウォー」と，今にもとびかかって来そうな感じになれば大成功。オオカミは，人形劇など子どもの世界にしばしば登場する動物です。いろいろな色の手袋をはめるとカラフルなオオカミができあがります。

衣しょうのつくり方は簡単なので，ちょっと針を動かしてみてください。そして楽しい人形劇を子どもたちに与えてはどうでしょうか。

50センチから1メートル四方の布を輪にして両手が入るように縫い，手首からずり落ちないようにゴムを通すとよいでしょう。

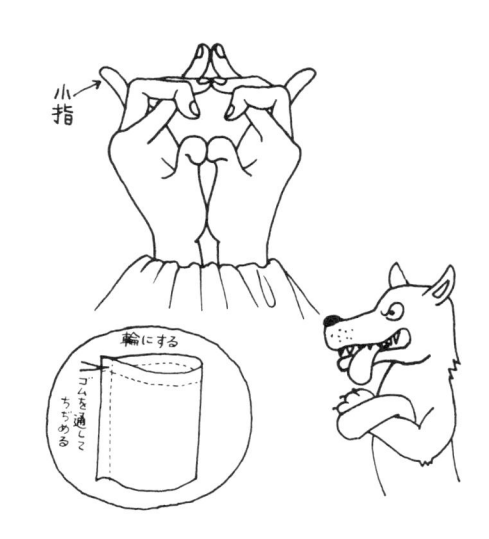

583 おしゃれなカッパ

用意するもの 紙皿とゴム（紙皿のまん中に小さな穴を2つあけて，親指2本が入る程度の長さにゴムを通して，カッパの頭になる"お皿"をつくる），着物のたもとまたは日本てぬぐいを輪にしたもの，手ぶくろ

遊び方 手ぶくろをはめたら，両腕を着物のたもとに通して，袖口から両手を出します。手ぶくろをはめた両手親指を"お皿"のまん中のゴムに通します。

両手とも，親指を人さし指と中指にはさんでにぎりこぶしにします。そして口は薬指と小指を伸ばして左右対象になるように両手をくっつけるとできあがりです。

とがった口を動かすと，おやおやカッパがお話をしているようではありませんか。

舞台や机をつかって，カッパも登場させて，楽しい人形劇ができます。また腹話術にも応用できます。

指遊び・手遊び・リズム遊び 289

異年齢児の集団ゲーム

584 仲良しごっこ 〔幼・小〕 多

用意するもの なし
遊び方 2人が向かいあって立ちます。いよいよ始まり、「先生のことばをよくきいて、その通りに動作しましょう」と子どもにおはなしをしてあげます。

「背中くっつけて」の合図で、お互いに背中合わせになります。次はどこをくっつけるのかなと思っていると、そのとたん「ひざくっつけて」でひざこぞうを合わせます。

「おなかくっつけて」で腹をくっつけます。「お尻くっつけて」……。

さあ、大人同士だと少々ためらいますが、子どもたちなら大喜びします。「ほっぺたくっつけて」で相手のほっぺたと合わせて、ますます次のことばが楽しみ、「鼻くっつけて」……。

ねらい 親近感がわいて仲間意識が育ちます。

585　ぐるぐる競争〔幼・小〕多

用意するもの　笛
遊び方　2人1組になって、1人はひざを立てて床にすわり、もう1人は、そのまわりをぐるぐる走ってまわります。先生の「ピーッ」という笛の合図で、いままでまわっていた向きとは、逆方向に走ります。また笛が「ピーッ」となったら、すばやく向きを変えて……。
　このように、笛に合わせて方向転換をくり返しますが、すばやく、注意ぶかくしないと、すわっているお友だちにぶつかってしまいますよ。
　先生は、笛を吹く間隔を長くしたり短かくしたりして、遊びに変化をつけましょう。
ねらい　敏しょう性、注意力を養います。

586　トンネルくぐり〔幼〕多

用意するもの　なし
遊び方　2人1組で、1人は両手両足を地面につき、どこからでも出入りできるトンネルをつくります。もう1人は、赤ちゃんのするはいはいのように、両手両ひざをついてトンネルをくぐります。
　混合保育で年長と年少が組んでやるのによい遊びです。
　「たくさんのトンネルができました。いまから、全部のトンネルをくぐりぬけていきましょう」の合図で、はいはいをしながら全員が全部のトンネルを通過するのです。
ねらい　親睦をはかりながら、腕力や脚力をきたえます。

異年齢児の集団ゲーム　291

587　かけ足回転〔幼〕多

用意するもの　チョーク
遊び方　直径30センチの円をかいて，中に1人立ちます。
　先生の「右」の合図で，円の中を元気よく右まわり，途中で「左」の合図で左まわりをします。
　先生は，子どもの状態をみながら「右」と「左」の合図を交互にくりかえします。子どもは円からはみ出さないようにかけ足でまわります。
ねらい　目まい，立ちくらみの予防になります。

588　グループ立ち〔幼〕多

用意するもの　なし
遊び方　4人がお互いに腕を組んで，お尻を床につき，両足を前に出してひざを立てます。
　先生の「立ちましょう」の合図で，4人が腕を組んだまま，同時にまっすぐ立ちあがります。両端の2人の片手とお互いに組んだ両手は，絶対に地面にさわってはいけません。
　全員両足が前方にあるために，立ちあがるとき，体を前傾姿勢にしてバランスをとりながら立つことになります。
　どうすれば4人が気持ちを合わせて立ちあがることができるか，子どもたちのはだで学ばせましょう。1人で立つことはできても，人数がふえると，バラバラな気持ちを統一して立たねばなりません。
　声をかけ，励ましあってやりましょう。
ねらい　平衡感覚を養うとともに協調性を育てます。

589 さん，はい！〔全〕多

用意するもの なし
遊び方 2クラスのうち1クラスは，全員2人ずつ向かい合って両手をつなぎ，円をつくります。他のクラスは2人ずつ片手をつなぎ，先に2人がつくった円の中にはいります。

「さん，はい！」の合図で，いまはいっていた円から2人とも出て，別の円をさがして中に入れてもらいましょう。移動するときは必ず2人で手をつないでいること。動きがおそいと，他の組に，目ざす円に先にはいりこまれてしまいますよ。

先生は全員が円にはいったのを見届けてから，つぎつぎと「さん，はい！」と合図してあげましょう。

2人の気持ちが合わないと，目ざす円の方向がまちまちで，混乱してしまいます。
ねらい 協調性，敏しょう性を養います。

590 マットのトンネルくぐり〔幼〕多

用意するもの マット，いす
遊び方 いすを，40センチメートルほど間隔をあけて，背中合わせにならべます。その上にマットをのせてトンネルをつくります。

薄暗いトンネルを，ひざをまげてかがんでくぐりぬけましょう。

よつんばいになってくぐったり，腹ばいでくぐったり，姿勢をかえてみると，遊びに変化が生まれていっそう楽しくなります。

子どもたちでいすをならべたり，マットをのせたり，自分たちの手づくり遊具で遊ぶ楽しさを，体験させたいものです。
ねらい 足腰をきたえるとともに協調性を育てます。

異年齢児の集団ゲーム　293

運動会のゲーム

591　箱のサンドイッチ競走〔全〕多

用意するもの　ダンボールの空き箱，ガムテープ
遊び方　空き箱のふたと底の部分をガムテープで封をします。
　2人が1個ずつ箱を持って向かいあいます。
　箱と箱の間に，空き箱を1個はさみ，2人で気持ちをあわせて，箱運び競走をします。
　途中で，はさんだ箱を落としたら，最初からやり直し。
ねらい　協調性，注意力，落ちつきを養います。

592 竹のぼり〔幼・小〕少

用意するもの 青竹（2メートルほどの長さ）
遊び方 先生は青竹を地面に立てて、両手でしっかり握ります。先生の竹を握る手が命綱の、登はん棒のできあがり。
　こうして、子どもは手、体、足をつかって、青竹の先までよじ登るようにします。
　とくに両足をどのように青竹にからませて、すべり落ちないように登るか、体で考えます。足の強い子どもは、タコの吸盤のように足の裏をつかって登ります。
ねらい 腕力、脚力をきたえるとともに、忍耐力を養います。

593　2本棒どまり〔全〕少

用意するもの 竹の棒
遊び方 2本の竹の棒を、40センチメートルの間隔を離して立て、2人がしっかりとおさえます。
　子どもは、2本の竹の棒に、両手、両足をかけて、落ちないようにできるだけ長くしがみついているのです。だれがいちばんがんばるか、「1、2、3……」とかぞえましょう。
　まるで、カエルが柳の枝にとびついているみたいです。
ねらい 腕力と脚力、忍耐力をたくましくします。

運動会のゲーム　295

594　ダンボールのり進み〔全〕多

用意するもの　1辺50センチメートルの正方形に切ったダンボール板
遊び方　ダンボールに両足でのって立ったら、ダンボールの端を両手でつかみます。
　「ヨーイ　ドン」の合図で、ジャンプをしながらダンボールを前のほうにひっぱって、前進するのです。ジャンプした両足が、ダンボールからとび出てしまわないようにしましょう。
　ジャンプしている間に、ダンボールを前にひっぱるタイミングがつかめると、まるで魔法のじゅうたんにのって空を飛んでいるみたいです。
ねらい　目、手、足の協応性を養います。

595　マットのとびこみ〔全〕多

用意するもの　マット
遊び方　マットを床にひろげ長辺に8人ずつ向かい合ってならびます。全員が隣と手がふれあうほどの幅に開いて、マットがピンとはるようにしっかりと握り、腰の高さで持ちあげます。
　準備ができたら5メートルくらい先から走ってきて、マットの手前で両足でジャンプ。マットの上に両手を前にのばして、うつ伏せになってとびこみます。
　フワーッとするスリルが、子どもを喜ばせます。砂の上でやればより安全に楽しめます。
ねらい　マットの係は腕力、とびこむ子どもは跳躍力がきたえられます。

596　マットくぐり〔全〕多

用意するもの　マット
遊び方　マット1枚を床の上に置いたら、その両端に3分の1ずつ重なるように、1枚ずつマットを置きます。
　「ヨーイ　ドン」の合図でマットまで進んで、まん中のマットを頭からはってくぐりぬけ、つぎつぎとリレー式に交代して遊びましょう。
　くぐりぬけたあと、ミノムシのからのようにマットが盛りあがってしまいます。子どもたち3、4人に、マットをもとどおりに整える役割をもたせましょう。

思うようにスッとくぐりぬけられずにもがく子ども，マットが動きだしてしまう子どもなど，いろいろな姿に応援も楽しくなってきます。
ねらい　腕の力や足をきたえます。

597　ダンボール突破〔全〕多

用意するもの　ダンボールの空き箱，ガムテープ
遊び方　空き箱のふたと底の部分をガムテープで封をします。
　30個ほどの空き箱を積み上げて壁をつくります。
　ダンボールの壁に向かって走り込んで，ダンボールの壁を突き抜けます。この時，からだのバランスをくずさないで，走り込んだ時の姿勢で突き抜けるようにします。
ねらい　ダンボールが周囲に飛び散るようにくずれて，子どもたちはスリルと遊びのだいご味を体験できます。
注意　絶対にジャンプするように跳び込まないこと。

598　ひっぱり棒〔全〕多

用意するもの　竹の棒
遊び方　2人1組になって，1人は竹の棒の上のほうを両手で握ります。もう1人は竹の棒の下のほうを両手で上からおさえるように握ります。
　「ヨーイ　ドン」の合図で，竹の棒を地面の上をひきずるように，1人はひっぱり，もう1人は押しながら前進して，目標をまわり，リレー式に競争する遊びです。
ねらい　協調性を養います。

599 空中を飛んでいるみたい 〔小・中〕 多

用意するもの 竹の棒(1.5メートルほどの長さ)

遊び方 5人1組になります。2本の竹の棒を50センチメートルほど間隔をとって置き，竹の棒の4つの端を，4人で握ります。残りの1人が1本の竹の棒を両手で握り，もう1本の竹の棒に両足の裏をのせ，両腕両脚をまっすぐにのばして姿勢を正します。

4人は竹の棒を腰の高さまで上げて，2本の竹の棒の間隔が開かないようにしながら，10メートル先の目標をまわってスタートラインまでもどり，つぎの5人と交代して，他のチームと競ってみましょう。

ねらい 平衡感覚を養うとともに，チームワークを育てます。

600 ボールのピラミッド 〔幼〕 多

用意するもの ドッジボール

遊び方 4人1組で，全員がボールを持ってスタートラインに立ちます。

「ヨーイ ドン」で，まず1人が目標まで走ってボールを置き，もどってきたらつぎの1人も走ってその横にくっつけてボールを置き，そのつぎの1人も，2個のボールにふれるようにボールを置いてもどります。

最後の1人はたいへん。3個のボールの上にそっと自分のボールをのせて，ピラミッドをつくります。

ピラミッドがくずれてしまったら，いっせいにボールをとりに行って，もう1度，最初からやり直しです。

完成すると思わず「やった！」と，歓声をあげてしまいます。

ねらい 目と手の協応性を育てます。

クラス全員でできる遊び

601　ダンボールソリ〔全〕多

用意するもの　ダンボールの空き箱，ガムテープ

遊び方　空き箱の底をガムテープでとめ，ふたを内側に折り込みます。

2人1組で，1人が箱の中へお尻をつけるようにして入ります。そして両足を斜め前方に上げます。

もう1人は，箱に入った人の両足首を持って引っ張ります。目標をまわって次の2人と交代という具合にリレー式で競争しましょう。

ねらい　引っ張る役の人は腕力，脚力を鍛えるとともに忍耐力も養われます。

602　人間そり〔小・中〕多

用意するもの　なし
遊び方　4人1組となり，1人は床にお尻をついて両足をそろえて斜め前方にのばし，太ももを両手で支えます。1人がその両足首を持ちます。

もう1人は，お尻をついている人の両足にまたがり，胸にもたれかかります。足首を持った人は，1人で2人をひっぱることになります。これではたいへんですから，両足をのばした人の背中を，別の1人が押して，手助けしてあげましょう。

のる人もらくなようでらくではありません。
ねらい　協調性と忍耐力を育てます。

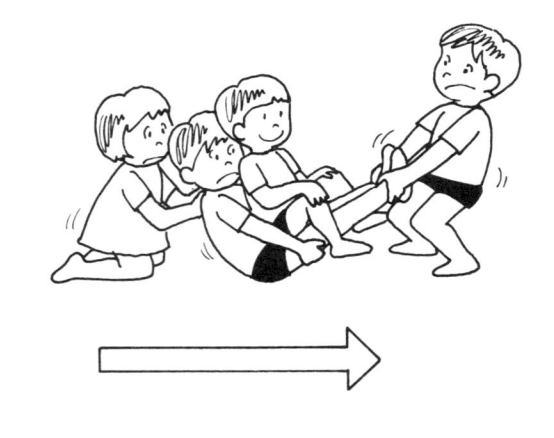

603　むかで競争〔全〕多

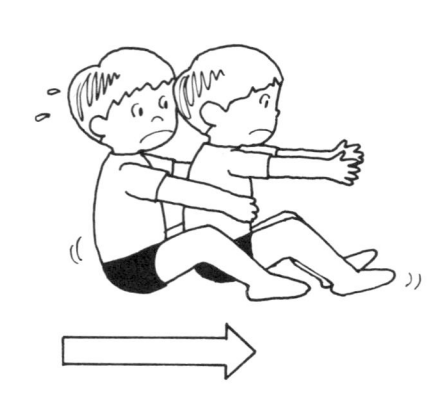

用意するもの　なし
遊び方　2人1組で，床にお尻をつき，前の人は両足を前に出します。後ろの人は両足を開いて，前の人の体をはさみ，両手は前の人のおなかにまわします。

「ヨーイ　ドン」の合図で，2人がいっしょに足とお尻を動かしながら，目標に向かって前進します。他のチームとの競争にすると，遊びに活気がでますよ。

2人でうまくできるようになったら，人数をふやして4人1組でやってみましょう。6人でも楽しくできますよ。
ねらい　協調性，忍耐力を養い，腰を強くします。

604 ジャンケンくすぐり〔全〕多

用意するもの なし
遊び方 2人が向かい合ってすわり，ジャンケンをします。負けた人は両手をまっすぐに横にのばして，目をつぶります。勝った人は思いっきり，負けた人のわきの下をくすぐります。ジャンケンをくり返して，何回もやってみましょう。
ねらい ジャンケンのルールを理解させ，親近感をいだかせます。

605 ジャンケンおんぶ〔全〕多

用意するもの なし
遊び方 2人1組になってジャンケンをします。負けたら，勝った相手を背中におんぶして，その場で1回転します。終わったらまたジャンケン……というぐあいに，終了の合図があるまで，何回もくり返して遊びます。
　体の大きさが同じくらいの子どもどうしを組ませるとよいでしょう。朝の集会のときにこの遊びをとり入れると，楽しいプログラムの一つになります。
　応用として，負けたら，相手をおぶって目標をまわってくるようにしても楽しいでしょう。
ねらい 平衡感覚，持久力を育てます。

606 輪　送　り〔幼〕多

用意するもの　いす，ゴムホースの輪（直径10センチメートルの輪になるように，つなぎめをガムテープでまく）
遊び方　1人1脚ずつのいすを，円形になるようにおいて，内側を向いて腰かけます。片足にかけた輪をもう一方の足に移し，さらに隣りの人へと，移動させる遊びです。輪を受けとって隣りへ渡すとき，床に足をつけないこと，手をつかわないことを，約束しましょう。
　応用として，先生の「右へ回しましょう」の合図で，輪を右隣りの人へ移動させたり，「左へ回しましょう」の合図で，左隣りの人へ移動させたりして遊ぶようにしてみましょう。
　1つの目標に子どもが全員集中し，グループ意識が高まります。
ねらい 平衡感覚，集中力を養います。

クラス全員でできる遊び　301

607　箱とり競争〔全〕多

用意するもの　ダンボールの空き箱，ガムテープ
遊び方　空き箱の底をガムテープでとめ，ふたを内側に折り込んで，陣地箱をつくります。
　陣地箱はところどころに離して置きます。
　陣地箱の中に1人ずつ立ちます。
　先生の「かわりましょう」の合図で，他の陣地箱へ移動します。
　参加人数よりも，箱を1個減らして，いすとりならぬ箱とり遊び。箱の中に2人ずつ入って，2人が手をつないで箱とり競争も楽しい。
ねらい　注意力，集中力，敏しょう性を養います。

608　足かえ遊び〔小〕少

用意するもの　いす
遊び方　いすの前に立ったら，右足をいすにのせて片足立ちになります。
　先生の「左」の合図で，すばやくいすにのせている右足を床につけ，左足をいすの上にのせます。すぐに先生は「右」と合図をします。子どもは右足をいすの上にのせて左足をおろします。
　先生は子どものでき具合に合わせて「右」「左」を交互にくりかえして，子どもが右足と左足をパッパッとすばやくかえることができるようにさせます。
　足をかえるとき，手でいすをさわってはいけません。フラフラしないように，いすを動かさないようにやりましょう。
ねらい　平衡感覚と敏しょう性を養います。

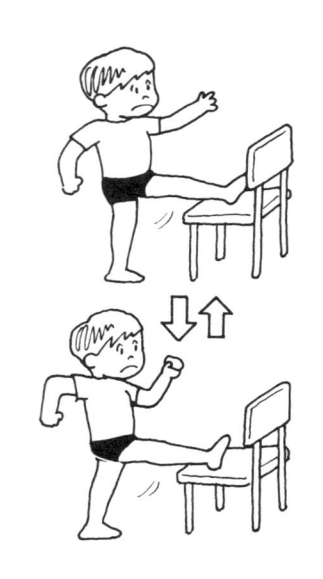

609　いすの上で体操〔幼・小〕多

用意するもの　いす
遊び方　背もたれを向かい合わせにしていすを置きます。3人1組で，そのうちの2人が向かい合っていすにまたいで腰かけ，背もたれの両端を握ります。
　残りの1人は，いすの背もたれの上に，両手両足をのせて体のバランスをとったら，いよいよオリンピック大会が始まるような，緊張感ですよ。
　「右足あげて」といったら，右足だけあげます。つぎに「左足あげて」，そして右手，左手と順にあげていきます。
　2人はいすがぐらぐらと動かないように，しっかりとふんばって支えましょう。
　あげた手や足は，できるだけまっすぐにのばすようにさせましょう。
ねらい　腕力，脚力をきたえるとともに平衡感覚を養います。

610　尺とり虫競争〔小・中・高・大〕多

用意するもの　なし
遊び方　2人1組になり，お互いに背中合わせになって両腕を組み，お尻を床につけてスタートラインにならびます。
　「ヨーイ　ドン」で両腕を組んだまま，ひざをまげたりのばしたりして，尺とり虫のように前進するのです。2人の気持ちがぴったり合うように「1，2，1，2……」とかけ声をかけて進みましょう。
　後ろの人は前の人を押す要領で，前の人は後ろの人を引き寄せる要領で，両ひざの屈伸をくり返すのです。
　目標までいったら，お互いに役を交代してもどりましょう。前と後ろとでは役が異なるので，行きは速く前進できたのに帰りは思うようにいかなかったりします。前半思わしくなかった組が後半追いあげたりして，2人とも必死になります。
ねらい　腹筋，背筋をたくましくし，協調性を育てます。

クラス全員でできる遊び　303

611　ジャンケンバンザイ〔全〕多

用意するもの　なし
遊び方　2人で向かい合ってジャンケンをします。勝った人は，両手をあげて，大きな声で「バンザーイ」といいます。
　ジャンケンをくり返して何回もやってみましょう。勝つたびに「バンザーイ」で，楽しい気分になってきます。
ねらい　緊張感をほぐし，なごやかな雰囲気づくりに役立ちます。

612　ジャンケンワァー〔全〕多

用意するもの　なし
遊び方　2人が向かい合ってジャンケンをします。勝ったら，両手を口元に近づけて，思いっ切り「ワァ──！」と大きな声を張り上げます。
　ジャンケンをくり返して，何回も挑戦。「ワァー」と張り上げると，緊張がほぐれて気分そう快ですよ。
ねらい　大きな声を出すことで，心を開き，なごやかな雰囲気づくりに役立ちます。

613 神経衰弱 〔小・中〕 多

用意するもの 数字の大きなカレンダー（日めくり），厚紙，のり（カレンダーの数字を切って，厚紙にはりつけて数字カードを作ります）

遊び方 数字が見えないように，全部のカードをバラバラに裏返して置きます。先生は「同じ数字のカードを2枚ずつ，3組集めましょう」の指示を出します。1枚ずつめくっては裏返して，同じ数字のカードを2枚1組でさがします。全部で3組の数字カードを早くさがすのはだれか，自分の記憶力への挑戦です。「めくったらそのままにせず，裏返す」というルールを徹底させましょう。

ねらい 記憶力，注意力，集中力，判断力を育てます。

614 誕生月で"集合" 〔幼・小・中〕 多

用意するもの なし

遊び方 開始の合図とともに，例えば1月生まれの人は，「1月，1月……」という具合に，全員が自分の生まれ月を言いながら歩きます。時間内に同じ生まれ月同士が集まります。先生は，生まれ月ごとに12の月に分かれて集まっているかどうか，例えば「1月生まれの人！」という具合に手をあげさせて確認するとよいでしょう。

1ヵ所に集まってまとまりのよい月や，バラバラに散らばってしまった月があったりして楽しいです。

ねらい 同じ生まれ月ということで，親近感を覚えて仲間意識を育てます。

クラス全員でできる遊び 305

615　輪から輪へ　かわりっこ〔幼・小・中〕多

用意するもの　ビニールホース，はさみ，セロハンテープ（1メートルに切ったホースで輪を作ります（図1））

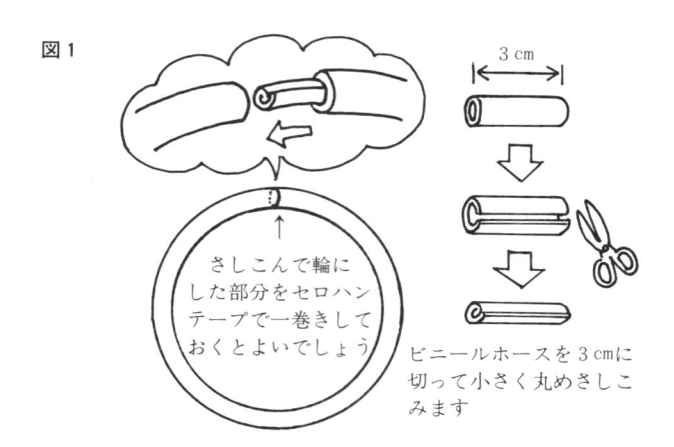

遊び方　参加人数分の輪を，ところどころに離して置き，輪の中に1人ずつ立ちます。例えば，先生の「2」の合図で，立っている輪から離れてどこか1つ目の輪へ移動し，続いて空いている2つ目の輪に移動して立ちます。先生が「5」と合図すれば，「1」「2」「3」「4」と数えて4つの輪を渡り5つ目の輪に立つようにします。先生はいろいろと数を合図すると，子どもたちはワイワイガヤガヤと遊びに活気づきます。

ねらい　注意力，判断力，敏しょう性を養います。

図1　さしこんで輪にした部分をセロハンテープで一巻きしておくとよいでしょう

ビニールホースを3cmに切って小さく丸めさしこみます

616　数字のしりとりゲーム〈1〉〔小・中〕多

用意するもの　なし

遊び方　先生が「25」と言うと，クラスの端の人から席順に「53」，次の人は「38」，その次は「86」という具合にしりとりをしていきます。うっかり聞きもらすと，先に言った人の下1桁がどういう数だったかわからず，答えに詰まってしまって後が続きません。先の人が言った下1桁の数を，次に言う人は頭につけてしりとりをしますので，「0(ゼロ)」も言ってはいけませんよ。

ねらい　集中力，注意力，記憶力を養います。

617 数字のしりとりゲーム〈2〉〔小・中〕多

用意するもの なし

遊び方 先生は，しりとりの中で，言ってはいけない数字を全員に知らせます。例えば「1」にしましょう。先生が「43」と言うと，席順に「32」,「26」,「65」,「52」……という具合に「1」を省いた数字をしりとりしましょう。言ってはいけない数字を，「1」と「5」という具合に増やしてもよいでしょう。調子にのっているうちに，うっかり「31」とか「65」とか言ったら失格です。

ねらい 集中力，注意力，記憶力を養います。

618 ジャンケンカードとりゲーム〔小（中学年以上）・中〕多

用意するもの 数字の大きなカレンダー（日めくり），厚紙，のり（カレンダーの数字を切って，厚紙にはりつけて数字カードを作ります）

遊び方 1人1枚ずつ全員がカードを持ちます。先生の合図で，だれとでもよいからジャンケンをします。勝ったら負けた相手から1枚ずつカードをもらいます。手元にカードがなくなったら挑戦権を失います。カードのある人は，時間内に次々と相手をかえてジャンケンをして，カードのやりとりをします。終了後，カードを持っている人は，自分の数字をたし算して，一番大きい数の人がチャンピオン，または，一番多くの枚数を集めた人をチャンピオンにしてもよいでしょう。

ねらい 判断力，思考力を育てます。

619 バラバラ，元に戻って 〔全〕多

用意するもの なし
遊び方 2人ずつ手を取り，相手の顔をしっかり覚えて組をつくります。先生の「バラバラになって」の合図で，つないでいる手を離して別の人と2人組になって手をつないでしゃがみましょう。先生は「バラバラになって」と繰り返し合図をして，どんどん相手を替えて組むように導きましょう。先生の「元に戻って」の合図で，最初に手を取っていた2人になりましょう。
応用 4人が手をつないで4人1組で，「バラバラになって」「元に戻って」を繰り返すと，活発に動いて楽しくなります。
ねらい 何回も繰り返していると，日頃あまり話さない人ともふれあいができて，仲間意識を育てます。

620 靴の造形遊び 〔小・中〕多

用意するもの 各自がはいている靴
遊び方 10人位ずつにグループ分けをします。全員が自分の靴を脱ぎます。先生は，例えば「数字の5」と指示します。さっそく，数字の「5」に見えるようにみんなで靴を並べてみましょう。どのグループが早く先生の指示通りに靴で形を造るか競争してみましょう。時には「28」という具合に2桁の数字を指示するとよいでしょう。
応用 「山」「田」など簡単な漢字やアルファベットもよいでしょう。うさぎ，パンダ，ぞうなどの動物や，チューリップ，ひまわりなど花の造形をみんなでするように導くと一層楽しくなります。
ねらい 協力することや協調性を養います。

罰ゲーム

621 通れるかな…〔全〕多

用意するもの 紙袋（頭にすっぽりかぶれる大きさのもの），新聞棒（2枚に重ねた新聞紙を，短辺からくるくると巻いて，端をセロテープでとめる），いす

遊び方 いす2脚を，50センチメートルの間隔で向かい合わせて置きます。いすの上にはそれぞれ1人ずつ，頭に紙袋をかぶり，新聞棒を1本ずつ持って立ちます。

　いすから5メートル離れた位置から，1人ずつ，先生の「出発」の合図で，まっすぐに歩いていきます。いすの上の2人は，歩いてきた人がいすの前を通る瞬間だと判断したら，すばやく上から下へ新聞棒をふりおろします。

　正確に判断ができれば，通過している人の頭に新聞棒がポカリ。でも袋をかぶったままの状態の判断なので，なかなか命中しません。

　あたってもあたらなくても，楽しい遊びです。

ねらい いすの人は正確な判断力を養い，通過する人はスリルを味わいます。

622　持ち上げ競争　〔小・中・高・大〕少

用意するもの　ダンボールの空き箱，ガムテープ

遊び方　空き箱のふたと底の部分をガムテープで封をします。

　床に4個の空き箱を積みます。

　床に接した方の空き箱を両手で持ったまま，上の空き箱を落とさないように高く持ち上げられるかな。

　床に積み上げた5個や6個，7個も持ち上げられるか挑戦させましょう。先生ならば，みかんの入っていた空き箱10個は持ち上げることができます。

ねらい　腕力と平衡感覚を養います。

623　運搬ごっこ　〔幼・小〕多

用意するもの　ダンボールの空き箱，ガムテープ

遊び方　ふたと底をガムテープで封した5個の空き箱を，さらにガムテープで接合します。

　1人で大きな空き箱をだきかかえて，目標をまわってリレー式に競走遊び。

　だきかかえた空き箱を，床に引きずらさないように注意させます。

ねらい　腕力を鍛えます。

624　グループ片足立ち〔幼〕多

用意するもの　なし
遊び方　5人が縦1列にならび，右足を前にまっすぐのばしてあげます。前の人はのばされた後ろの人の右足首を右手でしっかり持ちます。先頭の人は右ひざをまげて片足立ち。

5人のうち1人でもふらついたり，途中であきらめたりすると，チームワークがくずれてしまいます。

全員片足立ちの状態で，どれくらい長く立っていることができるか，他のチームと競争する遊びです。

さあ，どのチームがいちばんがんばるかな。
ねらい　忍耐力ができて，平衡感覚も養われます。

625　いっしょに片足立ち〔小・中・高・大〕多

用意するもの　新聞棒（新聞紙を5枚重ねて短辺からくるくると細い筒状にまき，端をセロハンテープでとめる）
遊び方　2人が向かい合って，それぞれが新聞棒の両端を握り，2人とも右足（または左足）をあげて，自分の棒と相手の棒に足をのせます。

2人がどれくらい長く，バランスをくずさないでがんばって片足立ちをしていることができるか，やってみましょう。

1人だけで片足立ちするよりも，2人でがんばるほうが，長く片足立ちをつづけることができます。
ねらい　平衡感覚，協調性，忍耐力を養います。

626　背中合わせ立ち〔小・中・高・大〕多

用意するもの　なし
遊び方　2人が背中合わせになって，床にお尻をつき，両足を前にのばしてすわります。

お互いの腕を組まないで，「ヨーイドン」で，2人いっしょに背中を合わせたまま立ちあがります。

この遊びは，協調性のほかに頭脳もつかわないとなかなかうまくできません。1人は相手の背中にのるように，背すじをそらしてやると成功します。これを発見させることが大切です。

また腕を組むと，安心感がありかえってうまくできません。よしやるぞ，の真剣さがでると成功しますよ。
ねらい　協調性を養います。

627　体を支えよう〔全〕多

用意するもの　いす

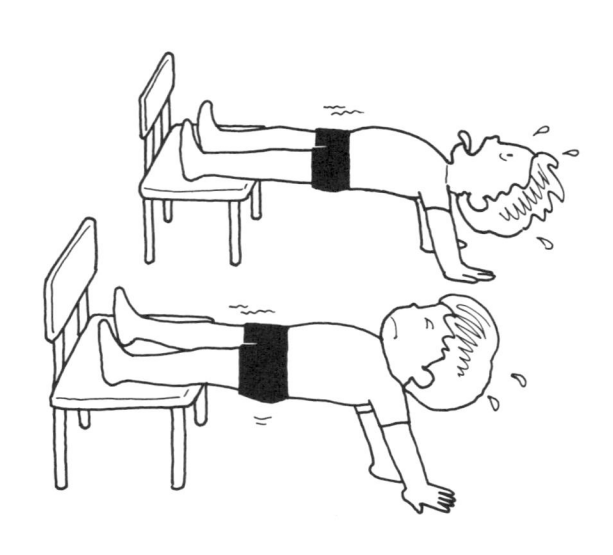

遊び方　いすと向かい合わせに立ったら，両手を床についてあお向けになり，両足をいすの上にのせて，体を床と平行になるように，まっすぐのばします。

「1，2，3……」とかぞえて，どれくらい長く，体をまっすぐにのばしていられるか，みんなで競争しましょう。

頭が空中にあるので，とても頭が重く感じられますが，できるだけがんばろうという気力を持つことです。
ねらい　腕力，腹筋，背筋をきたえます。

628 じょうずにキャッチ〔小・中・高・大〕多

用意するもの 新聞棒（新聞紙を2枚重ねて短辺から細い筒状にまき，端をセロハンテープでとめる），タオル

遊び方 きき手に新聞棒の端を握り，もう一方の手にタオルを1本持ちます。

持ったタオルを高くほうりあげて，落ちてくるところを新聞棒にうまく掛けるよう，新聞棒でタオルを受ける遊びです。

応用として，2人が向かい合って，1人がタオルを投げ，もう1人が新聞棒でタオルを受けてもいいでしょう。キャッチボールならぬキャッチタオルです。

ねらい 目と手の協応性を養い，的確な判断力を育てます。

629 新聞棒体操〔小・中・高・大〕多

用意するもの 新聞棒（新聞紙5枚を短辺から巻き，端をセロハンテープでとめて棒をつくる）

遊び方 2人1組になって並び，お互いに内側の腕を組み，外側の手で，1本の棒の端をそれぞれ持ちます。

2人が腕を組んだまま，新聞棒を頭の上から胸の前，腹，両足をくぐらせて，背中を通して頭の上まで，新聞棒でからだを1周します。次は，頭上から背中，お尻，両足，腹，胸というぐあいに，2人で1本持って新聞棒の移動をします。

ねらい 腹，背筋をたくましくし，柔軟性を伸ばします。

罰ゲーム 313

630 くつあげ 〔幼・小〕 多

用意するもの いまはいているくつ

遊び方 右足のくつを脱いでつま先にかけ，右足を地面と水平になるように，ひざをのばして前方にあげて，左足で立ちます。

「ヨーイ ドン」の合図で，だれが足をあげたまま長くがんばれるか，競争します。先生は大きな声で「1，2，3……」とかぞえてあげましょう。

くつがつま先から落ちたり，地面に足をついてしまったらだめ。

できるだけ長くがんばるように，努力しましょう。

ねらい 平衡感覚を養い，忍耐力と脚力を強くします。

631 袋をかぶって足ぶみ 〔全〕 少

用意するもの 紙袋（頭にすっぽりかぶれる大きさのもの）

遊び方 4人を同じ向きに，間隔をおいて立たせます。一度その場で，足ぶみを練習させましょう。

他の子どもは足ぶみしやすいように，両手をたたいて応援です。

さあ，いよいよ本番。4人は頭から紙袋をかぶって立ちます。他の子どもたちの手拍子にあわせて，その場で足ぶみしましょう。

おやおや，不思議なことに，4人ともとんでもない方向に進んでしまいます。でも本人たちはその場で足ぶみしているものと思いこんでいるから，見ている人は大爆笑。

ねらい 方向感覚を養います。

ねらい別さくいん

✿ ここが鍛えたいという目的にかなったあそびが引き出せます。
✿ 指遊び・手遊び・リズム遊び(245〜289頁)およびその他一部を除きます。

腕力を鍛える

No.		頁
2	片足立ち	16
25	2人でバランス	27
29	ボートこぎ競争	29
32	背中合わせ立ち	30
34	腕歩き競争	31
37	腹ばい競争	32
38	後ろ向き腹ばい競争	32
43	腕けんすい	34
45	ひざの上で体操	35
57	ぶらさがり競争	41
83	両手(交互)でボールつき	54
87	はってボール運び	56
93	片手でボール落とし	59
105	ボール鬼ごっこ	64
126	ボール・ボウリング	73
133	あげた両足でボール運び	76
142	遠くへ投げよう	80
143	ボール打ち込み	80
144	ボール上げ打ち	81
147	バランスボール投げ	82
150	両足でボールはさみ	83
155	新聞棒のバッティング	85
165	はねかえりボール	90
200	新聞ボクシング	106
221	新聞棒投げ	114
223	新聞チャンバラ	115
264	ダンボール・スキー	134
304	後ろ向き競争	152

No.		頁
305	チューブ体操	152
311	チューブ引き競争	155
312	チューブ・シーソー〈2〉	156
313	チューブの花	156
322	ボールのせ座ぶとん〈2〉	161
333	腰かけけんすい	167
334	足あげ体操	167
340	まる券とり遊び	171
374	ビン立て競争〈2〉	187
375	牛乳ビン積み上げ競争	188
384	ボクシングゲーム〈1〉	192
413	ラインかき競争	206
417	棒ずもう	208
422	竹のけんすい競争	210
446	ビー玉送り	221
463	セミになっちゃった	230
490	カメさん競争	243
492	毛布とびこみ	244
493	つり橋渡り	244
586	トンネルくぐり	291
592	竹のぼり	295
593	2本棒どまり	295
595	マットのとびこみ	296
596	マットくぐり	296
601	ダンボールソリ	299
623	運搬ごっこ	310
627	体を支えよう	312

肩を強くし投力を養う

No.		頁
105	ボール鬼ごっこ	64
117	命中ボール	69

No.		頁
142	遠くへ投げよう	80
155	新聞棒のバッティング	85

315

No.		頁	No.		頁
166	点とりボール入れ	90	345	ふうせん落とし	174
202	新聞破り	107	424	お手玉入れ〈1〉	211
259	安全飛行	132	426	お手玉入れ〈3〉	212
260	円盤投げ	132	428	お手玉入れ〈5〉	213
338	ジャンケンセンとり	169	453	水のばくだんごっこ	225
339	点とり遊び	170	482	動物狩り	239
340	まる券とり遊び	171			

足腰を鍛える

No.		頁	No.		頁
1	正座競争	15	96	足の間でボールつき	60
2	片足立ち	16	103	5人でボールころがし	63
5	数字えがき	17	110	回転ボール送り	66
7	ひざ持ち競争	18	133	あげた両足でボール運び	76
8	しゃがんで競争	19	149	ボールの塔づくり〈2〉	83
9	片足とび〈1〉	19	174	ボール置き競争	94
10	片足とび〈2〉	20	201	新聞キックボクシング	106
11	片足あげとび	20	227	新聞棒のり競争	117
12	反対とび	20	228	リンボー遊び	117
19	回転とび	24	229	足を上げがんばろう	118
22	足のせ競争	25	231	足上げ遊び	118
25	2人でバランス	27	235	棒を落とさないでがんばろう	120
29	ボートこぎ競争	29	239	棒を落とさないで前進	122
30	閉じて開いて	29	264	ダンボール・スキー	134
31	2人で自転車こぎ	29	280	紙テープを切らないで	140
32	背中合わせ立ち	30	304	後ろ向き競争	152
34	腕歩き競争	31	305	チューブ体操	152
37	腹ばい競争	32	308	チューブ・ジャンプ	154
38	後ろ向き腹ばい競争	32	309	チューブ・ブランコ	154
45	ひざの上で体操	35	311	チューブ引き競争	155
49	あぐら競争	37	320	バランスボール競争	160
54	ガニマタ競争	39	321	ボールのせ座ぶとん〈1〉	161
55	腕くみ競争	40	323	座ぶとん上げ競争	162
59	片足くぐり	42	334	足あげ体操	167
63	片足背中打ち	44	354	集団カン立て競争	178
66	トンネルくぐり	46	355	立ってカン立て競争	179
68	連続両足とび	47	375	牛乳ビン積み上げ競争	188
69	足の山とび	47	376	ブロック積み	188
81	ボール取り競争	54	406	投げて拾って	203
86	ひざの中のボール運び	56	407	つな引きずもう〈1〉	203
89	バランス・ボール	57	410	4人でつな引き競争	204
94	ボールはさみ	59	413	ラインかき競争	206

No.		頁	No.		頁
417	棒ずもう	208	590	マットのトンネルくぐり	293
418	棒うま競争	208	592	竹のぼり	295
448	しっかり押そう	222	593	2本棒どまり	295
468	スポンジボールのゴルフ	233	596	マットくぐり	296
490	カメさん競争	243	601	ダンボールソリ	299
586	トンネルくぐり	291	603	むかで競争	300

跳躍力を養う

No.		頁	No.		頁
3	とび上り開閉とび	16	210	新聞穴に注意	110
9	片足とび〈1〉	19	226	新聞棒とび	116
11	片足あげとび	20	265	片足連続とび	134
18	ジャンプ閉脚	23	266	しっかりとぼう	134
35	足もち競争〈1〉	31	282	紙テープとび〈1〉	141
46	親子ジャンプ競争	36	283	紙テープとび〈2〉	142
69	足の山とび	47	325	座ぶとん開閉とび	163
85	片足ボールつき	55	326	ふとん片足とび	163
169	ボールとび	92	328	ふとんとび	164
193	新聞とび〈1〉	103	393	ふうせん運び競争〈3〉	196
195	新聞ハードル	104	452	ピョンピョンとび競争	224
196	とび上がり遊び	104	492	毛布とびこみ	244
197	はみ出さないでジャンプ	105	595	マットのとびこみ	296
198	新聞引きジャンプ	105			

腹筋を鍛える

No.		頁	No.		頁
26	足上げ競争	27	228	リンボー遊び	117
27	片足ずもう	27	229	足を上げがんばろう	118
28	つま先タッチ	28	263	ダンボール乗り競争	133
30	閉じて開いて	29	280	紙テープを切らないで	140
31	2人で自転車こぎ	29	304	後ろ向き競争	152
32	背中合わせ立ち	30	305	チューブ体操	152
34	腕歩き競争	31	309	チューブ・ブランコ	154
37	腹ばい競争	32	310	チューブずもう	155
38	後ろ向き腹ばい競争	32	311	チューブ引き競争	155
64	人間トンネルくぐり	45	312	チューブ・シーソー〈2〉	156
66	トンネルくぐり	46	313	チューブの花	156
81	ボール取り競争	54	319	座ぶとんのせ競争	160
86	ひざの中のボール運び	56	320	バランスボール競争	160
87	はってボール運び	56	321	ボールのせ座ぶとん〈1〉	161
90	後ろ向きボールころがし	57	323	座ぶとん上げ競争	162
103	5人でボールころがし	63	332	つま先持ち競争	166
133	あげた両足でボール運び	76	334	足あげ体操	167

ねらい別さくいん　317

No.		頁	No.		頁
376	ブロック積み	188	463	セミになっちゃった	230
413	ラインかき競争	206	475	シーソー遊び	235
422	竹のけんすい競争	210	610	尺とり虫競争	303
448	しっかり押そう	222	627	体を支えよう	312

背筋を鍛える

29	ボートこぎ競争	29	309	チューブ・ブランコ	154
37	腹ばい競争	32	334	足あげ体操	167
64	人間トンネルくぐり	45	422	竹のけんすい競争	210
228	リンボー遊び	117	610	尺とり虫競争	303
305	チューブ体操	152	627	体を支えよう	312
308	チューブ・ジャンプ	154	629	新聞棒体操	313

柔軟性を養う

6	壁で逆立ち	17	306	チューブ・シーソー〈1〉	153
28	つま先タッチ	28	307	人間起き上がり	153
78	ボールまたぎ	52	308	チューブ・ジャンプ	154
225	起き上がり立ち	116	314	チューブの波のり	156
228	リンボー遊び	117	331	つま先つまみ	166
270	紙テープくぐり	136	476	タオル体操	236

全身を鍛える

6	壁で逆立ち	17	281	テープをとんでくぐって	141
47	人間メリーゴーランド	36	314	チューブの波のり	156
56	ひざをついて競争	41	326	ふとん片足とび	163
62	人間木馬	44	403	こしかけハードル	201
114	ボールの花づくり	68	468	スポンジボールのゴルフ	233
261	トンネル遊び	133	491	マット地震	243
263	ダンボール乗り競争	133			

注意力、集中力、慎重性を養う

4	円周回転	6	94	ボールはさみ	59
20	足踏み競争	24	99	ボール置き競争	61
52	グループ回転	38	100	ボール両手ころがし競争	61
68	連続両足とび	47	101	2人でボールつき	62
73	握手で遊ぼう〈2〉	49	107	ボール送り	65
75	よく聞いて集合ゲーム	50	108	後ろ手ボール送り	65
77	ボールジャンプ	52	115	ボウリング	68
83	両手(交互)でボールつき	54	116	両手でボールつき	69
84	かぞえてボールつき	55	117	命中ボール	69
89	バランス・ボール	57	122	ボール積み競争	71

No.		頁	No.		頁
123	瞬間キャッチボール	71	261	トンネル遊び	133
125	四面ドッジボール〈2〉	72	265	片足連続とび	134
128	サッカー・リレー	73	267	足だめし	135
130	集団ボール運び	74	270	紙テープくぐり	136
132	ボールの塔づくり〈1〉	75	272	手足にむすんで競争	137
146	片足ボールけり	82	279	足にしばって競争	140
147	バランスボール投げ	82	283	紙テープとび〈2〉	142
148	ボールの上のピン立て	82	285	ひっくり返りとび	142
149	ボールの塔づくり〈2〉	83	286	おんぶ競争	143
150	両足でボールはさみ	83	292	ミカンさがし	146
151	ボールをにがすな	84	294	めかくし競争	147
154	ボールうち	85	295	交差点遊び	147
156	ボールのせ〈1〉	86	296	障害物競争	147
157	ボールのせ〈2〉	86	297	ハードル遊び	148
159	ボール運び〈2〉	87	298	ふうせん遊び	149
160	棒でボールとり	87	301	2人めかくし競争	150
161	ボールつり競争	88	302	めかくし歩き競争	150
163	ボール拾いあげ	89	317	タイヤトンネル	158
168	あきカンでボールつき	91	318	飛行機飛ばし	159
169	ボールとび	92	321	ボールのせ座ぶとん〈1〉	161
173	ボール送り〈3〉	93	322	ボールのせ座ぶとん〈2〉	161
174	ボール置き競争	94	328	ふとんとび	164
175	ボールの曲芸	94	344	砂送り競争	173
179	ピンポン玉運び〈1〉	97	346	こぼさないで走ろう	174
180	ピンポン玉運び〈2〉	97	351	あきカン積み上げ競争	177
181	玉ころがし	98	353	あきカンのピラミッドづくり	178
185	ピンポン玉入れ〈2〉	99	354	集団カン立て競争	178
187	ピンポン玉運び〈3〉	100	357	カンの持ち上げ	179
188	ピンポン玉運び〈4〉	101	358	あきカン運び〈1〉	180
197	はみ出さないでジャンプ	105	362	あきカンころがし〈1〉	181
199	新聞開閉とび	106	364	あきカンころがし〈3〉	182
201	新聞キックボクシング	106	373	ビン立て競争〈1〉	187
204	新聞紙でボール運び	108	375	牛乳ビン積み上げ競争	188
205	新聞くぐり〈1〉	108	376	ブロック積み	188
206	新聞くぐり〈2〉	109	378	バランスのり	189
207	長い輪くぐり競争	109	380	かりまた牛乳ビン渡り	190
210	新聞穴に注意	110	381	ビー玉ゴルフ	190
216	新聞破り競争〈1〉	112	383	ふうせん落とし	191
222	新聞棒とり	115	389	ふうせん送り	194
230	棒またぎ	118	392	ふうせん運び競争〈2〉	195
254	お月さま遊び	130	394	ふうせんあおぎ競争	196

ねらい別さくいん　319

No.		頁	No.		頁
395	しゃもじ打ち戦争	196	477	リングを立てよう	236
396	ふうせん打ち合い	197	479	リングストライク	237
401	ふうせんつり遊び	199	480	リングリターン	238
402	ふうせん渡り	200	483	輪くぐり	239
444	ボタンのせゲーム	221	487	キャラメルつり	241
445	ビー玉ゴルフ	221	488	コップ運び	242
452	ピョンピョンとび競争	224	489	マッチ・アーチェリー	242
454	ポリ袋の水送り	225	585	グルグル競争	291
455	水をあけたら大変だ	226	591	箱のサンドイッチ競争	294
456	水リレー	226	613	神経衰弱	305
457	バランスとって水運び	227	615	輪から輪へ かわりっこ	306
468	スポンジボールのゴルフ	233	616	数字のしりとりゲーム〈1〉	306
470	鉛筆たて	233	617	数字のしりとりゲーム〈2〉	307

忍耐力，持久力を養う

No.		頁	No.		頁
1	正座競争	15	286	おんぶ競争	143
22	足のせ競争	25	315	タイヤかつぎ競争	157
26	足あげ競争	27	319	座ぶとんのせ競争	160
33	しがみつき競争	30	320	バランスボール競争	160
43	腕けんすい	34	325	座ぶとん開閉とび	163
44	人間けんすい	35	380	かりまた牛乳ビン渡り	190
66	トンネルくぐり	46	394	ふうせんあおぎ競争	196
67	円陣くぐり	46	411	馬のり落とし	205
90	後ろ向きボールころがし	57	413	ラインかき競争	206
98	片足ゴムまり競争	61	421	かごやさん	209
115	ボウリング	68	455	水をあけたら大変だ	226
150	両足でボールはさみ	83	456	水リレー	226
151	ボールをにがすな	84	462	木の葉並べ	229
168	あきカンでボールつき	91	463	セミになっちゃった	230
231	足上げ遊び	118	478	リンコロン	237
236	下を向いて回ろう	121	602	人間そり	300
239	棒を落とさないで前進	122	603	むかで競争	300
278	足にレイかけ	140	624	グループ片足立ち	311

敏しょう性を養う

No.		頁	No.		頁
11	片足あげとび	20	58	5人コンバット	42
17	打つか，かわすか	23	66	トンネルくぐり	45
18	ジャンプ閉脚	23	67	円陣くぐり	46
20	足踏み競争	24	75	よく聞いて集合ゲーム	50
46	親子ジャンプ競争	36	76	足くっつけて集合遊び	51
52	グループ回転	38	79	回転ボール受け	53

No.		頁	No.		頁
94	ボールはさみ	59	222	新聞棒とり	115
100	ボール両手ころがし競争	61	223	新聞チャンバラ	115
102	ボールのキャッチ	62	232	新聞けんどう	119
104	指名ボールけり競争	63	233	新聞打ち	119
105	ボール鬼ごっこ	64	236	下を向いて回ろう	121
106	ストップボール投げ	64	284	紙テープとび〈3〉	142
107	ボール送り	65	286	おんぶ競争	143
115	ボウリング	68	316	タイヤ運び	157
123	瞬間キャッチボール	71	369	わりばし入れ競争	185
124	四面ドッジボール〈1〉	72	396	ふうせん打ちあい	197
125	四面ドッジボール〈2〉	72	400	ふうせんとり	199
127	まりとり競争	83	402	ふうせん渡り	200
128	サッカー・リレー	73	405	ふたつ輪競争	202
131	ボールとび	75	412	ひも踏み競争	205
134	指示ボールとり競争	76	430	ジャンケンお手玉遊び〈2〉	214
135	色別ボール拾い競争	77	431	お手玉とり	215
144	ボール上げ打ち	81	436	背中にポスター	217
154	ボールうち	85	453	水のばくだんごっこ	225
177	あてられないようにボールあて	95	585	ぐるぐる競争	291
178	追いかけボール入れ	96	589	さん，はい！	293
186	ピンポン玉入れ〈3〉	100	597	ダンボール突破	297
211	新聞破片ひろい	111	607	箱とり競争	302
214	新聞文字競争〈1〉	112	615	輪から輪へ　かわりっこ	306

瞬発力を養う

No.		頁	No.		頁
94	ボールはさみ	59	209	とび込み前ころび	110
169	ボールとび	92	226	新聞棒とび	116
189	ピンポン玉落とし	101	282	紙テープとび〈1〉	141
192	ピンポン玉の新聞破り	102	328	ふとんとび	164
194	新聞とび〈2〉	104	339	点とり遊び	170
195	新聞ハードル	104	466	ピン，ポン，ピョン	231
196	とび上がり遊び	104	478	リンコロン	237
200	新聞ボクシング	106	485	輪投げ〈2〉	240

平衡感覚を養う

No.		頁	No.		頁
2	片足立ち	16	23	足をからませて	26
4	円周回転	16	24	人間回転	26
9	片足とび〈1〉	10	25	2人でバランス	27
15	ジャンケンその場まわり	22	27	片足ずもう	27
19	回転とび	24	42	おしりずもう	34
21	両足のせ競争	25	45	ひざの上で体操	35

ねらい別さくいん　*321*

No.		頁
54	ガニまた競争	39
59	片足くぐり	42
62	人間木馬	44
63	片足背中打ち	44
80	回転ボールつき	53
85	片足ボールつき	55
95	ジャンケンボールつき	59
98	片足ゴムまり競争	61
145	ピンのせボール	81
146	片足ボールけり	82
153	平均台でボールとり	84
161	ボールつり競争	88
179	ピンポン玉運び〈1〉	97
187	ピンポン玉運び〈2〉	100
193	新聞とび〈1〉	103
194	新聞とび〈2〉	104
195	新聞ハードル	104
199	新聞開閉とび	106
209	とび込み前ころび	110
224	足首のせ競争	115
230	棒またぎ	118
231	足上げ遊び	118
236	下を向いて回ろう	121
240	引っぱり合い	123
276	片足競争	139
284	紙テープとび〈3〉	142
285	ひっくり返りとび	142
286	おんぶ競争	143
294	めかくし競争	147
295	交差点遊び	147
296	障害物競争	147
297	ハードル遊び	148
298	ふうせん遊び	149
299	カンカン遊び	149
300	ふうせん顔かき	150
301	2人めかくし競争	150
302	めかくし歩き競争	150
315	タイヤかつぎ競争	157
324	ジャンピング競争	162
326	ふとん片足とび	163
329	座ぶとんとりジャンケン	165

No.		頁
330	座ぶとんずもう	165
331	つま先つまみ	166
335	両手ずもう	168
336	集団いすかけ	168
341	センとり競争	171
347	カンカンたたき	175
356	ひたいにあきカン立て	179
357	カンの持ち上げ	179
358	あきカン運び〈1〉	180
360	バランスボール	181
361	あきカン2人乗り	181
366	人間トロッコ	183
368	あきカンけり	184
371	花さし競争	186
379	ビンのりサーカス	189
390	ふうせんけり	194
393	ふうせん運び競争〈3〉	196
407	つな引きずもう〈1〉	203
408	つな引きずもう〈2〉	203
409	足引きずもう	204
410	4人でつな引き競争	204
411	馬のり落とし	205
414	平行遊び	207
415	平均棒渡り	207
416	竹の棒渡り	207
417	棒ずもう	208
418	棒うま競争	208
448	しっかり押そう	222
456	水リレー	226
457	バランスとって水運び	227
493	つり橋渡り	244
587	かけ足回転	292
588	グループ立ち	292
599	空中を飛んでいるみたい	298
605	ジャンケンおんぶ	301
606	輪送り	301
608	足かえ遊び	302
609	いすの上で体操	303
622	持ち上げ競争	310
625	いっしょに片足立ち	311
630	くつあげ	314

No.		頁	No.		頁
631	袋をかぶって足ぶみ	314			

目と手の協応性を養う

No.		頁	No.		頁
79	回転ボール受け	53	339	点とり遊び	170
116	両手でボールつき	69	345	ふうせん落とし	174
136	いすの下のボール通し	77	367	ジュースカン倒し	184
137	ワンバウンドボール通し	78	382	ふうせんにまりあて	191
138	新聞ボール通し	88	395	しゃもじ打ち競争	196
139	帽子にボール入れ	79	397	ふうせん入れ	197
162	ボールころがし	89	404	投げ輪遊び	202
163	ボール拾いあげ	89	424	お手玉入れ〈1〉	211
164	タオルでボールころがし	89	426	お手玉入れ〈3〉	212
182	卓球遊び	98	437	トランプとり	218
185	ピンポン玉入れ〈2〉	99	443	コイン投げ	220
190	箱倒しゲーム	101	446	ビー玉送り	221
191	ピンポン玉出し	102	482	動物狩り	239
222	新聞棒とり	115	484	輪投げ〈1〉	240
234	キャッチ・タオル	120	594	ダンボールのり進み	296
258	紙の玉入れ	131	600	ボールのピラミッド	298
337	紙セン投げ	169	628	じょうずにキャッチ	313

正しい判断力を養う

No.		頁	No.		頁
90	後ろ向きボールころがし	57	167	新聞棒でゴルフ	91
97	両手つないでボール通し	60	180	ピンポン玉運び〈2〉	97
105	ボール鬼ごっこ	64	184	ピンポン玉入れ〈1〉	99
106	ストップボール投げ	64	192	ピンポン玉の新聞破り	102
113	トンネルでボールころがし	67	249	色さがし	127
119	ボール出し	70	254	お月さま遊び	130
120	ボールでボール落とし	70	256	吹き矢遊び	130
126	ボール・ボウリング	73	257	吹いてころがそう	131
129	集中ボール	74	258	紙の玉入れ	131
135	色別ボール拾い競争	77	262	紙踏み競争	133
137	ワンバウンドボール通し	78	367	ジュースカン倒し	184
138	新聞ボール通し	78	386	ふうせん吹き競争〈1〉	193
139	帽子にボール入れ	79	406	投げて拾って	203
140	たらいにボール入れ	79	428	お手玉入れ〈5〉	213
141	色別ボールあて	79	430	ジャンケンお手玉遊び〈2〉	214
142	遠くへ投げよう	80	435	カレンダー合わせ	217
148	ボールの上のピン立て	82	443	コイン投げ	220
155	新聞棒のバッティング	85	446	ビー玉送り	221
166	点とりボール入れ	90	447	豆拾い	222

ねらい別さくいん 323

No.		頁	No.		頁
464	円盤けり	230	615	輪から輪へ かわりっこ	306
484	輪込げ〈1〉	240	618	ジャンケンカードとりゲーム	307
613	神経衰弱	305	621	通れるかな	309

巧緻性，器用性を養う

200	新聞ボクシング	106	439	円盤遊び〈2〉	219
209	とび込み前ころび	110	440	円盤遊び〈3〉	219
214	新聞文字競争〈1〉	112	441	5円コマ	220
259	安全飛行	132	468	スポンジボールのゴルフ	233
271	輪づくり競争	137	478	リンコロン	237
372	ビー玉とり	187	479	リングストライク	237
438	円盤遊び〈1〉	218	480	リングリターン	238

協調性，仲間意識を育てる

14	回転手合わせ	21	111	連続ボールつきリレー	66
21	両足のせ競争	25	112	馬とびボール送り	67
22	足のせ競争	25	118	ボールすくい	69
23	足をからませて	26	121	ボール投げあい	70
30	閉じて開いて	29	122	ボール積み競争	71
31	2人で自転車こぎ	29	129	集中ボール	74
32	背中合わせ立ち	30	130	集団ボール運び	74
34	腕歩き競争	31	152	新聞の上のボールつき	84
36	足もち競争〈2〉	31	153	平均台でボールとり	84
40	3人で競争	33	169	ボールとび	92
41	おしり競争	34	171	ボール送り〈1〉	92
48	前かがみ競争	36	172	ボール送り〈2〉	93
55	腕くり競争	40	176	ボール造形遊び	95
60	人文字づくり	43	183	ハンカチのピンポン玉打ち	99
62	人間木馬	44	188	ピンポン玉運び〈4〉	101
70	友だちさがし	48	198	新聞引きジャンプ競争	105
71	名まえさがし	48	208	のりもの遊び	109
72	握手で遊ぼう〈1〉	49	215	新聞文字競争〈2〉	112
74	両手で握手	50	218	新聞合わせ	113
76	足くっつけて集合遊び	51	235	棒を落とさないでがんばろう	120
96	足の間でボールつき	60	237	リモコン競争	121
97	両手つないでボール通し	60	238	2人で棒またぎ	122
101	2人でボールつき	62	241	人間コンパス	123
107	ボール送り	65	242	足かけ競争	124
108	後ろ手ボール送り	65	246	色紙集め〈1〉	126
109	後ろ向きボール送り	65	247	色紙集め〈2〉	127
110	回転ボール送り	66	268	むかで競争	135

No.		頁	No.		頁
269	色で集合ゲーム	136	399	ふうせんあげ競争	198
273	紙テープの電車競争	137	419	棒のり競争	208
274	五輪競争	138	420	棒かつぎ競争	209
275	三人四脚の遊び	138	423	お手玉文字遊び	211
276	片足競争	139	429	ジャンケンお手玉遊び〈1〉	214
277	へび遊び	139	449	陣とりごっこ	223
288	ジャンケンレイとり〈2〉	143	450	笛で集合遊び	223
301	2人めかくし競争	150	451	たし算で集合遊び	224
302	めかくし歩き競争	150	481	のりものごっこ	238
303	めかくしで前進	151	584	仲良しごっこ	290
313	チューブの花	156	598	ひっぱり棒	297
316	タイヤ運び	157	602	人間そり	300
348	あきカンつり遊び	175	603	むかで競争	300
349	集団あきカン積み	176	604	ジャンケンくすぐり	301
352	カンつなぎ競争	177	611	ジャンケンバンザイ	304
353	あきカンのピラミッドづくり	178	612	ジャンケンワー	304
359	あきカン運び〈2〉	180	614	誕生月で"集合"	305
378	バランスのり	189	619	バラバラ，元に戻って	308
387	ふうせん吹き競争〈2〉	193	620	靴の造形遊び	308
389	ふうせん送り	194	626	背中合わせ立ち	312
391	ふうせん運び競争〈1〉	195			

知力，工夫力，記憶力を養う

No.		頁	No.		頁
78	ボールまたぎ	52	290	おぼえっこ（記憶遊び）	145
145	ビンのせボール	81	291	お友だちさがし	145
146	片足ボールけり	82	340	まる券とり遊び	171
200	新聞ボクシング	106	343	あきカン遊び	173
216	新聞破り競争〈1〉	112	365	ダンボール箱ころがし	183
217	新聞破り競争〈2〉	113	431	お手玉とり	215
243	色あて遊び	125	433	しりとり絵さがし	216
244	図形遊び	125	434	絵合わせ	217
245	動物さがし	126	458	貝さがし	227
250	カード上げ	128	460	くだものさがし	228
252	自然観察ゲーム	129	461	木の葉のカード遊び	228
253	計算遊び	129	613	神経衰弱	305
255	風車遊び	130	616	数字のしりとりゲーム〈1〉	306
259	安全飛行	132	617	数字のしりとりゲーム〈2〉	307

ねらい別さくいん　325

著者紹介

三宅 邦夫

　昭和22年3月中日こども会を創設，子どもの福祉と文化活動，生涯教育及び遊び（遊戯）の創作と普及に努める。あわせて中高年の健康体操（レクリエーション）の創作と伝承，教育講演でも活躍中。

　現在，中部日本生涯活動協会理事長。遊戯研究家。

〈おもな著書〉

『楽しいゲームあそび155』『健康増進　生き生き体操59』『子どもの生きる力を育てる楽しい42の遊び』『思いっきり笑える頭と体のゲーム＆遊び集』『毎日が笑って暮らせる生き生き健康あそび45』（以上，黎明書房），『遊びの再発見』（明治図書出版），『三宅おじさんの運動遊び・みんな集まれ』（小学館）他多数。

　住所　〒487-0033
　　　　春日井市岩成台2-9-1

イラスト ■ 岡崎園子，伊東美貴
写真協力（順不同） ■ 名古屋市立笠寺小学校，知多市立新田小学校，蒲郡市立蒲郡南部小学校，幸田町立深溝小学校（愛知県），名古屋市立第一幼稚園，犬山市立犬山幼稚園，光明幼稚園（犬山市），小牧市立北里保育園，三ッ渕北保育園（小牧市），岩崎保育園（小牧市），根崎保育園（安城市），名古屋市千種区社会教育センター，名古屋市守山区社会教育センター，中日こども会

収録図書一覧

　本書を編むにあたり，下記の書籍の一部あるいは大半を転載いたしました。
　転載を快諾いただきました中日新聞本社，第三文明社，小学館，明治図書出版には厚くお礼申し上げます。

親子の遊び200選（中日新聞本社）
集団遊び88（第三文明社）
親と子の遊び101（第三文明社）
三宅おじさんの運動遊び・みんな集まれ
　　　　　　　　　　　　　（小学館）
子どもが生き生きする運動遊び
　　　　　　　　　　（明治図書出版）
健康をつくる85の遊び（黎明書房）
子どもと楽しむ体育ゲーム104（黎明書房）
楽しくできる家族体操（黎明書房）
楽しいボール遊び100（黎明書房）
楽しい指あそび・手あそび100（黎明書房）
指遊び・手遊び・リズム遊び（黎明書房）
新しい体力遊び100（黎明書房）
みんなで楽しむゲーム＆遊び155
　　　　　　　　　　　（黎明書房）

集会・行事・運動会のための体育あそび大事典

2011年9月15日　初版発行

著　者　三　宅　邦　夫
発行者　武　馬　久仁裕
印　刷　舟橋印刷株式会社
製　本　株式会社　渋谷文泉閣

発　行　所　株式会社　黎明書房

460-0002　名古屋市中区丸の内3-6-27 EBSビル
☎052-962-3045　FAX 052-951-9065　振替00880-1-59001
101-0051　東京連絡所・千代田区神田神保町1-32-2
南部ビル302号　☎03-3268-3470

落丁本・乱丁本はお取替します。　ISBN978-4-654-07626-0
© K. Miyake　2011, Printed in Japan

子どもの生きる力を育てる楽しい42の遊び
A5判・101頁　1700円

　　　三宅邦夫著　42種の遊びをイラストとともに紹介。思考力，社会力，運動力，忍耐力に注目し，各遊びでどの力が育つかを明示。遊び具作りも紹介。

手づくりカードで楽しむ学習体操BEST50
A5判・94頁　1600円

　　　三宅邦夫・山崎治美著　カレンダーの数字や，新聞の活字などを活用したカードを使って，算数・国語などが学べる学習ゲームを紹介。

親と子のふれあい体操BEST47
A5判・92頁　1600円

　　　三宅邦夫著　ゲーム感覚で楽しめる体操遊び47種をイラストを交えて紹介。身近にあるものを使った，簡単な手づくりの遊び具が大活躍！

楽しい手品あそび62
A5判・171頁　1700円

　　　三宅邦夫・大竹和美・山崎治美著　身の回りのものを使った子どもも親も先生も楽しめる手品がいっぱい。『先生も子どももできる楽しい手品遊び62』改題・改版。

ボールゲーム・体力向上ゲーム117
A5判・126頁　1500円

　　　三宅邦夫・山崎治美著　ボールを使った遊び70種と，自然と体力向上につながるゲーム47種。『子どもと楽しむ体力遊び＆ボール遊び』改題・改版。

楽しい体育ゲーム104
A5判・168頁　1700円

　　　三宅邦夫著　ボール・風船・新聞紙・紙テープ・あきカンなどを使う遊びに分けて紹介。『子どもと楽しむ体育ゲーム104』改題・改版。

楽しい指あそび・手あそび160
A5判・142頁　1600円

　　　三宅邦夫・有木昭久・山崎治美著　手軽な指あそび・手あそびを，伝承的なものから創作的なものまで160種類紹介。『伝承・創作　指あそび・手あそび160』改題・改版。

小学校低学年のクラスをまとめるチームゲーム集
A5判・93頁　1600円

　　　斎藤道雄著　クラスをまとめるのに最適なチーム対抗で行うゲーム30種を，運動編，リズム編，頭脳編に分けて紹介。役に立つエッセイ付き。

小学校で使える室内遊び＆外遊び40
　雨の日でもできる遊び付き
A5判・94頁　1600円

　　　斎藤道雄著　雨の日にできるゲーム7種を含め，教室の中や校庭で，授業や体操に使えるゲーム計40種を紹介。対象学年の目安を明記。

表示価格は本体価格です。別途消費税がかかります。

山崎治美の楽しいわらべうたあそび集
　楽しさ伝わる著者の歌声ＣＤ付き

B5判・100頁　2200円

　　　山崎治美著　わらべうた・あそびうたが，著者によって，さらに楽しいあそびになりました。全29曲の著者による歌唱ＣＤ付き。

山崎治美の楽しい遊びうたゲーム集

B5判・94頁　1500円

　　　山崎治美著　遊び歌やわらべ歌の遊び方をイラストで紹介。『つどいと仲間づくりの遊びうたゲーム集』精選・追加・改題。

山崎治美の楽しいリズムゲーム集

B5判・94頁　1500円

　　　山崎治美著　歌いながらみんなで楽しく遊べるゲーム39種。『つどいと仲間づくりのリズムゲーム集』精選・改題。

みんなで楽しむキャンプファイアーの進め方＆歌・ゲーム
　キャンドルサービスの演出も付いています

四六判・151頁　1600円

　　　巡静一編著　キャンプファイアーやキャンドルサービスの準備・進行・展開例を，懇切に解説。『キャンプファイアーとキャンドルの演出』精選・改題。

幼稚園・保育園のかならず成功する運動会の種目60
　付・見栄えをよくするための17のヒント

A5判・109頁　1800円

　　　斎藤道雄著　運動会の演技が，どうも見栄えがしないという悩みを解消するヒント集。種目の選び方，練習方法など，コツを満載。

魔法の体育指導法60
　とび箱・なわとび・鉄棒・マット・ボール・平均台・集団あそび

B6判・95頁　1200円

　　　斎藤道雄著　子どもたちが無理なく運動ができるようになる指導のポイントや，子どもの叱り方，上手に教えるヒントなどを紹介。

0～5歳児の運動する力を楽しく育てる簡単あそび47

A5判・109頁　1800円

　　　斎藤道雄著　バランスをとる能力，回転する能力など，子どもの運動する力を育てるあそび47種を紹介。将来のスポーツ上達に役立ちます。

原坂一郎の 幼稚園・保育園のクラスづくりスタートダッシュ

A5判・110頁　1600円

　　　原坂一郎著　スーパー保育士・イチロー先生が，23年の現場経験をもとに，新年度のスタートをうまく乗り切る成功間違いなしのノウハウを公開。

子どもが笑う！クラスが笑う！ 保育のお笑いネタ50

B6判・119頁　1300円

　　　原坂一郎著　「スーパー保育士」と呼ばれた著者が「子どもたちを一斉に笑わせたいときに」など，どの子も笑顔になる，50の保育の技を紹介。

表示価格は本体価格です。別途消費税がかかります。